数智技术赋能会计专业课程建设研究

王春梅　邱鹏云◎著

中国商务出版社

·北京·

图书在版编目（CIP）数据

数智技术赋能会计专业课程建设研究／王春梅，邱鹏云著. -- 北京：中国商务出版社，2024.12.

ISBN 978-7-5103-5540-0

Ⅰ．F230-39

中国国家版本馆 CIP 数据核字第 2025EK8039 号

数智技术赋能会计专业课程建设研究

王春梅　邱鹏云◎著

出版发行：中国商务出版社有限公司

地　　址：北京市东城区安定门外大街东后巷 28 号　邮　　编：100710

网　　址：http://www.cctpress.com

联系电话：010—64515150（发行部）　　010—64212247（总编室）
　　　　　010—64515164（事业部）　　010—64248236（印制部）

责任编辑：薛庆林

排　　版：北京天逸合文化有限公司

印　　刷：宝蕾元仁浩（天津）印刷有限公司

开　　本：710 毫米×1000 毫米　1/16

印　　张：13.75　　　　　　　　　字　　数：205 千字

版　　次：2024 年 12 月第 1 版　　　印　　次：2024 年 12 月第 1 次印刷

书　　号：ISBN 978-7-5103-5540-0

定　　价：79.00 元

前　言

随着数字化与人工智能技术在制造业、金融业、交通、医疗和农业等领域的广泛应用，生产要素结构、经济组织形式以及权利关系格局得以重塑，新型服务与商业模式快速涌现，促进了传统财务向智能财务转型，重新诠释了财会的经济角色和社会价值。物联网技术在工业制造、物流等领域的广泛应用，使得原始业务数据和会计数据以电子数据形式进行存储和处理，会计数据处理过程中凭证、账簿的地位有所下降，会计业务处理流程和财会职能正在重构。同时，财务共享中心的建立、财务机器人和ChatGPT等大模型的运用，使会计日常工作逐渐被智能化技术取代，企业各部门与财务部门的合作更加高效，技术与会计的深度融合成为趋势。云计算、大数据技术的普及实现了业务数据与财务信息的实时共享，企业会计人员的重点工作将不再是会计数据生成，而是如何利用会计数据解释和指导业务，提供比业务数据更多的增量信息，大量人力资源得到释放，会计人员开始更多地关注企业财务分析、经营决策和战略规划。智能会计作为会计未来的发展方向，对会计行业结构、企业经营管理和高校会计专业人才培养体系产生了深远影响。

财会工作的历史演进规律表明，技术进步始终是推动财会活动向更高层次发展的核心驱动力。从传统的手工核算到电子化处理，再到如今大数据、云计算、人工智能等技术的广泛应用，技术进步在很大程度上改变了财会行业的面貌。在当前数字经济蓬勃发展和智能化变革的大趋势下，财会行业面临前所未有的挑战和发展机遇。我国企业紧跟时代步伐，密切关注新技术的发展动态，持续更新知识体系，提高自身竞争力。同时进行主动创新，将先进的技术应用到财会工作中，提高工作效率和准确性，把握住每一次市场变革的机遇，实现行业的跨越式发展。

这些变革对我国在工业化进程中的会计教育体系及教学方法提出了挑战。传统高等教育模式过度重视理论知识的灌输，而未能充分发挥实践技能的培育功能。课程设置主要倾向于传统的财务会计课程，往往忽视了对企业发展更具价值的管理会计知识。这种模式还缺乏跨学科知识整合的视角，在培养适应国际化业务能力方面显得不足。会计数字化转型不仅革新了会计知识的学习与应用模式，还推动了会计高等教育新型生态体系的构建。面对数字经济时代带来的挑战与机遇，高等院校作为培育财务与会计人才的重要基地，需积极顺应行业与企业对会计人才的新需求，紧密贴合新文科建设的要求，不断深化会计专业内涵式发展，适时调整会计教育教学体系，更新教学内容，吸纳前沿技术与理论，着力培养学生运用数字化与智能化工具的能力，以满足行业及区域经济的持续发展需求。在社会和科技进步的背景下，会计工作不再局限于数据处理，会计职能不断强化和提升，会计环境和会计职业对人员素质的要求也发生了新的变化。会计人员不仅需要掌握专业知识和技能，更需具有将技术与道德结合的意识和价值观，有效应对数字化时代的挑战，培养具有高度责任感和高道德素养的人才。

数智时代的到来标志着数字化技术在各个领域的广泛应用和深度融合，这不仅促进了社会经济的高质量发展，也为教育领域带来了新的机遇和挑战。作为与社会经济发展密切相关的应用学科，高等会计专业教育必须主动适应时代发展需求，深化教育教学改革，积极创新数智时代下的人才培养模式，同时将课程思政建设作为教育教学改革的重要抓手，实现知识传授与价值引领的有机统一。会计专业教育应当注重培养学生的职业道德和社会责任感，以适应社会对高素质会计人才的需求（张华，2019）。面对数智时代的新形势、新任务、新要求，会计专业教育必须加快改革步伐，优化课程体系，更新教学内容，创新教学方法，强化实践教学，全面提升人才培养质量。与此同时，课程思政建设作为落实立德树人根本任务的关键环节，在会计专业教育中具有十分重要的地位和作用。只有将社会主义核心价值观、职业道德、家国情怀等思政元素有机融入会计专业课程教学之中，才能实现会计专业人才的全面发展和综合素质的有效提升。

本书以数智时代会计专业课程为研究对象，在深入分析数字化技术对会计专业教育带来影响的基础上，从数智技术在会计领域的应用现状、会计专业的育人内涵和培养新模式、课程体系建设路径等方面进行了系统阐述。全书共分为六章：第 1 章分析了数智技术的相关概念以及对财务会计的影响；第 2 章从会计专业课程的育人特色、育人价值和育人途径三个方面阐述了数智时代会计专业教育的育人内涵；第 3 章从会计专业知识能力框架、人才培养目标、人才培养路径三个方面建立会计专业人才培养新模式；第 4 章以会计知识结构变革分析为背景，从数智化会计专业课程设计理念、模块分析两个方面重构会计专业课程体系；第 5 章在分析课程思政理论和价值体系的基础上，提出思政元素挖掘和融入方式；第 6 章构建了多元化多维度会计专业教学评价体系。

通过系统的理论分析和实践探索，本书力图为数智时代会计专业课程建设提供理论指导和实践借鉴，推动会计专业教育教学改革向纵深发展，全面提升会计专业人才培养质量，为社会主义现代化建设培养德才兼备的高素质复合型会计人才，以更好地服务国家发展战略和经济社会发展需要。

作　者

2024. 10

目　录

第1章 数智技术在会计领域的应用

1.1 数智技术概述

1.1.1 数智技术的定义和特征

随着大数据、云计算、物联网和人工智能等新技术的涌现，各行各业的数字化和智能化转型不断深入，人类社会已经步入数智时代。在这样的大环境下，数智技术相关术语，包括数字技术、数字化、数智技术、数智化、数智赋能、数智驱动等（王秉，2023），已经成为学术界和实践界关注的焦点。

1. 数字技术和智能技术

从技术的角度看，数字技术是借助计算机、通信设备和网络等现代信息技术手段，对图像、文件、数据等进行采集、存储、处理、分析和传输的技术。数字化源于 20 世纪 40 年代，是指将传统的模拟信息转换为数字形式的过程。这使得信息能够被计算机处理和网络传输。数字化是信息化的延伸，侧重于信息的数字化表达和管理，其特点是基于数字技术的信息处理和传输，使信息可以更快速、更便捷地获取、传播以及利用。其关键在于大数据分析与处理，它使企业能够从海量数据中提取有价值的信息，为决策提供支撑。在数字化阶段，企业通过构建信息系统，如 ERP（企业资源计划）、CRM（客户关系管理）等，实现内部管理与外部交流的电子化。这使得企业能够更好地收集和处理数据，但这一阶段的处理更多地针对结构化数据，而且数据的应用通常限于特定的业务流程。智能技术即人工智能（Artificial Intelligence, AI），通常指模拟人类智能行为的技术，包括机器学习、深度学习、神经网络、自然语言处理、计算机视觉等，使计算机程序呈现出自主学习、推理、自我修正等人类认知功能。安德烈亚斯·卡普兰（Andreas Kaplan）等定义人工智能为"能够正确解释外部数据且从数据中学习的系统，并灵活利用这些知识实现特定目标和任务的能力"（陈筱贞，2020）。智能化则是借助智能技术使系统或设备具备自主决策和执行任务、解决复杂问题的能力，是信息技术发展的高级阶段。

2. 数智技术和数智化

数智技术是数字技术和智能技术的融合，既包括数据的处理和分析，又涵盖智能决策和自动化执行。数智化是数字化的深化，强调智能地处理和应用数字数据。利用人工智能、机器学习、大数据分析等先进技术，从数字数据中挖掘出有价值的信息，实现自我学习和内容创造，以辅助决策、优化流程和促进创新。数智技术不仅是推动传统产业转型升级的根本路径，也是催生新质生产力的关键渠道。数智化的特点是注重数据的智能分析和利用，将数据转化为有价值的洞察和行动。它依赖于先进的算法和分析工具，能够识别数据中的模式、趋势和关联性，并据此进行预测、优化和决策。数智化的关键在于数据业务化，即通过智能化手段，将数据转化为直接的业务价值和决策智慧，以实现更高效、智能、精准的运作。在数智化阶段，企业不仅能够处理结构化数据，还能处理非结构化数据，如文本、图片、视频等。

数智化与数字化的主要区别体现在三个方面：首先，数智化强调数据驱动和智能决策，通过深度分析海量数据揭示其背后的价值，实现数据资源化和价值化；其次，数智化促进人机深度对话，使机器具备人类逻辑，实现深度学习和自我进化，同时启发人类智慧；最后，它推动技术融合与创新，特别是人机环境系统间的交互，涵盖了多个学科领域，为企业提供新的商业模式和增长机会。这些内涵共同推动社会运作和决策向更高效、更智能的方向发展。在数字技术、人工智能、万物互联、人机协同等特征显著的数智时代背景下，商业创新与变革的核心在于"数智赋能"，即探讨如何利用数智技术的基础架构和扩散机制（刘京希，2024），通过链接、聚合、开放等多重视角（王秉，2024），实现技术、数据与业务的深度融合，形成一个有机的整体，构建全新的商业范式，促进各个领域能力的提升和价值的创造。这一过程涉及技术驱动创新、数据要素价值释放和产业生态构筑三大机制，旨在推动经济社会的高质量发展。例如在教育领域，数智技术通过替代、扩增、改进和重构四个层次促进教育的变革，这被称为 SAMR 模型。数智技术的发展打破了传统教育中时间和空间的限制，不仅有潜力颠覆传统的教学平台和方式，还能够深度融合并增强传统教学模式和学习方式的核心优势，从而实现教育的全面升级和创新（祝智庭，2024）。它能够对教育系统的关键领域进行深度调整和优化，重新定义教育系统的整体架构及功能。数智技术不仅能促成教育实践中从无到有的创新，还能实现教育质量从有到优的跃升，进一步拓展了教育价值的创造空间，增强了教育过程中的互动性和协同效应。

1.1.2　数智技术在会计领域的核心价值

数智技术作为数字技术与智能技术的融合体，其关键特征在于通过数据的深度挖掘和智能算法的应用，实现对信息的智能化处理和决策的自动优化。在会计领域，数智技术的核心价值集中体现在对数据处理能力的颠覆性提升以及对会计工作流程的优化上。数据治理理念、数智平台、智能技术等在财务领域的应用，不但改变了财务会计的工作方式，扩展了财务职能边界，而且重塑了价值发掘、价值反映、价值创造等财务管理职能，从而促使企业释放"数据"生产力，获得商业创新的新动能。例如，借助大数据分析技术，会计专业人员能够处理庞大的财务数据，从中挖掘出深层次的商业洞察，为企业的战略决策提供支持。像 IBM 的 Watson Analytics，能够从复杂的财务报告中，识别企业潜在的风险和机会，从而提高决策的准确性和效率。

1. 增强数据分析和洞察力

大数据技术使会计专业人员能够迅速分析庞大的财务数据，并从中提取有价值的洞察。这不仅提升了财务报告的透明度和准确性，还通过实时数据分析确保了信息的及时更新。大数据分析揭示了财务数据背后的模式和趋势，优化了财务决策过程，为管理层提供了科学的决策支持。进一步而言，大数据技术增强了企业在风险管理和内部控制方面的能力，使得企业能够更加精准地识别与应对潜在的财务风险，从而提升内部控制的效能和精准度。大数据技术还促进了个性化服务和产品创新，帮助企业更好地理解客户需求，设计出符合市场和客户期望的个性化服务和产品。通过大数据分析，企业能够优化资源配置，减少浪费，提高整体运营效率和盈利能力。

2. 提升自动化和效率

人工智能技术在财务会计领域引发了深刻的变革。人工智能通过自动化数据采集、处理和分析，显著减少了人工操作的错误和漏洞，从而提升了财务数据的准确性和可靠性。人工智能通过深入分析和挖掘大量财务数据，为企业提供了更准确、全面和及时的财务信息，从而提高了财务决策的科学性和有效性。人工智能还通过自动化财务核算、报表编制和审计等工作，显著提高了财务工作的效率和效益，同时降低了时间成本和经济成本。最重要的是，人工智能技术为财务会计提供了新的技术手段和方法，推动了财务会计的创新和发展，提升了整体水平和质量。综上所述，人工智能技术在财务会计中的核心价值体现在多个方面，包括提升效率和准确性、增强风险管理、优化财务管理、提升合规性和决策的科学性。

3. 加强风险管理和内部控制

区块链的去中心化和不可篡改特性为会计记录带来了新的安全标准，确保了交易记录的透明度、真实性和完整性，防止数据被恶意修改或伪造，为财务报表的编制提供了可信的基础数据。通过打破信息孤岛，促进企业内外部信息的交流与共享，使会计信息能够更及时、全面地反映企业的经营状况和财务状况，从而提高了信息的相关性和决策的有用性。通过先进的加密技术，区块链对财务数据进行加密存储和传输，极大地提高了财务信息的安全性，降低了数据泄露的风险。审计人员可以随时访问区块链上的交易记录，进行实时审计，减少对纸质凭证的审查时间，并及时发现潜在的财务问题。借助智能合约技术，区块链可以实现部分审计流程的自动化，当特定的财务条件满足时，智能合约可以自动触发审计程序，对相关交易进行审查和验证，提高审计的效率和准确性，降低审计成本。对于涉及复杂供应链的企业，区块链可以实现供应链上各环节财务信息的实时共享和追溯，使企业可以更准确地掌握供应链中的资金流和物流情况，优化库存管理和资金调配，提高供应链的整体效率和稳定性。

综上所述，数智技术在会计领域的核心价值在于其能够提供更高效、更准确、更安全的会计服务。这些技术不仅改变了会计工作的本质，也为会计专业人员提供了新的工具和方法，以适应不断变化的商业环境和市场需求。正如会计学者罗伯特·S. 卡普兰（Robert S. Kaplan）所说："会计不仅仅是记录和报告，它还是企业战略决策的基石。"数智技术的应用，无疑将使会计在企业战略决策中扮演更加关键的角色。

1.2　数智技术对会计行业的影响

1.2.1　会计职业角色的转变

新兴自动化工具和技术，如人工智能、机器学习、深度学习、自然语言处理、无人机、分布式账本、区块链、加密货币，金融科技（FinTech）和物联网，正在改变会计行业的工作方式。这些技术提高了数据的准确性，能够处理常规和重复性的任务，释放专业会计人员的时间，使其能够专注于更具吸引力和增值性的工作。随着认知技术驱动的超级商业智能系统的出现，数据分析有望进一步改变财会行业中各种岗位，为专业会计师开启更多新机会。这些技术不仅能够提供 24 小时的运作能力，还能够推动会计人员在企业中扮演更加关键和多元化的角色。

1. 从记录者到分析师

在传统的会计工作中，会计人员主要负责记录企业的经济业务，包括编制记账凭证、登记账簿、编制财务报表等。这些工作虽然重要，但随着信息技术的发展，已经逐渐被计算机系统所取代。现代会计人员需要更多地关注如何利用信息技术提高会计工作的效率和质量，以及如何更好地为企业管理提供决策支持。随着会计角色从简单的记录者向专业的分析师转变,对会计专业人员的要求更高。他们不仅要有坚实的会计理论基础,还应精通信息技术、数据分析、财务建模和风险管理等一系列相关领域的知识和技能。此外,会计人员还需要具备良好的沟通能力和团队合作精神,能够与企业内部各个部门进行有效的沟通和协作。只有不断学习和提高自己的能力,才能适应时代的发展和企业管理的要求。

2. 从单一职能到跨部门协作

在传统的会计工作中,会计人员依据会计准则和法律法规,处理与企业的财务信息相关的业务,确保其真实、准确、完整。会计工作相对独立,主要是在财务部门内部完成账务处理工作。随着企业规模的扩大和业务的复杂化,会计人员的工作范围和职责不断扩大。会计人员需要了解其他部门的需求与目标,包括各部门的业务运作方式,以及各部门对财务信息的需求。只有深入了解这些需求,才能更好地支持其他部门的工作,并提供合理的财务建议和解决方案。例如,会计人员可以与市场营销部门合作,分析营销活动的财务效果,或者与采购部门合作,降低供应链成本。会计职业角色的转变要求会计人员不仅要精通财务知识,还要具备跨学科的知识和技能,以及与企业内其他部门合作的能力。这种转变有助于会计人员更好地适应数字化时代的会计工作需求,为企业提供更全面、更深入的财务分析和决策支持。

3. 从被动接受到主动预测

在传统会计工作模式中,会计人员的主要任务是对企业已经发生的经济业务进行记录和分类,按照既定的会计科目和记账方法,将各项交易和事项转化为财务数据。主要包括凭证、账表和报表等,这些账簿主要是对过去一段时间企业财务状况和经营成果的总结,会计人员只是按照规定的格式和方法进行编制,缺乏对数据的深入分析和主动思考,往往扮演着被动接受的角色。会计人员被动地遵循各种规定,进行税务申报、审计配合等工作,主要目的是满足外部监管的需要,而较少从企业内部管理的角度出发主动提出建议。

在激烈的市场竞争中，企业需要更加准确地预测未来的市场趋势、经营风险和财务状况，以便及时调整战略和决策。会计人员作为企业财务信息的主要提供者，必须从被动接收数据转变为主动进行分析和预测，为企业管理层提供有价值的决策支持。信息技术的快速发展，包括大数据、人工智能和云计算等，为会计专业人员提供了更为先进的数据分析工具和方法。运用这些技术，会计人员能够深入挖掘和分析庞大的财务与非财务数据，揭示隐藏的趋势和模式。这使得他们能够主动预测企业未来的财务走势和经营绩效，为企业的战略决策、预算制定和绩效评价提供数据支持。会计人员不再局限于财务部门的工作，而是主动融入企业的业务活动中，与业务人员共同研究如何提高业务效益、降低成本、控制风险等问题。

4. 从单向报告到双向沟通

在传统的会计工作中，会计人员主要负责向企业管理层和外部利益相关者提供财务信息。这些财务信息主要是基于会计准则和法规的要求，以确保信息的准确性和可靠性。随着企业管理的日益复杂，会计人员的角色已经从传统的财务数据记录员和报告员，转变为企业决策过程中的积极贡献者和有效沟通者。会计人员需要将财务数据与运营数据相结合，一方面与企业管理层沟通，了解企业的战略规划和业务决策；另一方面与业务部门内部员工进行沟通，了解他们的业务流程和业务需求，以便为企业发展提供全面和具体的建议。双向沟通的会计角色对于企业的发展具有重要意义，可以帮助企业更好地了解市场需求和竞争态势，为企业的战略规划和业务决策提供更有价值的财务信息和建议。同时，也可以帮助企业更好地管理风险和提高绩效，为企业的可持续发展提供更有力的支持。

5. 从记账技术到数字技能

从最早的结绳记事和算盘时代的会计记账技术，发展到现代的融入计算机、财务机器人、大数据、云计算和区块链等的数字化会计技能，标志着会计人员正从传统的"账房先生"角色，即主要负责记录和报告财务信息，向"战略决策者"转变。会计人员开始更多地参与到企业的决策制定和战略规划中。信息技术的迅猛发展与广泛应用，尤其是财务机器人和智能财务系统的广泛应用，极大地提升了会计数据的获取和处理能力。会计工作不再局限于简单的数字记录，而是开始向数字化、智能化迈进。这使得会计人员能够更加深入地分析财务数据，为企业提供更有价值的战略建议。

在这一转型过程中，会计人员面临着适应新技术发展的挑战，需提升自身的信息技术能力和数据分析能力。熟练掌握各类会计软件和工具，利用大数据分析和人工智能算法从海量信息中提取有价值的资源。这种技能的提升，不仅使会计人员能够更有效地处理和分析数据，提高工作质量和效率，而且为其职业发展开辟了新的道路。这一转型不仅是技术层面的挑战，更是会计人员职业发展和企业竞争力提升的机遇。会计人员通过掌握新技术，可以更好地了解企业的运营状况、预测市场趋势、评估投资风险，从而为企业的长期发展提供数据支持和战略指导。因此，会计行业的数字化转型不仅是技术的升级，也是会计人员角色和价值的重塑，对于推动企业和整个行业的现代化进程具有重要意义。

1.2.2　会计信息质量的提升

1. 提高会计信息的可靠性

传统的会计工作主要依赖人工操作来完成数据录入和报表制作，不可避免地存在人为错误。这些错误可能源于数据录入的失误、计算的偏差或对会计准则的误解。然而，随着数智技术的发展，特别是自动化和人工智能技术的应用，会计工作流程得到显著优化。自动化的数据采集、处理和核算减少了人工干预的环节，从而显著降低了错误率。例如，数字化会计软件能够自动识别和录入发票信息，这一过程不仅提高了数据录入的速度，也极大地减少了因人工输入而导致的错误。此外，财务机器人能够自动完成那些重复性的会计核算工作。这不仅提升了工作效率，也增强了核算结果的准确性。

区块链技术作为一种去中心化的分布式账本技术，在确保会计数据真实性和不可篡改性方面发挥着重要作用。在会计领域，区块链技术的应用可以为记录企业的财务交易信息提供一个安全、可靠的平台。由于区块链的特性，一旦交易信息被记录在区块链上，任何试图篡改的行为都将被网络中的其他节点所识别和拒绝，从而保证了会计信息的不可篡改性。这种技术的应用不仅提高了会计信息的可靠性，也为审计和合规性提供了强有力的支持。

2. 增强会计信息的相关性

大数据分析在提供更具针对性的决策信息方面发挥着至关重要的作用。传统会计信息主要依赖于历史数据的汇总与分析，这在一定程度上限制了信息的时效性和动态性，难以满足企业管理层对实时、动态信息的需求。大数据解析技术具备对企业内外庞大数据集进行深层次挖掘与分析的能力，发现数据之间的潜在关系和模式，进而为决策层提供更为精确和即时的决策支持，提高了决策过程中的信息质量和时效性。例如，大数据通过对销售数据、市场趋势、客户需求等关键数据的分析，为企业提供更加全面和深入的市场洞察和行业趋势分析，帮助企业更好地把握市场机会和应对市场挑战，制定出更为精准的营销策略，从而提升市场竞争力。这种基于大数据分析的方法，不仅能够揭示潜在的市场机会，还能够预测未来趋势，为企业提供科学的决策依据。

3. 增强会计信息的可理解性

传统会计报表主要以数字和文字形式呈现。对于非专业人士而言，理解会计信息可能颇具挑战性。数智技术通过数据可视化工具，将复杂的会计信息转化为直观的图表，极大地增强了信息的可理解性。这种转化不仅依赖于图形的选择和设计，还涉及信息量的控制和美学因素的融入，以吸引使用者的注意力。例如，通过柱状图和饼图等视觉元素展示企业的财务状况和经营成果，使管理层和投资者能够更直观地把握企业的财务状况和发展趋势。

数智技术通过智能报告生成系统，进一步增强了会计信息的个性化和实用性。这种系统能够根据用户的具体需求和偏好，自动生成定制化的会计报告。这不仅使管理层能够根据自己的关注点和决策需求，获得更具针对性的财务报表和分析报告，还能够通过实时的数据分析和预警功能，及时发现潜在的问题和风险，从而采取有效的应对措施。智能报告生成系统的灵活性和适应性，不仅增强了会计信息的可理解性，也强化了其在决策过程中的支持作用。

4. 提高会计信息的可比性

数智技术的应用推动了会计准则和制度的统一化，为不同企业间会计信息的可比性奠定了基础。这种标准化工作不仅包括对会计核算方法的规范化，还涵盖了财务报告格式的标准化。通过确保相似交易或其他事项在不同企业中采用统一的计量和列报方法，这些规范性措施提升了会计信息的透明度与一致性。这对于投资者、管理层以及其他利益相关方做出明智决策具有重大意义。国际会计准则委员会（IASC）在其发布的《编制财务报表的框架》中强调了会计信息可比性的重要性，指出同类交易或其他事项的计量和列报必须采用一致的方法，以实现不同企业间的可比性。

数智技术还通过自动化的数据转换和整合，提高了数据的可比性。自动化技术能够将不同来源、不同格式的数据转化为统一的数据格式，从而便于比较和分析。例如，数据仓库和数据湖技术能够整合企业内部各个系统的数据，提供统一的数据视图，使管理层能够方便地获取和分析企业的财务数据和经营数据。这种整合不仅提高了数据的一致性和准确性，而且通过支持结构化和非结构化数据的存储，增强了数据的可用性和分析能力。此外，湖仓一体技术的发展进一步支持了实时报表的制作，提升了报表的质量，使会计信息的可比性进一步增强。这些技术的应用不仅优化了会计数据处理流程，而且为会计信息的使用者提供了更加准确和一致的数据，从而增强了会计信息决策的有用性。

1.3 数智技术对会计业务的影响

随着数智技术的飞速发展，其对会计领域的深远影响正日益凸显。这一技术不仅重新定义了会计实务的操作模式，还深入渗透到了会计理论的探索之中。在会计实务层面上，数智技术的广泛应用使传统的记账、核算等复杂任务逐步向自动化与人工智能的方向转变。这一变革不仅极大地加速了会计工作的进程，显著降低了人为错误的发生概率，还为会计人员节省了时间和精力，使他们能够更专注于核心业务的分析与决策。具体而言，通过引入智能财务软件等先进工具，企业得以实现账务处理的全面自动化，有效减少了人工操作的环节，进而确保了会计数据的精确性与一致性。这一转变不仅提升了会计工作的整体效能，更为企业的稳健发展奠定了坚实的基础。

大数据分析工具在会计工作中的应用，使现代会计不再局限于数字的记录，而是逐渐转变为数据分析师的角色。会计人员可以利用大数据分析工具，对企业经营数据进行深入挖掘，为管理层提供基于数据的深入分析和决策支持。这种转变使会计在企业管理中的地位得到了提升，成为连接业务与决策的桥梁。区块链和云计算技术的发展也为会计工作带来了革命性的变化。区块链技术以其去中心化、高安全性和不可篡改性的特点，为交易记录提供了强大的保障，有效防止了数据被篡改或丢失。而云计算技术则提供了灵活的数据处理和存储能力，使得会计工作突破了地理和时间的限制，实现了真正的移动办公。

在会计理论方面，数智技术的应用对会计信息的准确性、及时性和透明度产生了深远的影响。随着信息技术的发展，会计信息的质量要求也在不断提高。数智技术的应用使得会计人员可以更加精确地获取和处理数据，提高了会计信息的准确性。同时，大数据技术的应用也使会计人员可以更加及时地获取和处理信息，提高了会计信息的及时性。此外，数智技术的应用还使会计信息更加透明，提升了企业的信誉度和市场竞争力。数智技术的应用虽然带来了诸多便利，但也带来了新的风险和挑战，会计领域还需要深入开展内部控制与风险管理理论研究。因此，会计人员需要不断学习和掌握新技术，加强内部控制和风险管理，确保企业的财务安全。

综上所述，数智技术的发展对会计领域的影响是全面而深刻的。它不仅改变了会计实务的运作方式，还深入了会计理论的探讨之中。数智技术的应用使得会计工作更加高效、准确和透明，同时也带来了新的风险和挑战。因此，会计人员需要不断学习和掌握新技术，加强内部控制和风险管理，以推动会计领域朝着更加智能化、高效化的方向迈进。这既是一个相互促进、共同发展的过程，也是会计领域不断追求卓越、创新发展的必由之路。

1.3.1　会计核心流程的智能化重塑

从数字经济 1.0 到数字经济 2.0，科技的飞速发展对企业的商业模式、组织模式、运营模式产生了颠覆性的影响。面对激烈的市场竞争，传统企业迫切需要转型为智能企业，而数据挖掘、机器人流程自动化（RPA）以及 AI 的综合应用，成为这一转型的关键驱动力，推动了企业流程自动化水平的提升，并为企业释放了巨大的潜力。

1. AI 技术对会计流程的影响

在会计工作中，记录、分类、汇总、分析和报告财务信息是会计的核心任务。随着数智技术的深入应用，财务部门开始以技术为原动力，搭建财务数字平台，重塑财务工作流程，优化决策模式，升级管理服务，提供更有价值的数据分析报告，提高在企业新业务布局和价值创造中的影响力。人工智能和机器学习技术的应用使许多传统的、重复性高的事务性会计工作得以自动化，如数据录入、账单处理、发票验证等，提高了会计信息的质量和实效性，提升了会计核算的效率和准确性。AI 技术还能快速收集、整理财务数据，生成各类财务报表，从而提高了报告编制的准确性和效率。在税务方面，AI技术根据最新的税法自动计算税费，帮助企业完成税务申报，减少人工错误并提高申报效率。

除了基本的会计工作，AI 技术通过数据分析和模型训练，快速分析大量财务交易记录，识别异常交易或潜在的风险点，并提供智能预警和控制措施，帮助企业提前预防风险并确保合规。同时，通过大数据分析和机器学习模型，AI 可以预测未来的财务状况、现金流情况等，为企业的决策提供支持。

2. 区块链等技术对会计流程的影响

区块链技术的引入显著增强了会计领域信息的透明度和可信度，确保交易的真实性和不可篡改性，从而为决策者提供更清晰、更完整的数据。同时，区块链还简化了会计业务处理流程，提高了资源分配的效率。此外，云计算平台支持远程会计服务，使会计数据的存储和处理具有灵活性。物联网技术在固定资产管理中的应用，使得资产的实时监控和管理成为可能。

这些技术的应用进一步推动了会计工作向更高层次的分析和决策支持职能转变。企业通过综合应用这些技术手段，实现财务工作的自动化和智能化，融合分散的基本财务业务，实现专业分工和流程优化。以此为基础，企业进一步构建覆盖所有业务流程的财务信息系统，实现财务信息的快速处理和实时共享。同时，企业需要打造专业的专家中心（COE）团队，改造设计出更符合机器人运行和管理的流程，实现从数据断点的手工作业到基于规则的端到端的全流程数字化的转变，为企业带来更大的竞争优势和发展潜力。

1.3.2　会计决策支持的数据驱动转型

在数字化和智能化的浪潮下，传统会计决策方式面临着前所未有的挑战与机遇。过去依赖历史性的财务数据和报表的稳健方式，限制了企业对未来的准确预测和战略规划能力。数据科学和技术的飞速发展推动现代会计迈向数据驱动决策的新时代。

1. 数智技术在会计决策中的应用

大数据、机器学习和人工智能等先进技术的应用，使会计部门能够处理和分析大规模、多维度的数据。会计部门作为企业的"数据中心"，不仅处理结构化的财务数据，还能利用大数据技术和人工智能技术分析非结构化数据，如文本、图像和声音等。这些非结构化数据往往蕴含着丰富的业务信息和市场趋势，为管理层提供更加全面和深入的洞见。

人工智能技术在数据驱动的决策支持中发挥着关键作用。通过对财务数据的深入挖掘，尤其是预测分析和模式识别，企业能够更好地了解业务运营、客户需求和市场趋势。这种基于数据的决策支持不仅提供了对当前状况的洞察，还能通过趋势分析和预测模型为未来的决策提供有力的支持。例如，通过分析历史销售数据预测未来的销售趋势，从而调整生产计划和优化库存管理，降低库存成本，提高运营效率。人工智能技术还能够帮助企业监测关键指标，分析异常情况，发现潜在风险并采取相应措施。这种预警机制有助于降低财务风险，提高企业的稳定性和可持续性。

2. 数智技术对财务决策模式的优化

基于数据的决策支持系统能够提供实时反馈，使管理层能够做出既具有战略性又可操作的决策。这种实时决策支持机制使企业快速适应市场波动和业务需求，有效提升决策的效率与精确度。多种技术工具的整合也为现代会计决策支持提供了有力的支撑，从财务软件到数据分析平台，再到人工智能的应用，这些工具高效协同，构建起一个完整的数据生态系统。使数据从采集、分析到决策的整个过程更为完善和高效。数据驱动的决策支持工具不仅增强了会计的价值，还使其成为企业战略规划中不可或缺的一部分。通过充分利用现代技术工具，企业能够更好地应对复杂多变的商业环境，做出更明智、基于数据的战略和操作性决策，提高竞争力，实现可持续增长。

值得注意的是，数据分析与人工智能的结合正在逐步优化财务决策模式。财务部门可以收集、整理和分析企业内部的财务数据、业务数据、市场数据以及行业数据等，应用机器学习与人工智能挖掘出隐藏在数据背后的规律和趋势，提取出有价值的特征，为企业的财务决策提供具有前瞻性的建议。这种智能辅助甚至是人工智能主导的新决策模式将有效帮助决策者制定合理的经营策略，提高决策的科学性和准确性。

综上所述，数据驱动的会计决策支持是现代企业在数字化和智能化转型中的必然选择。充分利用大数据、机器学习和人工智能等先进技术工具，企业能够更好地应对复杂多变的商业环境，做出更明智、基于数据的战略和操作性决策，从而实现可持续增长和竞争优势的提升。会计部门将发挥越来越重要的作用，成为企业战略规划和管理决策的核心。

第2章　数智时代会计专业教育的育人内涵

　　会计学作为管理学科的重要分支，以货币为主要计量单位，旨在实现各类单位的经济效益与管理目标。从传统的簿记方法发展至今，会计学已演进为涵盖财务会计、管理会计、审计学等多个领域的复杂系统学科，以适应不同经济发展阶段的需求。早期，会计学聚焦于会计信息的记录与报告；随着经济全球化和企业规模的扩大，会计学的研究范畴进一步拓展至财务决策、风险管理、内部控制等领域。

　　在当前社会经济发展的背景下，高校会计专业教育教学承担着多方面的重要使命。一方面，其肩负着传承会计理论、基本方法与技能等专业知识的重任，培养学生优化和管控经济单位财务活动的能力。另一方面，其着重于培养学生的会计理念、职业价值取向以及逻辑判断等关键能力，以妥善处理价值增值与经济资源的有效利用问题，为利益相关者提供精准有效的会计信息，支持资本市场的稳定发展。

　　进入数字技术与人工智能迅猛发展的时代，会计专业教育的育人内涵正经历着全面且深刻的变革。信息技术在会计领域的应用研究起步于20世纪后期，随着计算机技术的普及，会计电算化逐渐兴起，开启了会计工作数字化的进程。近年来，自动化处理、数据挖掘、人工智能等技术在会计领域的应用研究成为热点。这些技术的引入，不仅从根本上改变了会计实务工作的模式，而且重塑了高等教育的生态体系。自动化技术极大地提升了数据录入与处理的效率，使会计人员得以从烦琐的基础工作中解脱，更多地投身于高层次工作，如数据分析、风险评估、决策支持以及战略规划。这一变革趋势促使会计专业教育更加重视学生信息技术素养的培养，确保学生能够熟练运用数智化会计系统和数字化工具。同时，数字化时代带来的数据洪流引发了对数据安全、隐私保护及伦理问题的关注。当前研究强调培养学生的法律和伦理意识，保持对信息安全和数据隐私的敏感性，确保数字化环境中决策的合规性与伦理性。

为切实落实立德树人的根本任务，教育部于 2020 年颁布了《高校课程思政建设指导纲要》，为高校教育教学改革指明了方向，强调将思想政治教育融入专业课程教学的全流程。通过挖掘各类思想政治资源，如政治认同、家国情怀、文化素养、宪法法治意识、道德修养等元素，精心设计课程思政教学，以充分发挥每门课程的育人功能。在会计专业课程中融入思想政治教育元素，如社会主义核心价值观、中华优秀传统文化、科学思维方法、职业道德和规范，旨在培养学生的综合素质与价值观。通过融入这些元素，引导学生内化知识，提升认识世界和改造世界的能力，实现全程育人、立德树人的教育目标。

2.1 会计专业课程的育人特色

2.1.1 以专业理论知识与技能为基石——启迪会计思维

会计专业本科教育高度重视理论体系的完整性，为学生奠定坚实的专业基础。学生需系统学习财务会计、财务管理、税法、经济学、法律法规等多学科知识。这不仅是为了获取知识本身，更重要的是通过对这些理论知识的深入理解，培养会计思维能力，进而在实际工作场景中进行有效的职业判断。在教学实践中，职业判断能力的培养应贯穿始终。教师应结合理论学习与实践训练，提升学生的职业判断能力，使其逐步成长为兼具专业知识、个人能力和职业素养的复合型会计人才，能够运用会计专业技能服务于经济社会发展，在理论与实践的交互融合中，实现会计理念、方法和思想的创新，为会计学科的发展贡献力量。

在数智技术蓬勃发展的时代背景下，会计教育依然以传统财务会计与管理会计的理论框架为基础，培养学生的会计理念和会计思维。课程内容涵盖企业会计准则、会计基本理论、财务管理理论、审计理论等领域，旨在全方位塑造学生的专业素养。具体而言，学生应熟练掌握财务记录与报告方法，精通成本核算、预算编制、绩效评价等专业知识，并能够在企业内部有效运用管理会计工具为决策提供有力的支持。同时，学生能深入理解审计理论框架、程序及报告撰写规范，明晰内部控制概念及其对于财务信息可靠性和透明度的重要意义，熟练掌握不同的计算成本方法，深刻理解成本与效益关系，并能够在企业中有效实施成本控制措施。

从会计专业课程的结构框架视角出发，数智时代的会计专业教育应致力于实现理论与实践的深度融合，持续更新教育内容，明确培养目标，构建全面、动态、开放的培养体系。一方面，应精心构建包含基础理论课程、专业核心课程、实践技能课程和综合素质课程四个层次的课程体系架构，形成完整且相互关联的知识结构体系。基础理论课程为学生提供学科基础知识，奠定坚实的理论基石；专业核心课程聚焦专业核心知识与技能，拓展专业深度；实践技能课程注重实践操作能力培养，提升学生的实际动手能力；综合素质课程则致力于拓宽学生的视野，培养其综合素养。另一方面，综合运用案例教学、模拟实训、实习实践和国际交流等多元化教学方法，切实提升学生的实际操作能力和拓宽国际视野。通过真实案例分析，引导学生将理论知识应用于实际问题解决中，培养其分析和解决问题的能力；借助模拟软件或环境，让学生在虚拟场景中进行实际操作，积累实践经验；实习实践为学生提供了与企业接触的机会，使其了解行业实际运作情况，增强职业适应性；国际交流则有助于学生拓宽国际视野，了解国际会计前沿动态和不同文化背景下的会计实践差异。

教育体系应紧密对接行业需求，积极探索校企合作、专业认证等有效途径，确保教育内容的时效性和实用性。校企合作可实现高校教育与企业实践的无缝对接，使学生所学的知识与企业实际需求相契合；专业认证则有助于规范教育质量标准，提升专业教育的认可度和竞争力。通过系统且科学的教学方法体系，使学生全面掌握会计学基本理论和实践操作技能，灵活运用各类会计软件和工具进行数据处理与分析。

因此，会计专业教育的培养体系应呈现多元化、层次分明且相互支撑的特征。会计专业课程作为学生职业发展的基石，赋予学生广泛而扎实的知识技能，使其具备在各行各业施展才华的能力。在现代社会经济环境下，会计专业的重要性日益凸显。随着经济全球化进程的加速和商业活动领域的不断拓展，市场对专业会计人才的需求持续增长且要求不断提高。学生在学习过程中，不仅要扎实掌握理论知识和实践技能，还应积极主动地拓宽自身视野，密切关注行业动态，持续提升综合素质和竞争力，以适应未来会计行业的发展需求。

2.1.2 以信息技术与数据分析能力为支撑——驱动数据思维

在信息技术的推动下，会计行业经历了深刻变革。ERP 系统、会计软件以及大数据平台等先进技术的广泛应用，重塑了会计行业的运作模式。数据已成为企业的核心资产和决策的关键依据，也是核心竞争力的重要体现。作为数据解读与运用的关键主体，会计人员的职责与角色定位发生了深刻转变。传统会计工作主要集中于财务数据的记录和处理，而现代会计则需深入挖掘数据背后的潜在价值，精准剖析企业的经营态势、风险状况以及未来的发展趋势。因此，会计人员需要掌握会计知识、信息技术和数据分析能力。他们需熟练运用会计软件处理日常业务，借助 ERP 系统实现企业资源的高效整合与优化配置，并依托大数据平台深度挖掘数据的潜在价值，为企业决策者提供更为精准、全面的信息支持（祝继高等，2024）。

因此，在会计专业教育领域，培养学生的信息技术和数据分析能力已成为塑造会计人员核心竞争力的关键所在。基础数据处理能力培养，应涵盖如 Excel 高级功能、SQL 数据库查询与管理等基本的数据管理技能，相应课程内容可涉及数据筛选、排序、透视表以及 SQL 查询语言等操作。统计和分析技能培养，应包括概率论与数理统计、回归分析、时间序列分析等基础理论知识，并运用 R 语言、Python 等编程工具开展实战演练，使学生掌握数据清洗、数据可视化等技术。在大数据应用技术层面，鉴于会计人员需应对海量数据，应具备从中提取有用信息的能力。课程设置应引入大数据技术及其在会计中的应用，包括数据挖掘、机器学习算法、文本分析等内容。例如，利用大数据和人工智能技术进行财务预测和风险管理，运用数据挖掘技术发掘潜在的市场机会和客户需求等（陈虎，2018）。

除技术层面的知识外，数据思维已演变为当代社会不可或缺的深层认知能力。数据思维要求个体不仅熟练掌握一系列分析方法和工具，更关键的是具备通过数据敏锐洞察问题、提出解决方案的能力。其中，系统化思维是数据思维的重要组成部分。它强调从整体视角出发，系统地剖析问题，而非局限于某一环节或某一方面的数据。在会计课程教学中，教师应引导学生学会从业务流程、数据结构以及数据关系的整体视野进行分析，了解各个环节之间的影响。例如，在分析一家公司的财务状况时，学生需综合考量其收入、支出、成本等多方面数据，以及这些数据之间的内在联系，从而得出更为精确和全面的结论（黄世忠，2019）。批判性思维在数据思维体系中占据重要地位。在数据分析进程中，学生需具备质疑数据输入、处理和输出环节的能力，能够甄别数据中的"噪声"与有效信息。这要求学生具备独立思考和判断的能力，不被表面数据所迷惑，而是能够深入挖掘数据的本质与内涵。批判性思维的培育可通过案例分析和实施实际项目来实现，使学生在实践中不断积累经验，提升对数据的敏感度和洞察力。

数据思维作为一种深层认知能力，要求个体不仅掌握技术层面的知识，更要具备系统化思维、批判性思维和决策能力等多方面的素养。在会计课程教学中，教师应高度重视培养学生的数据思维，引导学生学会从数据中发现问题，提出解决方案，为其未来的职业生涯奠定坚实的基础。同时，学生自身也应积极主动地学习和践行数据思维，持续提升自身认知能力和竞争力。为实现上述目标，会计专业教学需实施一系列系统化教学策略，以推动学生数据思维的形成与发展。这些教学策略涵盖多个层面，旨在促使学生在学习理论知识的同时，在实践中得到锻炼并提升数据分析能力。

首先，项目式学习是一种行之有效的教学方法。通过项目式学习，学生能够置身于真实的数据分析场景中，亲自动手操作以解决实际问题，从而深化对理论知识的理解，并增强数据分析和问题解决能力。其次，案例教学是会计专业教学不可或缺的组成部分。教师可通过分析具有代表性的企业案例，引导学生剖析财务管理和数据分析问题。这种教学方式，不仅能帮助学生理解企业运作和数据分析的重要性，而且有助于培养学生的批判性思维和解决问题的能力，使他们能够更好地适应复杂多变的实际工作环境。再次，交叉学科课程对会计专业学生的数据思维发展至关重要。会计专业教学与统计学、计算机科学、经济学等学科相互融合，如开设"财务数据分析与决策"课程，有助于学生整合会计和数据科学知识，培养学生的综合能力。这种跨学科学习打破了学科间的界限，拓宽了学生的知识视野，并增强了他们的数据分析和决策制定能力（陈信元，2022）。最后，信息化教学工具是现代会计专业教学不可或缺的一部分。利用在线教学平台，虚拟实验室和模拟软件等现代教学工具，教师可以丰富教学手段并提高教学效果。例如，通过在校内搭建模拟 ERP 系统环境，学生可以在模拟的环境中进行实践，亲身体验企业资源管理和财务分析过程。这样的实践机会有助于学生更好地理解和掌握数据分析的实际应用（刘勤，2020）。

综上所述，借助项目式学习、案例教学、交叉学科课程、信息化教学工具等系统化教学策略，会计专业能够有效地推动学生数据思维的形成与发展。这有助于培育出一批具备扎实理论基础和卓越数据分析能力的会计专业人才，为行业的持续发展与创新提供有力的支撑。通过培养学生的信息技术能力，会计专业教育能够使学生更好地适应数智时代的需求，具备应对挑战的能力，为其职业发展创造更多机遇。

2.1.3 以国际视野与全球化思维为导向——拓宽行业视野

2005 年起，我国开启了借鉴国际财务报告准则（IFRS）的征程，财政部在全面总结前期规范体系建设经验的基础上，推动构建与国际会计准则持续实质趋同的新企业会计准则体系。2006 年颁布的新准则具有里程碑式的意义，对以往模式进行了根本性变革，明确将会计确认、计量和报告确立为准则体系的核心要素，实现了与国际准则的实质性趋同（财政部会计准则委员会，2006）。在中国遵循国际趋同"四原则"的进程中，持续推进中国会计准则体系的演进，旨在形成多方共赢的格局。然而，会计准则的国际趋同并非简单的逐字对应，而是一个涉及多方利益博弈，持续探索优化的动态过程。鉴于企业运营环境的复杂性和动态性，我国于 2014 年、2017 年、2018 年和 2019 年修订并发布了多项相关准则，对相关业务领域的会计确认、计量与报告规范予以精准界定。

在数智技术广泛渗透于各行业的时代背景下，会计工作已突破国界限制，亟须与不同国家和地区的会计制度及规范进行深度交流与对接。因此，高校会计专业教育理念的转型迫在眉睫，应从传统的知识传授范式向能力培育导向转变，从国内视野范畴向国际视野维度拓展，切实实现教育理念的国际化重塑。课程内容设置应全方位涵盖国际财务报告准则、国际审计准则等国际会计标准，并增设国际税务、跨国公司财务管理、国际会计伦理等课程模块，以助力学生深入理解不同国家的经济政策、市场动态以及国际经济组织的运作机制，进而培育其国际化素养和全球视野。

在课程体系中融入国际财务报告准则和美国通用会计准则（US GAAP），旨在达成以下目标。其一，强化国际会计准则的学习与应用能力培养。国际会计准则作为全球通用的会计规范，在跨国公司财务报告编制与国际贸易往来中具有举足轻重的地位。通过系统研习国际会计准则，会计专业人员能够更为精准地把握国际财务报告的编制原则、披露要求及应用技巧，有效提升财务报告的质量水准与国际可比性（汪祥耀，2006）。其二，着重培养学生跨文化沟通与合作能力。在全球化经济格局下，会计工作涉及与多元文化背景人员的频繁协作与深度交流。学生需具备卓越的跨文化沟通能力，尊重并理解不同文化背景下的价值观念与实践模式，从而实现高效顺畅的沟通与协作。通过跨文化沟通与合作能力的培养，学生能够更好地应对跨国公司运营及国际合作项目中的文化差异挑战，建立稳固良好的合作关系，显著提高工作效率与质量。其三，引导学生密切关注国际会计领域前沿动态。国际会计领域处于持续快速发展的动态进程中，会计专业人员必须紧跟其最新发展趋势，及时掌握国际会计准则的修订动态、更新要点，以及该领域前沿的研究成果与最佳实践经验。

2.1.4 以职业素养与创新能力为根本——铸牢树人根基

在新技术与会计领域深度融合的新时代，会计专业课程已超越传统会计、审计、财务管理等范畴，融入信息技术、商业伦理、法律法规等多学科知识。这种学科交叉融合趋势的不断深化，不仅拓宽了会计专业的知识边界，也为学生搭建了全面分析问题的多元平台。云会计、区块链会计、共享会计等数字技术的应用，逐步降低了对传统核算型技能会计人才的需求，促使会计人员的价值取向从反映型向创造型转变，会计职能呈现出技术化、分析性、综合性和管理性等显著特征（刘勤，2020）。要求高等教育从数智战略高度优化课程体系，强化师资队伍建设及合作基地拓展，培养具备系统性思维和跨学科能力的高层次复合型会计专业人才，培养会计人才跨领域、跨学科的知识融通能力与实践能力（邱爽等，2022）。

高校会计专业教育的根本使命在于立德树人，其内涵超越了单纯的知识与技能传授范畴，聚焦于塑造和培育大学生健康健全的人格，并赋予他们可持续发展的能力。会计专业课程应同步强化职业道德教育，着重培养学生诚信、公正、负责的职业道德观念，以及遵守法律法规、保护客户隐私等职业素养。通过深化职业道德教育，培养学生的社会责任感，使其成长为专业能力强且职业操守良好的会计专业人才，确保在复杂多变的经济环境中能够做出精准判断和理性决策。职业道德教育课程及实践活动的开展，使学生深刻领悟到会计职业的责任与使命，树立正确的职业价值观，保证他们在未来的职业生涯中坚守职业道德准则，为组织提供可靠的财务支持，维护公众利益。培养具备高度职业素养的会计人才，不仅有助于提升企业财务管理水平和风险防控能力，更是增强国家经济竞争力的关键因素（葛家澍，2006）。

与此同时，随着科技进步与经济结构调整，会计领域的工作内容和方式经历了深刻变革。从手工记账到电子记账，再到智能会计时代的来临，技术演进要求会计人员持续适应全新工作环境，具备终身学习和创新的能力。创新能力不仅涵盖对新技术的迅速学习与熟练掌握，更强调发现问题、分析问题和解决问题的能力，以及在会计工作中提出创新性思路与方法的能力。在全球化和信息化浪潮下，经济环境的复杂性和不确定性日益加剧。会计人才的创新能力有助于企业在变革中敏锐捕捉新机遇，通过创新会计信息处理方法和财务管理模式，增强企业的竞争力。因此，会计专业课程应高度重视学生创新思维的培养，激发其创新潜能。具备创新能力的会计人才能够为企业挖掘新的价值增长点，提升企业的核心竞争力，对推动经济高质量发展具有重要战略意义。

在会计专业课程体系中，通过案例分析、团队项目及实践教学等多元化方式，培养学生的职业素养和创新能力。运用讨论、辩论等教学方法，激发学生深入思考，鼓励批判性剖析传统会计理论与实践，培育独立思考习惯。创新实践项目以解决实际会计问题为导向，激励学生结合前沿技术趋势设计和实施解决方案。学生将在这一过程中学会践行职业道德规范，在团队协作中充分发挥个人优势，运用创新思维解决实际问题。鼓励学生开展跨学科学习，如融合信息技术、数据分析等领域的知识，推动会计理论创新、实务改进及技术更新，推动整个会计行业的发展和进步。会计教育应以培养创新能力为核心目标，鼓励学生探索会计领域的新理论、新方法和新技术，以灵活适应职业角色转换，把握职业发展机遇，为企业和个人职业成长与发展创造更大价值。

2.2　会计专业课程的育人价值

2.2.1　培养学生专业知识与技能

会计专业课程在塑造未来会计专业人才方面具有不可替代的作用，其核心使命之一在于培养学生扎实的专业技能，使其建立系统的知识架构。在信息技术呈指数级迅猛发展、知识迭代加速的环境下，各行业蓬勃兴起的态势对会计从业人员的专业素养提出了更为多元的要求（刘启亮，2019）。教授学生专业知识与技能是一项兼具复杂性与系统性的宏大工程，依靠高校、教师、学生等多方主体协同联动，合力推进。通过全方位、多层次的课程规划布局，灵活多元且适配性强的教学方法论，有机融合理论与实践的教学体系架构，具备深厚专业造诣与丰富教学经验的师资队伍的有力支撑，以及激发学生自主学习意识与自我提升内驱力的有效举措，致力于培养出根基稳固、技能娴熟的会计专业人才，进而为社会经济的繁荣昌盛与可持续发展注入强劲动力。

在会计核算与报告编制领域，学生通过系统学习会计专业的核心知识，包括会计基本原理、会计制度与准则以及财务报表编制等，能够掌握会计信息的生成、加工、处理与披露等专业技能，并在实际工作场景中灵活运用所学知识，为企业和组织的财务管理活动提供精准的信息支持。首先，会计基本原理是培养会计核算与报告技能的基础。学生需深入理解会计的本质、职能与作用机制，精准把握会计要素、会计科目以及会计账户等基础概念的内涵与外延，以及会计等式、会计循环等基本原理的运行逻辑。深入理解这些基本原理有助于学生构建一个逻辑严密、结构完整的会计信息认知框架，为进一步学习打下坚实的基础。其次，深入学习会计制度与准则对学生提升会计核算与报告技能的精准度与规范性至关重要。会计制度与准则是统驭会计行为、确保会计信息质量的权威性规范依据。学生需全面理解国内外会计制度与准则的演进脉络、原则框架和操作规范，深刻洞察这些制度和准则对企业财务管理实践的影响机制。通过系统学习，学生能够更好地掌握会计准则规范下进行会计核算与报告的精细化操作技巧，确保会计信息的生成与披露符合行业标准与法规要求。最后，财务报表编制技能的训练是会计核算与报告技能体系的关键部分。作为企业财务状况、经营成果以及现金流量状况的综合性、结构化反映载体，财务报告对投资者、债权人等利益相关者的决策制定具有重要参考价值。学生需要掌握财务报表的种类、结构、编制流程、编制方法与分析解读技巧，明了财务报表编制过程中的易错事项和潜在风险（张新民，2019）。借助实际操作训练的反复强化与案例深度剖析的思维启发，学生能够逐步提升财务报表编制能力，确保所编制财务报表能够精准、客观地反映企业财务实质，为企业和组织的决策制定提供有力的数据支撑与信息依据。

在财务管理与经营决策领域，教学目标可引导学生构建起完善的财务知识体系，并熟练运用所学知识进行精准的财务分析、合理的财务预测以及明智的财务决策，为企业提供全方位、强有力的财务支持，促进企业的持续稳健发展。通过系统学习会计学、财务报表分析等课程，学生能够深入洞悉企业财务数据的生成源头、内在构成要素及其逻辑关联脉络，并运用科学的分析方法与工具解读财务数据背后的经济实质，准确评估企业的盈利能力、偿债能力以及运营效率等财务指标，进而对企业的财务状况和经营成果进行客观、全面且深入的评估（王化成，2021）。同时，学生还将掌握财务计划、成本控制以及资源优化配置等关键财务管理技能，为企业制定行之有效的财务管理策略提供技术支持。在决策能力培养层面，通过对财务分析、投资决策等课程的深入学习，学生能够将财务数据转化为具有决策导向价值的信息资源，评估投资项目的风险物和收益，从而制定合理的投资策略，并能够深入剖析市场需求动态和竞争态势，为企业制定市场扩张或收缩策略提供科学依据与决策参考；并对企业的战略选择进行多维度、全方位的评估分析，为企业制定长远发展规划提供关键决策支持与战略引领。

在税务筹划与法律法规领域，学生通过系统学习税法、税务筹划等课程，全面了解税收法规政策的基本内容框架、核心要点以及潜在影响，掌握税务筹划的基本原理、操作方法和应用技巧。学生学会在合法合规的制度框架内利用税收优惠政策和优化税务结构降低企业税负，提升企业经济效益与竞争力。同时，学生深刻认识到税务筹划必须严格遵守法律法规，任何违法违规行为都将给企业带来严重的法律风险和声誉危机。因此，学生在学习过程中，始终将合规性原则置于首位，确保所制定的税务筹划方案既能有效实现降低税负的经济目标，又完全符合法律法规的要求，保障企业的合法合规运营与可持续发展。

综上所述，会计专业课程致力于全方位、多层次地培养学生的专业技能，使其建立完善的知识体系，尤其在会计核算与报告编制技能方面进行深度挖掘与精细训练。通过系统全面地学习会计基本原理、会计制度与准则以及财务报表编制等核心知识模块，学生能够熟练掌握会计信息的生成、处理与呈现等关键技能，为其未来的职业生涯奠定坚实稳固的专业基础。同时，丰富多元且紧密贴合实际的实践教学环节，使学生将理论知识与实际工作场景深度融合，进一步提升其综合素质与实际操作能力，实现从知识学习到能力应用的有效转化。

2.2.2 提升学生职业素养与道德观念

职业素养作为个体在职场环境中赖以生存与发展的综合素质与能力集合，涵盖专业技能、团队协作、沟通交流、问题解决等多个关键要素。有效培育这些素养不仅有助于学生获得学业进步，也为他们的职业生涯打下了坚实的基础（陈春花，2016）。为切实提升学生的职业素养，高校应建立多元化、多层次的实践活动与课程体系。例如，组织学生深度参与企业实习项目，沉浸式感受职场真实氛围，了解实际工作场景中的专业技能与操作流程；开设职业规划、团队协作、沟通技巧等与职业素养紧密相关的课程，帮助学生提升自我认知水平，明确职业发展目标和路径。

道德观念是个体对道德原则、规范准则以及行为模式的认知与评价体系，在职场生态环境中具有根本性、决定性意义，关系到个人品德修养的塑造、企业形象声誉的维护以及社会的和谐稳定发展。高校应通过课堂教学的主渠道、校园文化活动等多种形式，引导学生树立正确的道德观念与价值取向。同时，社会各界应共同携手营造积极健康、崇善尚美的道德环境，为学生提供有利于其道德成长与观念塑造的社会土壤。

在以诚信为本的会计职业操守培养进程中，相关课程不仅深入剖析了会计信息真实性与公正性的内涵本质，还借助丰富多元的案例资源与实际应用场景，引导学生树立正确的价值观与职业观。首先，课程强调会计信息真实性的重要意义。会计信息作为企业决策制定、投资者价值判断以及政府监管活动的关键依据来源，其真实性直接关乎企业声誉形象与核心利益得失。因此，会计人员必须严格遵守会计准则和法规制度，确保会计信息真实可靠、客观准确。课程通过详细讲解会计信息的生成流程、处理方法和披露规则，使学生深刻认识到会计信息真实性的重要价值，并掌握在实际工作中保障会计信息真实性的有效方法（戴德明，2020）。其次，课程高度重视会计信息公正性的内在要求。公正性原则要求在会计信息处理和披露过程中，会计人员应坚决避免任何形式的偏见或利益冲突干扰，确保信息公平、客观、无偏地反映企业财务状况和经营成果。通过案例分析研讨与实际场景模拟，学生能够深入了解在实际工作情境中，会计人员可能面临的各种利益诱惑与压力挑战，从而深刻认识到坚守职业道德底线、保持公正立场的必要性与紧迫性。为帮助学生更好地理解和践行诚信为本的职业操守，课程还通过实践教学环节与模拟演练活动，让学生在实际操作情境中亲身体验诚信原则的重要性，并加深对其内涵的理解感悟。

此外，严谨细致的工作态度是会计专业学生的关键素质之一，这种工作态度是其未来职业生涯取得成功的核心要素。通过系统的课程学习与实践训练，学生逐渐养成严谨、细致、认真负责的工作习惯，为从事会计工作奠定了坚实的基础。会计专业课程要求学生掌握会计基础知识，包括财务报表编制、会计准则应用等核心内容模块。这些知识的学习过程要求学生秉持严谨细致的态度，因为会计数据的准确性和可靠性直接关系到企业财务状况和经营成果的真实呈现，任何细微差错都可能造成严重后果（孙光国，2018）。因此，学生必须在学习过程中保持高度的警觉性和强烈的责任感，认真地完成每个学习环节，以培养严谨细致的职业习惯与素养。

2.2.3　培养学生的创新思维与实践能力

会计专业教育已超越传统的财务知识传授，致力于全面提升学生的综合素质、创新能力以及实践水平，以契合社会经济发展对会计人才能力结构动态演进的需求（陈春花，2018）。信息技术的发展使得传统会计操作模式逐渐被自动化、智能化的计算机程序所取代，而复杂财务决策和高层次业务分析需求日益凸显（刘勤，2020）。现代会计教育必须突破传统教学范式的局限，培养学生应对变化的能力和持续学习的态度，为推动未来经济的健康发展提供人才支撑。这是会计专业教育在新时代背景下的战略导向。

1. 创新思维的培养

创新思维是个体在面对复杂问题情境时，能够突破常规思维模式，创造性地提出新颖、独特且具有显著价值的观点与方法的思维能力（阿玛尔·毕海德，2018）。在会计专业领域，创新思维体现为运用前沿的方法、工具以及独特的思维模式解决传统问题，并积极探索适应新兴经济形态和商业模式的策略与发展路径。创新思维的有效培养能够使学生在复杂多变的商业环境和棘手的财务问题面前，具备独特的分析视角和生成创新性解决方案的能力，从而在会计职业领域中脱颖而出。

为了培养创新思维，会计专业教育应采取一系列具有针对性的手段。首先，培养学生强烈的问题意识是培养创新思维的基石。在课程设置方面，应构建融合多学科知识的综合性课程体系，涵盖信息技术、数据分析、管理科学等领域，为学生提供广阔的知识视野，助力其构建多元化、创新性的知识架构。例如，通过开设"会计信息系统与数据分析"课程，使学生了解信息技术在会计数据处理和分析中的应用，掌握数据分析方法。实践课程的设计应注重真实性和复杂性，可设计案例分析、模拟企业运营、跨学科项目研究等环节，让学生置身于真实的会计问题情境中，激发其求知欲与探索精神。在案例分析中，选择具有代表性的企业财务案例，引导学生从不同角度分析问题，运用所学知识提出解决方案；模拟企业运营则让学生在虚拟的商业环境中扮演不同角色，体验企业从财务规划到决策执行的全过程，培养其综合运用知识的能力。其次，教学方式的创新至关重要。采用启发式、互动式教学方法，鼓励学生积极参与课堂讨论，敢于提出个人见解与疑问，促进学生之间、师生之间的多维度互动交流，在思维碰撞中激发创新火花。例如，组织小组讨论，针对特定会计问题让学生各抒己见，教师引导学生进行批判性思考，评估不同观点的合理性，从而培养学生的批判性思维能力和独立思考能力。发现问题的能力是创新思维的关键，也是解决问题的先决条件。学生需要具备敏锐的洞察力和精准的感知能力，善于从细微之处洞察问题的根源。这要求学生不仅要积累丰富的知识，还要积极参与实践活动，获取实践经验，以便在遇到问题时够迅速识别并洞察问题的本质。

2. 实践能力的增强

实践能力是指将理论知识有效转化为实际操作行为，并在实际情境中解决问题的能力。对于会计专业学生而言，实践能力涵盖多个关键方面，包括熟练掌握各类财务软件操作、精通会计信息系统的设计原理与实际运用、准确规范地编制财务报告并进行深度分析、科学合理地建立内部控制机制并进行有效评估等。基于会计学科鲜明的实践性特征，高校可通过多种途径提升学生的实践能力。组织学生参与校内外多样化的实践活动是重要手段之一。在校内，可开展会计实验课程，模拟企业真实财务场景，让学生在实验环境中进行财务处理，报表编制等操作，熟悉会计工作流程；在校外，应积极推动企业实习和社会实践调研，使学生深入企业实际运营环境，接触真实的财务案例，参与实际财务管理工作，将课本知识与现实问题紧密结合。例如，安排学生到会计师事务所实习，参与审计项目，了解审计流程和方法，掌握审计证据的收集与分析技巧；参与企业财务部门的成本核算和预算编制工作，学习企业成本控制和资源配置策略。教师还可精心创设富有挑战性的任务情境，如财务数据分析项目、企业内部控制优化方案设计等，让学生在完成任务的过程中锻炼问题解决能力，提升实践操作技能。

校企合作与实习实践是提升学生实践能力的高效途径。高校与企业建立深度合作关系，共同制定人才培养方案，根据企业需求设置课程内容和实践环节。企业为高校提供实习基地、实践项目和行业专家指导，高校则为企业输送符合需求的高素质会计人才。通过这种合作模式，学生能够在真实的企业环境中获取实践经验，了解行业最新动态和企业实际需求，提高自身的职业素养和实践能力。例如，企业与高校合作进行"订单式"人才培养，学生在学习期间就参与企业项目，毕业后直接进入企业工作，实现高校教育与企业需求的无缝对接。

为进一步提升学生的实践能力，会计教学活动可充分借助现代化教学工具。模拟企业运营系统、财务数据分析平台、审计模拟软件等工具，能够为学生提供逼真的实践环境，让学生进行模拟操作训练和情景模拟演练。在虚拟环境中，学生可以反复练习会计操作，熟悉不同业务场景下的财务处理方法，深入理解各种会计操作背后的逻辑原理。例如，利用财务数据分析平台，学生可以导入企业真实财务数据，进行数据分析和挖掘，为企业财务决策提供支持；通过审计模拟软件，学生可以模拟审计全过程，掌握审计的程序和方法，提高审计实践能力。高水平财务实验室能够为学生提供丰富的实践资源和海量数据支持，是培养高素质会计人才的关键环节。

综上所述，塑造学生创新思维与实践能力是一项复杂而系统的工程。高校应基于建构主义学习理论构建创新教育体系，营造鼓励创新的校园文化氛围，为学生提供创新实践的平台和资源；教师应遵循教师专业发展理论，不断提升自身素质，掌握先进的教学方法和技术，培养学生的创新思维和实践能力；学生应积极主动参与学习和实践活动，发挥主观能动性，不断提升自我；社会各界应积极营造有利于会计人才创新发展的社会环境，提供更多的实践机会和资源支持。

2.3 会计专业课程的育人途径

会计专业课程育人途径的构建是一项复杂且系统的工程，其核心目标在于培养既掌握扎实的专业知识，又拥有良好的思想政治素质的会计人才，以契合社会发展的多元需求（陈春花，2018）。这一目标的实现依赖于多维度育人途径的协同运作，涵盖课堂内的直接育人、课堂外的间接育人以及实践中的体验育人。各育人途径相互关联、互为补充，共同构成一个有机整体。

2.3.1 课堂中直接育人

在传统教学模式中，教学内容与教学形式之间存在着一种内在的辩证关系。教学内容的稳定性和系统性要求教学形式与之适配，以确保知识的有效传递。传统课堂讲授形式便是基于此而长期存在。它能依据教材章节顺序有条不紊地传授知识，助力学生逐步构建学科基础知识体系。然而，教学形式并非仅仅处于被动适应地位，而是对教学内容有着显著的反作用。不同的教学形式直接影响学生对内容的理解深度和接受程度，传统教学形式的局限性在一定程度上制约了教学内容的更新与拓展速度。随着数字技术的迅猛发展，这种关系发生了深刻变革。数字化资源的丰富性为教学内容注入了新的活力，使其能够及时反映学科前沿动态（Johnson et al., 2016）。例如，在线学术数据库的广泛应用使教师能够迅速获取最新研究成果，并将其融入教学内容之中。与此同时，数字技术催生了诸如在线学习平台、虚拟现实技术等创新教学形式。这些形式为学生提供了更为个性化和沉浸式的学习体验，打破了传统教学的时空限制。教学内容与教学形式的深度融合，已成为提升教学质量和效果的关键因素、这对教师提出了更高的要求：教师需熟练掌握数字技术应用，灵活运用多样化教学工具，精心设计和创新教学方案，以顺应新时代教育发展的趋势。在信息爆炸的时代，教学内容相关信息的检索、辨别难度剧增，且同质化现象严重。若教师缺乏处理信息的能力，即便优质内容也难以被学生有效接收。因此，教育发展已从单纯强调"内容决定一切"的阶段，迈向形式创新与内容优化同步推进的新时代。

1. 课堂育人的逻辑架构

课堂作为教育的核心阵地，其育人功能具有不可替代性。有效的课堂育人遵循着一套严谨的逻辑体系，从理念确立、内容选择、方法应用到目标达成，层层递进，共同构建一个有机的育人整体。

课堂育人的逻辑起点在于确立育人为本的核心理念。这一理念将学生置于教育活动的中心地位，强调尊重学生的个体差异，全面关注学生的发展需求（叶澜，2001）。"育人为本"理念的深入贯彻，有助于教师深刻领悟课堂教学的本质意义，自觉遵循教学基本规律，坚定践行教学根本宗旨，致力于塑造具有深厚文化内涵、正确价值导向和较高吸引力的高品质课堂。从理论层面看，这一理念体现了现代教育对人的全面发展的追求，契合建构主义学习理论中关于学生主动建构知识和自我发展的观点。

课程内容的选择与组织构成了课堂育人的逻辑展开环节，应依据知识的内在逻辑构建完整体系，助力学生形成系统的兼具知识性与教育性的知识结构。教师需根据学生的认知发展阶段和个体差异，精心挑选适合的课程思政内容，并运用有效的方法拓展内容的深度与广度。例如，在会计专业课程中，可结合财务报表分析的教学内容，引入企业社会责任履行对财务绩效影响的案例分析，引导学生思考会计信息背后的伦理和社会价值。这一过程涉及知识整合理论，即将专业知识与思政元素有机融合，促进学生在学习专业知识的同时，形成正确的价值观和职业道德观。

教学方法的创新与应用是课堂育人逻辑深化的关键。传统灌输式教学往往忽视学生的主体地位和创造性思维的培养。为实现课堂育人目标，教师应积极探索创新性教学方法，如启发式教学、探究式学习等，激发学生的学习兴趣和主动性。这些方法基于情境学习理论，通过创设真实或模拟的问题情境，引导学生在自主探索和合作交流中解决问题，构建知识体系。例如，在成本会计教学中，教师可提出实际企业成本控制问题，组织学生分组探究解决方案，促使学生运用所学知识进行深入思考和实践操作。同时，教师应根据教学内容和学生特点灵活选择教学方法，注重方法的多样性和综合性，以满足不同的学习需求。

课堂育人的逻辑归宿在于学生的全面发展。教师不仅要关注学生对专业知识的掌握程度，更要重视其品德修养、情感态度和价值观的塑造。通过课堂育人实践，学生具备扎实的专业基础、高尚的道德品质和积极的人生态度，为未来的职业生涯和个人成长奠定了坚实的基础。这一目标的实现与多元智能理论相契合，霍华德·加德纳（1883）认为，每个学生都具有多种智能，教育应致力于挖掘和培养学生的各种潜能，促进其全面发展。

2. 教师价值观的引领和示范

在现代教育体系中，立德树人已成为教育改革的核心目标。教师在课堂育人过程中扮演着关键角色，需建立和落实一套完善的价值观体系。教师应将品德培养置于首位，以身作则，培养学生诚实、正直、善良、宽容等优秀品质，引导学生树立正确的道德观和价值观，培养其社会责任感和公民意识。这一过程体现了社会学习理论，学生通过观察和模仿教师的行为及价值观，进行自我认知和行为塑造。教师在其中不仅是知识的传播者，更是学生品德修养的引领者，其品德示范作用对学生的人格发展具有深远影响。

首先，秉持教育公平理念。教师应尊重每个学生的独特性，关注个体需求，为不同学习能力和背景的学生提供平等的学习机会和资源。这要求教师摒弃传统的单一评价标准，采用多元化评价方式，全面评估学生的学习成果和发展潜力，确保每个学生都能在公平的教育环境中获得充分发展，是实现教育公平的关键环节。其次，创新教育是培养适应时代需求人才的必然要求。教师应勇于尝试新的教学方法和手段，为学生创造创新的学习环境和机会，激发学生的创新潜能。例如，引入项目式学习法，让学生在完成具体会计项目的过程中，锻炼创新思维和问题解决能力。旨在培养学生的创新精神和实践能力，使其能够在未来职业生涯中应对不断变化的挑战。最后，教师需持续更新教育观、课程观和教学观。在教育目标上，应追求全面发展与个性化教育的深度融合。教育不应局限于知识传授，而应致力于培养学生的品德、智力、体魄、美感和劳动能力等多方面素养。个性化教育基于学生个体差异，通过因材施教为学生提供定制化的学习支持和发展路径，使每个学生都能在教育中实现自我价值。这一理念体现了多元智能理论对教育实践的指导意义，即承认学生有不同的智能优势，为其提供个性化发展的机会。

3. 师生互动的思想交流和情感升华

在会计专业教学领域，课堂互动交流对人才培养具有关键意义。教师与学生之间的有效互动，是提升教育质量、培养现代会计人才的核心环节。教师与学生之间的交流互动应贯穿教学全过程，教师需关注学生的学习需求，因材施教，运用多样化教学手段激发学生的学习兴趣和积极性。例如，利用问题导向教学法，引导学生主动思考和探索问题。学生要积极参与课堂讨论、勇于提出问题，与教师共同探讨学术难题，形成教学相长的良好氛围。这种互动模式基于建构主义学习理论，强调学生在互动中主动建构知识，提高学习效果。通过充分发挥课堂作用，注重课程内容更新，有机结合理论教学与实践能力培养，能够培养出掌握扎实的专业知识、熟练的实践技能和具有创新思维能力的全面型会计人才。此外，教师还需不断更新教育理念和改进教学方法，以适应新时代会计教育发展的需求。

教师应在关注学生专业发展的同时，通过言传身教，系统开展职业道德教育，如利用情景模拟和角色扮演等教学方法，让学生在模拟职场环境中体验会计工作的实际情况，引导学生树立正确的价值观和职业观，遵守职业规范，坚守诚信原则。这有助于培养学生的职业操守和责任感，使其在未来的职业生涯中能够做出正确的职业决策。同时，教师应关注学生的情感需求，尊重个性差异，营造温暖和谐的课堂氛围，激发学生的学习兴趣，提高其学习效果。课堂中直接育人是教师的神圣使命。教师不仅是知识的传授者，更是学生心灵的塑造者，肩负着引领学生成长为社会栋梁之材的重任。

课堂中直接育人是一项艰巨而伟大的任务。它要求教师不仅要具备扎实的专业知识和教学技能，更要拥有高尚的品格和强烈的责任心。在这个挑战与机遇并存的时代，教师应致力于为学生打造一个既充满爱心又富含智慧的课堂环境。在这里，学生能够自由地遨游于知识的海洋，汲取养分，成长为社会的中流砥柱，成为未来世界的栋梁之材。

2.3.2　课堂外间接育人

1. 课堂内外育人的互补关系

随着社会发展和教育理念的演进，人们逐渐认识到课堂内教育仅是学生发展的一个方面，课堂外的社会实践、实习、社团活动、社会交往等在学生成长过程中同样发挥着不可或缺的作用。课堂内外的育人环境相互补充，相得益彰，构成学生综合素质培养的完整体系。课堂内是学生获取知识和技能的主要场所，其教学活动具有系统性和规范性，侧重于理论知识的传授和基本技能的训练。而课堂外则为学生提供了更为广阔的发展空间，是培养学生综合素质的重要场所。学生在课堂外往往处于心态放松、思维活跃的状态，更易于接受新的观点和思想，这为教师开展隐性教育提供了有利条件。教师在课堂外活动中与学生平等互动，成为学生的伙伴和引导者，能够在自然的情境中对学生进行教育引领，实现潜移默化的育人效果。

2. 课堂外育人的方式

在会计专业领域，学生不仅需要掌握专业知识和技能，还需要具备良好的职业操守、团队合作能力和创新思维等综合素质。这些素质的培养在很大程度上依赖于课堂外的实践活动和经历。

会计专业课堂外的间接育人方式能够有效促进理论与实践的结合，加深学生对专业知识的理解。例如，学生参与会计实习项目时，置身于真实的会计工作场景中，能够将课堂所学知识直接应用于解决实际问题，这种实践经验对于学生深刻理解会计理论、掌握会计实务操作技能具有重要意义。实习过程中，学生接触到企业的真实业务流程、财务数据处理以及与各部门的协作沟通，不仅提升了专业技能，还能了解企业文化，从而形成正确的价值观和职业观。

学术研究和社会实践也是会计专业课堂外间接育人的重要方面。教师通过指导学生参与会计领域的学术研究项目，能够激发学生的创新潜力和批判性思维能力。学生在研究过程中，深入探索会计理论和实践问题，学习运用科学研究方法收集数据、分析问题和提出解决方案，培养严谨的学术态度和创新精神。组织学生参与社会实践活动，如开展企业财务状况调研、社区财务知识普及等，有助于培养学生的社会责任感和团队协作能力。学生在社会实践中，了解社会需求，运用专业知识服务社会，同时学会与团队成员合作，共同完成任务，提升沟通协调能力。

将思政教育融入会计专业课程改革，必须重视课堂外的间接育人环节。教师可通过实习实践、社会服务、课外学术活动和文化素质教育等多种形式，全方位培养会计专业学生的专业能力、社会责任感和综合素质。实习实践使学生在真实工作环境中践行职业道德和专业规范；社会服务培养学生的社会担当和奉献精神；课外学术活动提升学生的学术素养和创新能力；文化素质教育则有助于丰富学生的精神世界，促进其全面发展。这些活动不仅有助于学生人格的健全发展，还能增强学生的团队协作能力和社会交往能力，为学生未来的职业发展和个人成长奠定坚实的基础。

综上所述，课堂外的间接育人环境对学生综合素质的培养具有关键意义。高校应高度重视课堂外育人环境建设，整合各方资源，优化实践活动设计，注重培养学生的综合素质和职业素养。只有课堂内外育人环境协同作用，才能真正实现会计专业教育目标，培养出适应社会发展需求的优秀会计人才，为社会经济发展提供有力的支持。

2.3.3 实践中体验育人

1. 实践教学在专业教育中的重要性

会计专业作为一门极具应用性的学科，其实践性教学的重要性日益凸显。实践学习是会计专业教学不可或缺的组成部分，在学生的全面发展中扮演着多维角色。

实践教学通过将学生的课堂理论知识与实际工作情境相结合，加深了学生对专业知识的理解，并显著提升了其知识运用能力。学生在真实或模拟的会计工作环境中，亲身体验会计业务流程，如账务处理、财务报表编制、税务申报等，将抽象的理论知识转化为具体的操作技能。例如，通过使用会计软件处理企业实际财务数据，学生能够更深刻地理解会计科目设置、借贷记账法的应用以及财务报表之间的钩稽关系，从而提高会计核算的准确性和效率。

更为重要的是，实践教学为学生提供了宝贵的实际工作体验，有助于学生深入理解会计行业的工作要求和职业规范，提高对现实问题的洞察力，培养解决实际问题的能力。在实践中面对复杂多变的业务情况，学生学会运用所学知识进行分析判断，制定解决方案。这一过程锻炼了学生的逻辑思维能力、决策能力和应变能力。同时，实践教学还能让学生提前感受职场氛围，了解企业内部管理结构和团队协作模式，为未来顺利步入职场做好准备。

2. 实践体验对思政教育的促进作用

在会计专业教学中，实践体验为思政教育提供了丰富且生动的应用场景，二者紧密交融，相辅相成，共同致力于学生综合素质的全面提升。

首先，在实践过程中，学生不仅能够置身于真实情境深入学习会计专业知识，同时也深刻体会并感悟职业道德、社会责任等思政教育的核心要义，实现专业技能与道德素养的协同发展。例如，在财务数据处理实践环节，学生严格遵守会计准则和法规，全力确保数据的精确性与真实性。通过这一实践过程，学生能够将会计职业的基本操守内化于心，强化对会计法规的敬畏之情，从而提升职业道德素养。

其次，结合传统文化开展形式多样、内容丰富的实践活动，能够让学生在领略传统文化魅力的同时，与蕴含其中的文化精髓产生强烈共鸣，有效提升责任感、团队合作能力以及问题解决能力等。比如，组织学生参与基于传统文化元素的会计案例分析竞赛，学生运用会计专业知识剖析古代商业经营中的财务管理问题并提出解决方案。这一活动是基于文化传承与创新理论，使学生在传统文化情境中深刻理解会计职能与价值，感受传统文化中诚信经营、勤劳节俭等道德规范，从而增强文化自信，锻炼专业分析与问题解决能力，培养团队协作精神，进一步丰富思政教育的内涵。

实践教学有助于学生获得过程体验，包括情感体验、启发体验等。这对于培养其职业操守和职业精神具有举足轻重、不可替代的重要意义。鉴于会计工作涉及企业核心财务信息，与企业生存发展休戚相关，要求会计人员具备高度的职业道德与强烈的责任心。在情境体验模式下，学生能够深切感知会计工作的重要性，从而树立正确的职业价值观，增强职业荣誉感。依据社会角色理论，学生在模拟会计工作场景中扮演职业角色，通过角色认同与内化，形成契合会计职业要求的价值观和行为规范。情境体验还有助于提高学生的工作纪律性，培育严谨细致、勤勉尽责的工作作风，使学生在实践操作中深刻领悟会计职业精神的内涵，将职业道德规范转化为自觉行动。因此，在实践教学过程中，教师应充分发挥引导作用，积极引导学生主动思考，勇于探索创新，通过实践操作发现问题、解决问题，并及时给予学生精准反馈和专业指导，高度注重学生在实践中的感悟、领悟与能力提升，帮助学生系统总结实践经验，持续提升其专业技能和职业素养，使其最终实现从知识学习到能力提升的有效转化。

第3章　数智时代会计专业人才培养新模式

在数字技术与人工智能蓬勃发展的时代背景下，会计行业正历经着深刻且前所未有的变革。会计信息的生成流程、方式和呈现形式，以及会计服务市场格局，都在持续重构的进程中。面对这一全新格局，会计专业人才培养模式必须与时俱进，以精准契合新技术环境下会计行业的多元需求。传统会计教育模式侧重于会计原理的阐释与手工业务操作的训练，已难以适应数智时代对会计行业的新要求，其局限性日益凸显。

数智技术的深度应用促使会计信息处理模式发生了根本性转变。如今，会计信息的采集、处理与分析等工作流程可借助先进的软件系统自动高效完成。这一变革使会计人员的工作重心从烦琐的账目处理事务逐步迁移至数据分析、财务策略规划以及风险管理等高阶领域。因此，会计专业人才培养将侧重信息技术能力与分析决策能力，旨在使学生熟练掌握各类会计信息系统操作技能、运用数据分析工具挖掘有价值的信息，并基于数据分析结果制定科学合理的财务决策，以应对复杂多变的市场环境。

面对数字技术与人工智能技术带来的严峻挑战，高校应致力于培养会计专业人才持续学习与自我更新的能力。会计教育不应局限于既有知识的单向传授，而应着重培养学生的自主学习能力以及对新技术的快速适应能力，从而确保学生在职业生涯中能够动态更新自身的知识体系，始终保持强劲的竞争力。因此，在会计理论教学中，教师应引导学生掌握自主学习方法，培养其对新技术的敏锐洞察力，鼓励学生积极关注会计领域前沿研究成果与行业动态，构建个人知识管理体系，实现知识的持续积累与创新应用。

3.1　会计专业知识能力框架

在数字技术与人工智能蓬勃发展的时代背景下，会计核算工作正经历着深刻变革，逐渐自动化与智能化。会计专业人员的角色定位也随之发生转变，从传统的财务会计向数字化时代的数据分析家和风险管理专家演变。这一转变对会计人才的知识和技能提出了新要求，数字素养、专业技术知识、思维和行动力成为其必备能力。

3.1.1　会计专业知识结构的演进

1. 传统会计专业基础知识

传统会计专业基础知识是会计工作的基石，其核心技能涵盖手工记账，现金流量表编制以及财务报表编制等。在这一体系中，会计人员需熟练掌握账簿的手工录入方法，依据会计科目分类账项进行汇总，运用会计恒等式等专业知识编制财务报表，确保财务信息的准确记录与呈现（盖地，2024）。传统会计理论遵循历史成本计量原则，在资产计价和收益确定过程中，强调以实际发生的交易成本为基础，体现谨慎性原则，旨在保障财务信息的可靠性与稳定性，为利益相关者提供决策依据（财政部会计司编写组，2018）。财政部会计司编写组的资料全面梳理了我国会计理论体系中的基本原则，历史成本计量和谨慎性原则作为其中的重要部分，规范了企业会计核算行为，保证了财务信息的质量，使得不同企业的财务信息具有可比性和可靠性，为外部投资者、债权人等利益相关者评估企业财务状况和经营成果提供了重要依据。

然而，随着会计行业的持续演进，传统会计专业知识体系已显著拓展。成本会计领域专注于企业生产过程中的成本核算与控制，通过成本性态分析、作业成本法等方法，助力企业优化成本管理策略（余绪缨，1995）。成本性态分析帮助企业了解成本与业务量之间的关系，从而合理规划生产规模；作业成本法打破了传统成本核算方法的局限性，更加精准地分配间接成本，为企业成本控制和定价决策提供了更为准确的信息，使企业在市场竞争中能够更好地优化资源配置。管理会计则运用预算编制、绩效评价、本量利分析等工具，深度参与企业战略决策制定与实施过程，为企业内部管理提供有力的支持（孙茂竹等，2016）。审计与内部控制方面，除传统财务报表审计外，现代审计更加注重风险导向审计理念，通过评估企业内部控制有效性，识别潜在风险领域，确保财务报表的真实性与合规性（中国注册会计师协会，2019）。税务领域要求会计人员精通各类税收法规政策，准确计算应纳税额，进行合理税收筹划，以实现企业税负优化。

综上所述，财务会计始终是传统会计的核心，其主要职责在于如实反映企业财务状况与经营成果，遵循会计准则编制财务报表，满足外部利益相关者的信息需求。尽管传统会计知识体系仍具根本性意义，但在经济全球化、技术创新加速的当下，已无法满足现代会计职业发展的全部需求。现代会计从业人员不仅需具备扎实的理论基础与丰富的实践经验，还应拥有敏锐的商业洞察力、高度的职业道德和责任感，以及适应不断变化的环境的能力（中国会计学会，2010）。

2. 信息化时代会计专业基础知识

随着信息技术的迅猛发展，信息化会计理论应运而生，深刻改变了会计领域的实践模式。会计人员积极应用信息技术处理会计业务，优化了会计数据处理流程，如电子表格（如 Excel）、数据库（如 Access、SQL Server）以及财务软件（如用友、金蝶）等，显著提高了工作效率，提升了会计信息质量。信息化会计理论强调信息系统在会计流程中的核心地位，注重数据的准确性、及时性与完整性，确保财务信息能够及时、可靠地支持企业财务管理决策（张瑞君等，2004）。

在信息化时代，电子表格成为会计人员常用的数据处理与分析工具，其强大的函数功能与数据透视表等特性，有助于快速处理财务数据、编制报表及进行数据分析，从而更深入地了解企业的财务状况，发现潜在问题，为企业决策提供数据支持（韩良智，2005）。数据库技术实现了数据的高效存储、检索与管理，为企业大规模财务数据处理提供了有力的支撑。ERP 系统作为集成化管理平台，整合了企业财务、采购、生产、销售等关键业务流程，重新定义了会计信息系统架构。ERP 系统的实施打破了企业内部的数据孤岛，实现了数据的实时共享与一致性，极大地提升了财务信息的质量与决策价值（周玉清等，2005）。

ERP 系统的应用促使会计人员角色发生转变，从单纯的财务数据记录者转变为企业业务流程的参与者与决策支持者。会计人员需掌握 ERP 系统的操作技能，包括系统配置、数据录入、报表生成以及与其他业务模块的集成应用等方面的知识（黄梯云等，2009）。同时，对数据库管理与信息系统安全的理解也成为会计专业知识的重要组成部分，可确保财务数据的保密性、完整性与可用性。冯登国等在信息安全领域的研究强调了数据安全对企业的重要性，认为会计人员了解数据库管理和信息系统安全知识，能够采取有效措施防止企业财务数据被泄露、篡改或破坏，维护企业财务信息安全，避免因数据安全问题给企业带来损失。在 ERP 环境下，会计人员与其他职能部门之间的协作更为紧密，通过信息共享与协同工作，共同推动企业整体运营效率提升。李东等学者的研究关注企业内部跨部门协作问题，认为在 ERP 系统支持下，会计部门与其他部门之间能够实现更高效的信息交流与协作，打破部门壁垒，提高企业的整体运营效率，实现企业资源的优化配置。

可见，信息化时代推动会计专业知识结构发生显著变化，会计人员不仅需精通传统会计专业知识，还应掌握信息技术应用技能，具备跨部门协作与信息系统管理能力，以适应企业数字化转型带来的挑战与机遇。黄速建等的研究成果反映了企业在信息化进程中对会计人员能力结构的新要求，认为会计人员需要不断拓展自身知识和技能领域，以适应企业数字化转型带来的新环境和新任务，为企业发展提供更有价值的服务。

3. 数智时代会计专业基础知识

随着数字技术的飞速发展，数字化会计理论逐渐成为关注的焦点（刘梅玲等，2020）。刘梅玲等学者在相关研究中指出，会计人员应积极探讨如何利用人工智能、大数据和区块链等新技术来变革会计实践，以适应新时代的需求。数字化会计理论着重强调数据分析和预测在会计工作中的关键意义，突出会计人员需要具备数字化技能以及数据分析能力，从而能够从海量数据中挖掘有价值的信息，为企业决策提供有力的支持。

数字技术和人工智能技术的迅猛发展，对会计专业知识结构体系产生了深远影响。在这一时期，会计职能发生了显著转变，已不再局限于传统的数据录入和报表编制工作，而是更多地向数据分析、风险控制和决策支持等高端领域拓展（袁广达，2018）。传统的财务会计和管理会计知识固然重要，但新兴技术的崛起促使会计人员必须不断完善数字技术知识结构，以更好地适应持续变化的市场环境。数据科学、人工智能、区块链等新兴领域的知识已成为会计专业人才不可或缺的组成部分（李开复等，2017）。这些新兴知识将助力会计专业人员深入理解并有效应对数字化时代的会计环境。例如，数据科学知识有助于会计人员掌握数据处理与分析的方法，人工智能知识可实现账务处理自动化与财务风险预测，区块链技术能确保会计信息的真实性和安全性。

与此同时，不同行业的会计核算与管理需求存在差异，如金融行业需重点关注金融风险防控与金融工具核算，电商行业则需掌握线上交易的特殊会计处理方法。会计专业人员还需深入探究和全面了解相关行业的特点、业务模式以及相关法律法规，以更好地为企业提供专业且精准的会计服务，满足企业多样化的需求。会计专业知识体系的演进不仅要求会计人员扎实掌握传统领域的专业知识，还需要持续学习和灵活适应新兴技术的应用。从传统的财务报表编制到现代的数据分析，从信息安全保障到区块链技术应用，会计人员的知识结构必须与时俱进，以便于从容应对日益复杂的商业环境。

首先，数字技术深刻改变了会计基础知识的内涵。以传统的财务报表编制、成本控制和税务规划等知识为基础，会计人员还需熟练掌握电子账簿的管理、云会计服务和大数据分析等新兴技术。其次，数字技术和人工智能的发展对会计理论产生了深远影响。传统会计理论侧重于规范和原则，然而，随着大数据和人工智能技术在企业中广泛应用，会计理论亟待与时俱进。现代企业的生产和经营模式已不再局限于传统的生产要素和成本结构，而是更多地涉及信息资产和知识产权等新型要素。因此，会计理论需要更加注重信息披露的充分性和价值评估的科学性，以契合数字化和人工智能时代的需求，准确反映企业真实价值。

在会计核算方面，数字技术和人工智能技术的应用带来了革命性变化。传统会计核算主要聚焦于数据的记录和报告，而随着大数据和人工智能技术的深度应用，会计核算更加注重数据的分析和挖掘。人工智能凭借其强大的数据处理能力，帮助会计人员更迅速、准确地识别和分析大量财务数据，从而显著提高会计核算的效率和准确性（章铁生等，2019）。同时，数字技术为会计核算提供了更为丰富的数据来源和多样的数据形式，会计人员需要掌握有效整合和利用这些数据的方法，以更好地为企业经营决策提供坚实的支持。例如，会计人员可通过整合市场数据和企业内部财务数据进行全面成本分析和利润预测。

数字技术和人工智能技术的应用对会计管理和决策也产生了深远影响。传统会计管理侧重于成本控制和绩效评价，而借助大数据和人工智能技术，会计管理更加注重数据驱动的决策和预测分析。人工智能可以帮助企业更精准地预测市场需求和风险，为企业战略决策提供更为可靠的依据。同时，数字技术拓宽了会计管理的数据来源渠道，会计人员需要学会运用这些数据优化企业资源配置和业务流程，如根据实时销售数据调整库存管理策略，提高企业的运营效率。

综上所述，数字化和人工智能背景下的会计知识重塑是一个复杂且持续演进的过程。会计人员需要持续学习新知识、新技能，积极参与会计理论创新与实践探索，不断更新会计理论，提高会计核算效率和准确性，优化会计管理和决策流程，以更好地适应数字化和人工智能时代带来的挑战和机遇。同时，会计专业教育也应紧密跟随时代步伐，强化数字化工具、大数据分析和人工智能等方面的教学，致力于培养具备较强竞争力的高素质会计人才，为会计行业可持续发展提供坚实的人才支撑。

3.1.2　会计专业技能结构的拓展

传统会计业务主要聚焦于财务报表编制、审计、税务申报等传统核心工作，依赖纸质文档、计算器及手工记录，工作效率较低且易出现误差。随着企业信息化进程的加速，会计人员需具备一定的信息技术能力，熟练运用各类会计软件系统处理和分析财务数据。信息化会计业务的发展促使会计人员从单纯的数据记录者转型为数据分析师与决策者，为企业提供更精确的财务信息与经营建议（张瑞君等，2004）。随着大数据、人工智能和区块链等新技术的不断涌现，数智化会计业务逐渐兴起，要求会计人员具备更强的数据分析能力与信息安全意识，利用新技术挖掘和分析财务数据，提供更精准全面的财务信息（刘梅玲等，2020）。

1. 传统模式下会计专业的技能结构

在传统模式下，手工会计的核心工作是记录和整理企业财务信息，涵盖交易记录、财务报表编制、成本计算及财务分析等环节（孙茂竹等，2016）。手工会计需依据会计原理和逻辑，即会计基本原理、概念、流程及方法进行操作，会计人员必须熟练掌握会计凭证制作与账簿管理，准确记录和分类财务交易。

账簿记录作为会计专业技能工作的起点，要求会计人员精准记录每笔交易，确保账目真实完整，这需要会计人员扎实地掌握会计知识，高度细致且有责任心（胡玉明，2015）。胡玉明教授在会计理论研究中强调，账簿记录的准确性直接影响财务报表质量，体现会计人员的专业素养。在传统手工会计时期，账簿记录依赖手工记账本，对会计人员的专注力和耐心要求极高。财务报表编制与分析是会计专业技能的核心部分。会计人员需准确解读财务报表，把握企业财务状况与经营情况，具备较强的逻辑思维与分析能力，能够识别潜在问题、趋势与机会，为企业发展提供支持（张新民等，2019）。税务规划也是会计专业技能的重要组成部分。税务筹划能力体现会计专业技能附加价值，涉及企业财务管理与税收政策，旨在降低税务风险、合法节税，提升企业的竞争力与盈利能力。

综上所述，传统手工会计的核心工作虽在形式上被现代技术取代，但其专业技能结构仍是会计人员必备的基础，包括扎实的会计知识、严谨的工作态度、强大的逻辑思维与较强的分析能力等。中国会计学会的研究表明（2010），这些传统技能为现代会计实践提供了基本框架，会计人员只有在此基础上融合新技术才能更好地服务企业与社会发展。

2. 信息化时代下会计专业技能结构

ERP 信息技术时代，会计专业人员除需传统财务核算技能外，还应深入理解应用 ERP 系统，更广泛掌握技术与具备数据分析能力，会计工作专业技能结构发生重大变革（陈启申，2004）。陈启申在 ERP 系统研究中指出，ERP 系统整合企业资源，会计人员需掌握其操作原理与功能，实现财务业务一体化管理。这一变革使会计专业更契合数字化时代企业管理的需求，为企业高效运营和决策提供全面支持。黄速建等学者研究认为，信息化时代会计人员技能提升有助于企业优化管理流程，提高决策的科学性。

传统会计工作多依赖手工与纸质记录，在 ERP 时代，会计人员需熟练掌握财务软件，如 QuickBooks、SAP、用友 ERP 等，灵活运用 ERP 系统进行数据录入、分析与报告生成（王文京，2003）。会计人员不仅要掌握基本计算机操作，还需具备数据库管理、网络安全等知识，持续提升信息技术技能以适应信息化时代的要求。李东等学者在企业信息管理研究中提及，会计人员信息技术能力拓展是企业信息化建设的关键环节，有助于保障财务数据安全与有效利用。基于 ERP 系统提供的大量经营管理数据，企业面临海量数据处理分析任务。会计人员需准确提取、整理和分析数据，为决策提供支持参考，这要求他们掌握基本统计分析方法及高级数据分析工具（薛华成，2014）。薛华成在信息管理研究中指出，数据分析能力是会计人员在信息化时代为企业创造价值的重要手段，有助于挖掘数据潜在信息。

在信息系统环境下，会计人员不仅要掌握扎实的会计专业知识，还要具备信息系统思维，即运用信息技术、数据分析和系统思考等方法，对企业业务流程、管理决策和风险控制进行全面深入的分析和优化（黄梯云等，2009）。黄梯云等学者在信息系统研究中强调，这种思维方式有助于会计人员从系统角度理解企业财务与业务关系，提升管理决策水平。会计人员可利用数据分析技术挖掘财务数据，发现企业运营特点与风险趋势，为决策提供数据支持。

3. 数智时代会计专业技能结构

吴忠生等学者在会计信息化研究中强调,新技术发展促使会计职能从传统向数智化转型,会计人员的技能需求发生了显著变化。过去,会计工作侧重于精确的数据处理、复杂的计算任务和对法规的遵循。而现在,会计专业人员所需技能扩展至数据分析、系统审计及人工智能技术应用等多维度(袁广达,2018)。会计实务领域数智化变革演进逻辑表明,财会行业发展受专业引领与业务需求驱动,由场景、数据和技术推动,重视数据管理、决策与创新,会计人员需兼具财会专业能力与新技术应用能力,利用智能工具和系统拓展技能边界,并进行高效商业分析,以满足企业财务管理和决策需求(中国总会计师协会,2019)。

尽管数字技术和人工智能改变了会计行业的工作方式,但深厚的会计基础知识不可或缺。财政部会计准则委员会制定的准则为会计人员提供了基本理论框架,会计专业人才需掌握财务会计、管理会计、审计学等核心学科知识。然而,数智技术应用改变了会计专业的核心职能,在提高工作质量和效率的同时,要求会计专业人员熟练掌握数据处理技能(刘梅玲等,2020)。刘梅玲等学者研究指出,数智时代,会计人员需适应新技术带来的工作模式变革。一是数据分析技能,会计专业人才需掌握数据分析工具,如 Excel 高级功能、SQL 数据库查询、Python 编程语言等在数据处理方面的应用,深入挖掘财务数据,提供商业洞察。二是人工智能和机器学习,理解其基本原理并应用于财务预测、风险评估和审计测试等,提供更准确的预测信息。三是区块链技术,其在提高交易透明度和安全性方面潜力巨大,会计专业人才需了解其对会计记录和审计过程的影响。

在此情境下,数字技术和人工智能在提高会计工作效率的同时,也对会计专业人才提出了更高要求。会计人员不仅要掌握专业知识,还要以全新视角解读数据,培养敏锐的问题识别能力,发现潜在商业机会,通过技术创新优化财务流程,提高审计效率等(中国会计学会,2010)。中国会计学会鼓励会计人员积极参与技术创新实践,打破传统思维局限,具备跨领域融合思维,在不同学科间建立联系以应对复杂问题。同时,会计人员需具备数字安全敏感性，了解信息安全挑战并采取有效措施以确保数据安全。廖建文等学者在企业风险管理研究中提及，会计人员在数智化环境下需关注风险防范，为企业可持续发展保驾护航。

综上所述，数字化和人工智能时代带来会计专业人才新知识和技能体系。会计教育界应积极更新课程内容，使学生掌握最新数字技术和人工智能相关知识，以适应未来的职场挑战。教育部教学指导委员会的研究为会计专业教育改革提供了方向，只有不断学习提升自身能力，会计专业人才才能在竞争激烈的市场中脱颖而出，实现职业发展和个人成功（中国总会计师协会，2019）。中国总会计师协会研究表明，持续学习与能力提升是会计人员在数智时代保持竞争力的关键。

3.1.3　会计专业价值创造的重塑

在当今时代，随着人工智能技术的不断演进，会计领域正经历着深刻变革。初级、重复性和程序化的会计工作逐渐被智能化系统所取代，这一趋势使得低端会计人员面临着前所未有的转型压力（舒伟等，2021）。与此同时，企业对于能够运用先进技术进行数据分析、市场预测、管理咨询、投融资决策以及风险预警与管控等中高端会计人才的需求日益迫切，此类人才已成为推动企业发展的稀缺资源。财务部门作为企业战略支持的核心力量，为契合企业精细化管理与高效化运营的转型诉求，应积极引入互联网思维与前沿技术，深度挖掘会计工作的潜力，着力强化其分析、预测和决策职能，进而推动会计职能从传统的"价值反映"向助力企业"价值创造"的方向转型。在此过程中，会计专业人员的角色定位发生了根本性转变，他们不再仅仅局限于传统财务报表的编制与分析工作，而是凭借信息技术与数据分析手段，将财务数据转化为具有深度洞察力的商业信息，为企业提供更具前瞻性的战略性建议和决策支持，助力企业在复杂多变的市场环境中实现可持续增长与创新发展。

1. 传统会计专业工作的价值创造

传统手工会计作为一种历史悠久的财务信息记录与分析方法，尽管在数字技术与自动化技术迅猛发展的当下略显陈旧，但依然在企业管理与决策过程中发挥着不可忽视的作用。从会计核算理论角度来看，传统手工会计时代的会计专业人员主要致力于财务记录和报表编制工作。依据会计核算的基本原则，他们通过对企业各类经济业务进行准确分类与记账，严格遵循会计恒等式等专业原理，确保财务数据的有序性与准确性，从而为企业建立了一套清晰的经济活动档案。这一过程不仅为企业提供了详尽的财务数据，更为后续基于财务数据的深入分析和报告编制奠定了基础。

在传统会计工作体系中，编制并分析财务报表是其核心价值体现环节。运用财务会计报告理论，会计人员通过编制资产负债表、利润表和现金流量表等关键报表，运用比率分析、趋势分析等财务分析方法，为企业管理层呈现出企业全面的财务状况，包括资产规模与结构、负债水平、盈利状况以及现金流量动态等关键信息（张新民等，2019）。这些报表作为企业财务信息的集中展示，为管理层提供了重要的决策依据，使其能够深入洞察企业的财务健康程度和经营成果，进而制定更为科学合理的战略规划。

除基本财务工作外，会计专业人员还通过对财务数据的深度剖析，如计算各类财务比率、追踪财务数据变化趋势等，运用杜邦分析体系等专业分析框架，为企业提供全方位、深层次的财务信息洞察（胡玉明，2015）。识别企业经营过程中的潜在风险点，如偿债能力风险、盈利能力波动风险等，同时敏锐捕捉发展机遇，如市场份额拓展机会、成本优化空间等，为企业改善财务绩效、优化战略布局提供切实可行的建议。在纳税申报与合规管理方面，传统手工会计严格遵循税收法规与税务会计理论，确保企业经济活动记录的准确性与合规性，按时履行纳税义务，并向外部监管机构和利益相关者提供合规性报告。这一工作不仅维护了企业在市场中的良好声誉，还为企业可持续经营提供了坚实的法律保障，避免因税务违规行为引发的潜在风险。

随着技术进步与数字化转型浪潮的推进，传统会计工作模式虽发生了显著变化，但其核心价值始终如一。即便在自动化与智能化工具广泛应用的今天，会计工作依然以提供精准、及时的财务信息为根本目标，为企业决策提供关键支持，确保企业经营活动符合法律法规要求，进而推动企业实现可持续发展。传统会计工作的价值创造不仅体现在基础财务数据记录、报表编制、纳税申报与合规管理以及财务分析与建议等方面，更在于其为企业提供的全面、深入且具有前瞻性的财务信息服务。

2. 信息化时代会计工作的价值创造

随着 ERP 系统在企业管理领域的广泛普及与深度应用，会计专业人员的职能范畴得以显著拓展，突破了传统的财务记录与报告局限（陈启申，2004）。借助 ERP 这一高效自动化的信息系统，会计人员能够深度融入企业战略性管理活动，为企业打造更为高效、精准的财务管理体系，并提供强有力的决策支持，从而在激烈的市场竞争与动态变化的商业环境中为企业开辟全新的价值创造空间（王文京，2003）。

ERP 系统的引入从根本上变革了会计工作的效率与精度。在会计核算与报表分析领域，ERP 系统依据信息集成理论，整合企业各部门分散的数据与业务流程，实现财务数据的实时采集、自动化处理与集中化管理（周玉清等，2005）。这一变革极大地减少了人工干预环节，显著提升了数据的准确性与可靠性，有效降低了数据差错风险。会计人员因此能够将更多精力投入数据分析与解读工作中，运用数据挖掘技术深入挖掘财务数据背后的信息，为企业管理层提供及时、精准的决策依据，助力企业管理者敏锐捕捉市场动态变化，及时调整经营战略，增强企业市场竞争力。

同时，ERP 系统内置的财务分析与预测模块基于财务管理理论，为企业提供了丰富多样的分析工具与预测模型（孙茂竹等，2016）。会计人员借助这些工具，能够对企业财务状况进行多维度、精细化分析，如成本性态分析、本量利分析等，识别财务风险因素，预测企业未来财务走势。这不仅有助于企业提前制定风险应对策略，防范潜在财务危机，还能为企业财务规划、预算编制、成本控制、绩效评估等关键管理活动提供科学的依据，推动企业优化资源配置、提升经营效率与盈利能力。ERP 系统自动化生成的财务报表和分析报告基于管理会计报告理论，为企业绩效评估提供了客观、可靠的数据。会计人员依据这些报告，运用平衡计分卡等绩效评价工具，深入分析各部门及员工的财务绩效表现，据此制定合理、有效的绩效考核指标与激励机制，激发员工积极性与创造力，促进企业健康、可持续发展。

ERP 系统的应用使得会计工作与企业业务实践和管理需求的契合度大幅提升。相较于传统会计工作模式，ERP 系统打破了部门间的数据壁垒，为会计人员提供了更为全面、准确且实时更新的企业运营数据（陈春花，2018）。这使得会计人员能够深入理解企业业务流程与财务状况的内在关联，及时发现潜在问题并提出针对性解决方案。会计人员得以凭借 ERP 系统深度参与企业决策制定与战略规划过程，运用战略管理会计思维，为企业发展提供具有前瞻性的财务视角与专业建议，有力推动企业战略目标的实现。

在内部控制与合规性管理层面，ERP 系统依据内部控制理论，建立了完善的内部控制机制，内置了合规监测功能。会计专业人员借助这一系统，能够有效规范财务流程、强化财务活动监控、防范舞弊行为与操作失误、降低企业内部风险。系统自动监测功能确保企业财务记录与报告符合法律法规及企业内部规章制度要求，减轻会计人员合规性管理负担，使其能够将更多精力投入价值创造活动中。此外，ERP 系统提供的风险管理模块基于风险管理理论，协助企业全面识别、评估财务风险，制定科学合理的风险应对策略，增强企业的风险抵御能力。

ERP 系统的应用还极大地提升了会计工作与其他部门之间的协作与沟通效率（李东等，2004）。传统会计工作往往因信息孤岛现象与其他部门协作不畅，而 ERP 系统基于协同管理理论，实现了企业各部门间的信息共享与业务协同运作。会计人员能够实时获取其他部门的业务数据，深入了解其需求与面临的问题，通过有效沟通与协作，共同推动企业整体运营效率提升，为企业创造更大价值。

综上所述，在 ERP 时代，会计工作的价值创造呈现出更为重要与显著的特征。通过自动化财务流程、实时生成与深度分析财务报表、优化内部控制与合规性管理、积极参与 ERP 系统实施与维护以及全面负责信息安全与风险管理等一系列活动，会计专业人员在显著提升工作效率与准确性的同时，更加紧密地贴合企业业务实践与管理需求，有效促进部门间的协作与沟通，为企业发展与管理提供了全方位、强有力的支持。因此，企业一直积极推进 ERP 系统的应用与优化，持续提升会计工作水平与价值创造能力，加速实现企业管理的现代化与智能化转型。

3. 数智时代会计工作的价值创造

在数字技术蓬勃发展的智能时代，前沿技术的迅猛发展与广泛应用深刻重塑了会计工作的价值创造模式（吴忠生等，2017）。随着大数据、人工智能、云计算、区块链等新兴技术在会计领域的深度融合，会计工作正逐步从传统的事务性处理向以价值创造为核心的战略性职能转变（刘梅玲等，2020）。通过推动会计信息价值提升、提供决策支持、加强风险管理、提升运营效率等多维度业务转型，会计工作实现了多元化的价值创造，为企业财务管理注入了全新活力与无限可能。

数智时代会计工作在提升财务数据质量和分析效率方面成效显著。基于大数据处理技术与人工智能算法模型，会计工作实现了财务数据的自动化采集、实时化处理与智能化分析（程平，2016）。在数据采集阶段，运用数据接口技术与传感器技术，实现了对企业内外部财务数据的全方位、无遗漏采集，确保数据准确且来源广泛。在数据处理环节，借助云计算平台强大的计算能力，实现了数据的快速清洗、转换与整合，提高了数据处理效率。在数据分析层面，人工智能算法如神经网络算法、机器学习算法等得到广泛应用，通过对海量财务数据的深度挖掘与模式识别，实现了财务分析工作的智能化（章铁生等，2019）。这不仅大幅提升了财务数据的准确性与及时性，还极大地拓展了财务分析的深度与广度。例如，人工智能算法能够精准识别财务报表中的异常交易数据，运用风险预警模型及时发现潜在风险点，为企业提供风险预警信息，助力企业及时采取应对措施，有效防范财务风险。同时，大数据分析技术通过对客户消费行为数据、市场动态数据等多源数据的综合分析，运用市场细分理论与客户关系管理理论，揭示了客户消费偏好与市场发展趋势，为企业制定精准营销策略与产品创新策略提供了坚实的数据支撑。

数智时代会计工作在优化资源配置和提升运营效率方面发挥着关键作用。依托数据挖掘技术与数据分析模型，会计工作深入挖掘财务数据背后的信息，运用作业成本法、目标成本法等成本管理理论，对企业成本结构进行精细化分析，准确识别成本驱动因素，为企业成本控制提供科学依据。通过对资金流动数据、库存数据等关键运营指标的实时监控与动态分析，运用资金管理理论与库存管理理论，及时发现资源配置不当问题，如资金闲置、库存积压等，并运用优化算法制定优化调整方案，实现资源的优化配置。同时，基于数据驱动的会计工作为企业预算管理提供了更为精准的预测模型，运用滚动预算法、零基预算法等预算编制方法，提高预算编制的科学性与合理性；为投融资决策提供了风险评估模型与收益预测模型，运用资本资产定价模型、净现值法等决策分析方法，帮助企业降低投融资风险，提高投资回报率；为税务筹划提供了政策解读与风险评估工具，运用税收筹划理论，合理降低企业税负；为风险控制提供了实时监控与预警机制，运用风险矩阵法、内部控制评价方法等风险评估与控制手段，增强企业风险防控能力，全面推动企业运营效率持续提升（袁广达，2018）。

数智时代会计人员积极参与企业战略决策和业务创新进程。凭借大数据分析技术与人工智能算法，会计人员整合企业内外部海量数据，运用战略管理理论与竞争情报分析理论，从宏观经济环境、行业发展趋势、竞争对手动态等多维度进行全面分析，为企业发展战略制定提供前瞻性洞察与科学建议。例如，通过构建行业趋势预测模型，预测市场需求变化与行业发展方向，助力企业提前布局，把握市场机遇，应对潜在挑战。同时，会计工作借助数字化手段，如建立智能化财务决策支持系统，运用决策树算法、模拟仿真技术等决策分析工具，实时监控企业财务状况，预测财务风险与经营成果，为企业制订合理经营计划提供动态数据支持。在业务创新方面，会计工作运用数据挖掘技术与创新管理理论，通过对市场需求数据、客户反馈数据等的深入分析，挖掘潜在市场需求与发现创新机会，为企业业务模式创新、产品服务创新提供有力的数据支撑与价值引导（谢志华等，2016）。例如，通过客户需求聚类分析，发现新的客户群体与需求痛点，为企业产品研发与服务优化提供方向，推动企业创新发展。

此外，数智时代会计工作在提升财务信息透明度和实时性方面取得了显著进展。借助云计算技术与区块链技术，现代数字化会计系统实现了财务数据的实时更新与分布式共享。在云计算架构下，财务数据存储于云端服务器，企业内部各部门可通过授权实时访问与更新数据,提高了数据共享效率与协作效果。区块链技术的应用确保了财务数据的不可篡改与可追溯性,提高了数据的真实性与可信度。这不仅提升了企业内部各部门之间的协作效率,促进了信息流通与协同工作,还为外部股东、投资者等利益相关者提供了便捷、透明的财务信息获取渠道,方便其及时、准确了解企业财务状况。财务信息透明度与实时性的提升增强了企业信誉度,依据信号传递理论,向市场传递了企业经营状况良好的信号,有助于企业建立稳固的合作关系,吸引更多投资,提升企业的市场价值。

总体而言,数智时代会计工作在价值创造方面展现出巨大潜力与深远影响。通过积极应用前沿技术与创新驱动发展战略,会计工作有力地推动了企业战略目标的实现与持续增长。然而,数智时代也对会计工作提出了更高要求与严峻挑战。会计人员需不断更新知识体系,提升自身技能水平,以适应新技术发展带来的变革。企业应加大资源投入,积极推动会计工作的数字化转型与创新发展,构建完善的数智化会计生态系统。多种方式交织发展,方能充分发挥数智时代会计工作的价值创造功能,为企业创造更为可观的经济效益,为社会经济发展贡献更大力量。

3.2　会计专业人才培养目标

在当今数字化时代,大数据、人工智能、云计算、区块链等前沿技术与会计领域深度融合,已引发了会计职能的深刻变革(刘勤等,2020)。这一融合趋势不仅促使会计职能从传统的核算与监督范畴,逐步拓展至价值管理、资本运营、风险管控以及战略决策等多元领域(靳庆鲁等,2021),而且对会计教育的目标设定与教学方式革新提出了前所未有的挑战。在大数据与人工智能技术的强力赋能下,会计角色发生了根本性转变,从往昔的财务数据记录者逐步演变为数据分析师(程平,2016)。数字化会计人才需驾驭复杂的数据环境(其中财务数据与非财务数据相互交织,结构化与非结构化数据并存),必须能够巧妙运用财会专业知识,结合数据整合、分析和预判等技能,通过深入剖析与洞察，为企业战略管理和高效决策提供坚实的数据支撑，引领企业业务发展与商业变革。值得强调的是，这种复合知识体系、分析预判能力、决策优化能力以及战略思维能力，是机器智能所难以企及的（靳庆鲁等，2021）。

因此，传统的会计人才培养模式已难以适应数智时代的需求。高校迫切需要重新审视并调整人才培养目标，尤其应凸显会计专业人才所具备能力的独特性与不可替代性。具体而言，这要求培养具有专业知识和行业技能整体性思维的人才，使其能够熟练掌握互联网相关信息处理技术，广泛涉猎相关专业学科知识，并实现知识的有机融合与贯通。同时，还要高度重视学生的批判性思维、创新思维以及战略规划能力的培养，以及引导学生学会在机器学习和人工智能辅助下开展高效的财务管理工作。靳庆鲁（2021）提出，数智时代致力于培育专通结合、具备战略远见和国际视野、精通会计学科相关知识与具备应用能力、深谙中国商业实践且能引领商业变革的创新型高端会计与财务管理人才。

在当前技术创新日新月异、新经济蓬勃发展的环境下，对会计人才的核心能力、关键素质和知识结构提出了新要求。高校理应依据这些新要求，及时调整人才培养标准，推动会计人才培养方向从传统的核算主导型向管控型和智能财务运营型转变。在核心能力培养方面，应着力实现从单一会计核算能力向更高层次综合能力的跃升。具体举措包括：培养会计人才将新技术与专业技术深度融合的应用能力，确保他们能够将大数据、人工智能、云计算等新兴技术与会计专业知识相结合，从而显著提高工作效率和决策准确性（刘梅玲等，2020）；着重强化会计职业判断能力，使学生在复杂多变的经济环境中，依据会计准则和相关法规，判断经济业务的实质，进而做出合理的会计处理。

在数智时代背景下，会计教育的核心使命在于培育出既契合时代需求又能引领行业发展的高素质会计专业人才。这一使命的达成，不仅是对教育成果的直观检验，更是衡量教育质量优劣的关键指标。因此，精准设定教育目标，确保会计专业人才的培养成效和整体质量，对于推动国家职业教育体系的整体规划与发展具有举足轻重的意义。在具体的教育实践中，会计专业教育应以培养学生的创新能力与实践技能为着力点，确保专业知识与职业素养紧密结合，同时实现学术追求与实际应用的平衡（陈春花，2018）。具体而言，会计专业人才的培养应从以下三个维度展开。

一是知识传授目标。高校的核心使命在于培育具有浓厚理论基础的会计专业人才。学生需系统掌握财务、会计、税法、公司法等领域的知识，并能熟练处理会计事务。此外，学生需发展数据分析和信息技术应用能力，以便利用先进技术手段开展数据采集、处理、分析和挖掘工作，为企业提供精确的财务分析和决策支持。鉴于会计专业的理论性与实践性并存，系统全面的知识传授对于学生夯实的理论基础、为未来职业生涯打下坚实的基础至关重要。

二是能力培养目标。高校应专注于培养具有前瞻性思维和适应能力的会计专业人才，引导学生积极融入会计行业的新技术和新模式。在学习与实践中，学生能够熟练运用会计法规、政策、处理方法和新兴技术，逐步发展分析问题、解决问题以及沟通合作和创新能力等。通过不断提升独立思考和专业技能素养，学生将在未来的职业道路上具备更强的竞争力。

三是价值塑造目标。价值塑造在教育领域占据着举足轻重的地位（习近平，2018）。价值观塑造不仅包括家国情怀、民族自豪感、文化自信等核心要素，而且旨在培养具备高尚职业道德、较高专业素质、创新精神和实践能力的会计人才。这一目标以正确价值观为导向，特别强调诚信、公正、敬业等核心素质。通过培养学生诚实守信、遵纪守法、敬业爱岗等职业道德品质，以及责任感和诚信意识，塑造出合格的会计专业人才。

3.2.1　知识传授目标

在会计专业本科教育领域，构建一个结构层次丰富、涵盖领域宽广且内涵深度充足的知识传授体系，是实现培养目标的关键路径。该体系旨在培养精准把握会计学科前沿理论以及发展动态，同时对国内外会计相关的法律法规和国际惯例有深入的了解和理解的会计专业人才。学生需全面且扎实地掌握财务、会计、税法、公司法等专业知识，并系统地了解政治、经济、法律、管理和信息技术等会计相关领域的基本理论、基本知识与基本方法。这样的教育目标设定，旨在培育出兼具国际视野、团队协作精神与卓越沟通技能的复合型、应用型、数智化专门会计人才，使其能够积极主动地适应区域经济社会发展需求以及契合中国式现代化建设进程。

随着大数据和人工智能等前沿新技术与会计学深度融合发展，会计专业教育的知识传授内容正历经深刻变革。一方面，传统会计理论知识，如会计的基本概念、会计等式与会计循环、资产负债表和利润表的编制、成本计算与成本控制、财务报表分析等，依旧构成会计知识体系的基石。这些知识模块在帮助学生掌握会计基本方法与技术、明晰会计信息生成与传递机制以及培养对财务数据的分析解读能力等方面发挥着不可或缺的作用。依据会计信息系统理论，会计信息作为企业决策的重要依据，其准确性与及时性依赖于学生对传统会计理论知识的熟练掌握。另一方面，为顺应数字化和智能化时代的发展潮流，会计专业教育亟待整合数据科学知识。数智化会计教育作为一种将数字技术深度融入会计理论与实务问题的创新型教育模式，其核心目标在于培养学生解决复杂问题的专业技能，着重提升学生理解多元事物间内在联系，并将其灵活运用于新环境、新情境的能力。通过学习数字技术知识，学生不仅能够依据数据治理原则提高会计信息的质量，还能运用数据驱动决策理论为企业和组织提供更为精确且具价值的财务信息支持。

依据《会计改革与发展"十四五"规划纲要》中明确的人才培养目标、人才培养规格及课程设置等基本标准，会计专业教育正朝着更为综合化、数字化、智能化的方向演进。为切实达成这一目标，高校对会计本科专业课程设置进行了相应调适。通常而言，会计本科专业课程可分为学科基础理论课程、数字技术课程和实验实训课程三大类别，并涵盖相关的实践性教学环节。这些课程的优化设置，不仅是对传统会计学科的深度改造与升级，更是在会计人才培养模式上的大胆创新，旨在从多维度塑造适应新时代需求的会计人才。

在学科基础理论课程层面，"基础会计""财务管理基础""会计职业道德"

"智能会计理论与实践"等课程旨在为学生打下坚实的会计理论根基，并引入智能会计的前沿理念。专业必修课程如"中级财务会计""高级财务会计""高级财务管理""管理会计"和"审计学"等，进一步深化拓展了会计与财务管理的专业知识体系。而专业拓展课程如"会计信息系统""成本会计""财务分析""大数据财务分析""Power BI 可视化数据分析""RPA 财务机器人应用与开发"等，则促使学生将会计理论与数字技术有机融合，提升跨学科综合能力与创新思维。这些课程彼此紧密关联，各具独特价值，共同构筑起会计本科教育的完整知识大厦。通过系统学习这一知识体系，学生不仅能够熟练掌握会计学科的基本理论与技能，还能够紧跟数字化和智能化发展趋势，成长为新时代背景下的复合型、应用型、数智化专门会计人才。就各具体课程而言，应聚焦其主要教学内容以及潜在的数智技术融合点，精准确定教学的知识传授目标，具体阐述如下。

1. 会计理论知识

会计理论知识涵盖会计专业知识中的基本理论、方法与技能，包括会计学科的前沿理论动态，以及国内外与会计相关的法律法规和国际惯例，具体体现在以下课程之中。

"基础会计"课程的教学内容聚焦于会计的基础理论、会计核算的基本方法，以及会计基本技能的训练。其知识传授目标是获得多维度的学习成果：首先，促使学生深刻理解会计的基本概念与原则，涵盖资产、负债、所有者权益、收入和费用等核心概念，这是构建会计知识体系的基石；其次，帮助学生熟练掌握会计的基本方法与技巧，包括会计方程式、账户分类、会计凭证的记录与处理等关键操作，这是准确记录和反映企业经济业务的必要手段；再次，引导学生熟悉会计的基本流程与制度，如会计核算流程、财务报表的编制与分析等规范，确保会计信息的生成与披露符合会计准则要求；最后，帮助学生理解会计信息在企业管理与决策中的关键作用与意义，涉及财务分析、成本控制等重要方面，使学生能够将会计信息转化为对企业管理决策的有力支持。

"中级财务会计"课程，在会计学习体系中占据关键地位，通常在学生扎实掌握基础会计知识之后开设，作为深入学习和拓展的必修课程。其主要教学内容围绕财务会计基本理论，财务会计要素的确认、计量和记录，以及财务会计报告的编制与分析展开。知识传授目标明确且具有深度：一是引导学生深入理解财务会计的理论基础与原则，特别是会计信息质量要求、会计准则和政策等核心内容，这是确保财务会计信息可靠性与相关性的关键；二是培养学生掌握财务报表的编制与分析技巧，包括对资产负债表、利润表、现金流量表等主要财务报表进行详细剖析与解读，使学生能够透过财务报表洞察企业的财务状况、经营成果和现金流量；三是帮助学生熟悉复杂会计交易的处理方法，如商业合并、投资评估、金融工具会计等前沿领域，提升学生应对复杂经济业务的能力；四是强化学生对财务报表披露要求以及会计信息披露重要性的认知，包括遵守财务报告编制的规范与确保信息透明度等原则，保障企业利益相关者能够获取充分、准确的会计信息。

"高级财务会计"课程，作为对中级财务会计知识的深度拓展与升华，旨在引导学生深入探索会计领域的复杂议题与高级应用场景。通常在学生稳固掌握中级财务会计理论与实践技能之后开设，进一步挖掘会计学的精髓与前沿动态。该课程的知识目标具有高度专业性与综合性。一方面，要求学生深入理解并熟练掌握国际财务报告准则和美国财务会计准则等国际会计准则的要求与应用，这是适应经济全球化背景下跨国企业会计实务需求的必备技能。另一方面，促使学生熟悉复杂会计交易和会计处理方法，如关联方交易、金融工具会计、企业重组等复杂业务场景，培养学生在复杂会计环境中准确处理会计事项的能力；同时，培养学生掌握高级财务报表分析技巧，包括运用财务比率分析、财务报表的综合分析等方法，对企业财务状况进行全面、深入的评估；此外，引导学生理解企业财务管理的理论并进行实践，涵盖财务风险管理、资本结构管理等关键领域，使学生能够从财务管理视角审视企业的会计决策。

"成本会计"课程的核心宗旨在于引领学生深入探究企业生产成本与经营成本的核算策略及其背后蕴含的管理价值。通过系统学习本课程，学生能全面且深入地理解并掌握成本核算的核心精髓，为未来职业生涯中的成本管理工作奠定坚实的基础。知识传授目标涵盖多个关键层面：其一，助力学生深刻理解成本会计的基本概念与原则，包括成本的分类依据、成本核算方法的选择原理、成本控制的基本理念等基础理论知识；其二，培养学生熟练掌握成本核算的基本技术与方法，如作业成本法、过程成本法、直接成本法等主流核算方法，确保学生能够根据企业实际生产经营特点准确核算成本；其三，引导学生熟悉成本会计的广泛应用领域，涵盖生产成本核算、产品定价决策、企业经营决策等关键业务环节，使学生认识到成本会计在企业管理中的重要价值；其四，帮助学生理解成本与管理之间的紧密关系，包括成本管理策略、绩效评价指标体系中的成本因素、预算控制与成本控制的协同作用等，提升学生从管理视角运用成本会计知识的能力。

2. 财务决策知识

财务决策知识涉及管理学、战略管理、经济学、政治学及法学等多个与会计紧密相关领域的基本理论框架、核心知识要点以及实用方法技巧，旨在培养学生全面且综合的决策思维。

"管理会计"课程的主要目标在于培养学生在企业管理与决策进程中，能够有效运用会计信息进行深度分析与精准评估的专业能力。该课程的知识目标明确且具有针对性：首先，引导学生理解管理会计的基本概念与原则，包括明确管理会计的目的在于为企业内部管理提供决策支持，作用体现为优化企业资源配置，特点表现为注重内部管理需求等关键因素；其次，使学生掌握管理会计的核心内容与方法，如成本管理中的成本性态分析、预算编制中的全面预算管理方法、绩效评价中的关键绩效指标法等重要内容与方法体系；再次，帮助学生熟悉管理会计的工具与技术，涵盖成本—收益分析、差异分析、投资评价等常用分析工具与技术手段，提升学生运用定量分析方法解决管理问题的能力；最后，促使学生理解管理会计与战略管理之间的紧密关系，包括战略成本管理中如何运用管理会计工具制定成本领先战略，绩效管理如何与企业战略目标相衔接等，培养学生从战略高度运用管理会计知识的能力。

"财务管理基础"课程的教学内容全面覆盖企业资金运作的多个关键环节，具体包括企业的筹资管理、投资管理、营运资金管理和收益分配管理等核心模块。这些模块相互关联、协同作用，共同奠定了企业财务管理体系的坚实基础，旨在培养学生在复杂多变的商业环境中，能够科学规划、高效运作并合理分配企业财务资源的核心能力。该课程的知识目标具有明确的导向性：一方面，着重于培养学生掌握数字化工具在财务决策中的应用方法，使其能够运用现代信息技术手段收集、处理和分析财务数据，提升决策效率与准确性；另一方面，引导学生深入理解企业财务状况的分析方法，包括财务比率分析、现金流量分析等关键技术，以及制定合理的财务策略的基本原则与方法，如基于风险与收益平衡的投资策略制定、依据企业生命周期的筹资策略选择等。在学生系统学习财务管理基本理论的基础上，帮助学生掌握现代企业在复杂财务管理环境下进行筹资、投资、营运资本和利润分配管理的核心知识，树立现代财务管理观念，注重企业价值最大化与可持续发展。

"财务分析"课程的教学内容广泛涵盖企业财务的多个关键方面，包括对企业财务状况的深度剖析、对经营成果的详尽解读、对现金流量的细致分析、对资产和收入质量的精准评估以及对企业整体财务状况的综合考量。此课程的核心知识传授目标在于全方位提升学生的财务分析能力：一是引导学生熟悉企业财务分析的基本理论框架，包括财务分析的目标、主体、对象和方法体系等基础理论知识，为后续学习奠定坚实的理论基础；二是培养学生熟练掌握核心的分析方法与技术手段，如比率分析、趋势分析、结构分析等常用方法，以及现金流量折现模型、经济增加值（EVA）分析等高级分析技术，提升和拓展学生分析财务数据的准确性与深度；三是促使学生精通各种分析技巧，学会如何根据企业财务报表准确衡量与评估公司的偿债能力、营运能力及盈利能力等关键财务指标，掌握水平分析法、垂直分析法及趋势分析法等先进工具的应用技巧，实现对财务报表的深入解读与精准评价，为企业利益相关者提供有价值的决策信息。

3. 信息技术知识

信息技术知识体系涵盖计算机科学、数据科学及信息技术等核心领域，其根本目的在于传授与会计密切相关领域的基本理论框架、核心知识要点以及实践应用方法，帮助学生适应数字化时代的会计工作需求。

"会计信息系统"课程的教学目标在于全方位培养学生的系统思维与技术应用能力。在课程教学过程中，学生不仅需要深入学习会计信息系统的设计原理与应用方法，还需紧跟时代步伐，了解如何将新兴技术如区块链、智能合约等创新性地应用于会计领域，以显著提升会计工作的透明度与效率。通过系统的实践操作和项目开发训练，学生能够熟练掌握构建与优化会计信息系统的关键技能，为未来职业生涯中的会计信息化工作奠定坚实的技术基础。

"大数据财务分析"课程的核心目标在于使学生全面掌握大数据的基本概念、原理与技术体系。通过课程学习，学生能够深入了解大数据的来源渠道、显著特点以及潜在价值，熟练掌握数据采集、存储、处理和分析的基本方法与流程。同时，学生借助对大数据在各个领域广泛应用案例的深入学习，充分认识大数据在不同场景下的应用模式与潜在价值，培养运用大数据思维解决实际问题的能力。

"RPA财务机器人应用与开发"课程旨在通过系统的理论教学与实践操作相结合的方式，使学生扎实掌握RPA技术的基本原理、广泛应用场景以及开发方法。课程内容涵盖RPA技术概述、财务流程自动化需求分析、RPA财务机器人设计与开发流程、测试与优化方法等多个关键方面，从理论到实践全方位培养学生的RPA技术应用与开发能力。

"Power BI可视化数据分析"课程着重于教授学生学习Power BI的基本功能与操作，使其熟练掌握获取、整理、清洗和转换数据的方法，以及在Power BI环境中构建数据模型的技巧，并深入学习数据可视化分析方面的应用技能。通过本课程的学习，学生能够显著提升数据处理与展示能力，进而在实际工作中更加有效地运用数据驱动决策理念，为企业决策提供直观、准确的数据支持。

综上所述，在数智时代背景下，会计专业教学的知识传授目标呈现多维度特征。为实现这一目标，教师不仅要系统传授会计专业知识，还需着力培养学生的信息技术应用能力、数据分析能力、系统思维能力、国际视野以及跨文化沟通能力。在实际教学过程中，教师应依据学生的专业背景、兴趣偏好及发展需求，灵活且精准地调整教学内容与方法，切实开展个性化、差异化的教学。例如,在财务报表分析、成本管理、审计等课程教学中,有机融入数据挖掘、机器学习等前沿技术,引导学生运用这些先进工具进行更为精准、高效的会计分析;通过引入丰富的研究案例,鼓励学生运用人工智能技术对财务数据进行预测和风险评估,从而有效提升学生的数据敏感度和解决复杂问题的能力。通过持续推进教学改革,致力于培养出既精通会计专业知识又熟练掌握数字技术的复合型会计人才,以充分满足社会和企业对高素质会计人才的迫切需求,推动会计行业在数智时代实现高质量发展。

3.2.2　能力培养目标

随着数字技术与人工智能深度融入会计领域,财务职能发生了根本性变革,从传统的成本导向模式逐步演进为价值导向的新模式。这一深刻变革在为会计行业带来前所未有的发展机遇的同时,也从根本上重塑了会计人才所需具备的能力结构与素养内涵。财政部于 2021 年发布了《会计改革与发展"十四五"规划纲要》以及《会计信息化发展规划(2021—2025 年)》,明确强调构建与新形势相适配的会计学科专业体系,致力于培养"懂会计、懂业务、懂技术"的复合型高端人才。其核心目标在于有效缩小传统报告环境与以业务决策为重心的新型环境之间的显著差距。从教育心理学的理论视角来看(陈琦,刘儒德,2007),实践与体验是个体获取知识和技能最为高效的途径。因此,新时代的数智化会计专业人才不仅应扎实掌握财务会计领域的专业知识,还需深入洞悉经济管理活动的基本规律。通过积极参与实践活动,着力培养数智技术应用能力,如熟练应用 ERP 系统、精通大数据分析等前沿工具,同时培育技术创新意识与数据分析专长。此外,必须具备敏锐的洞察力和批判性思维能力,以便在复杂多变、充满不确定性的商业环境中精准识别问题,深入剖析问题,并提出切实可行且富有成效的解决方案,进而成为沟通财务、技术与业务领域的关键桥梁和价值创造的核心枢纽。在企业战略决策过程中,还需展现出良好的团队协作能力、卓越的领导力以及精准的决策能力,从而为企业管理者提供有力的专业支持,助力企业实现价值最大化的战略目标。这些要素共同构成了构建智能财务人才能力框架的核心基石。

1. 会计数字化能力

会计数字化不局限于传统会计记录和流程电子化，它的核心在于运用先进的信息技术手段全面优化会计工作流程，显著提升数据处理效率，并切实提高财务透明度。这一转型过程包括但不限于借助 ERP 系统、云计算技术、大数据分析以及人工智能等前沿工具，实现会计信息的实时动态更新与精准管理。这些先进技术使企业能够实现高效的数据整合，大幅优化财务报告的准确性与时效性，并显著强化对财务风险的控制和预测能力。从理论层面看，信息技术的应用有助于打破企业内部信息孤岛，提升信息流通效率。此外，会计数字化在提升企业合规性方面发挥着积极作用，通过自动化处理流程确保财务操作严格符合相关法规和标准。

会计数字化能力的内涵丰富且深邃，外延广泛而多元，是衡量会计人员专业素质与技能水平的关键指标，主要体现为熟练掌握并灵活运用数字技术及人工智能技术的能力。在会计核算领域，数字化能力的提升为会计人员高效完成日常工作提供了有力的支撑。在会计分析层面，借助大数据、云计算等前沿科技手段，会计人员能够深入挖掘企业运营数据，运用数据挖掘技术和分析模型为管理层提供精确且具前瞻性的决策依据，助力企业精准预测市场趋势，提前谋划战略布局。从决策理论角度看，高质量的数据分析有助于降低决策风险，提高决策的科学性。在审计领域，通过有效运用人工智能技术，会计人员可以对审计对象的数据展开快速、全面且深入的分析和审查，依据审计数据分析模型提高审计工作的效率和准确性，精准发现潜在的风险点，为有效防范风险构筑坚实的防线。总之，会计数字化能力已成为现代企业不可或缺的核心竞争力要素之一，不仅深度优化了会计职能，还为企业的战略决策奠定了坚实的数据支持基础，是推动企业持续发展和创新的关键驱动力。其具体涵盖以下几个关键方面。

一是会计专业人才需要掌握数据处理和分析技能。在数字化时代，数据已跃升为企业决策的关键依据。会计人员不仅需要高效处理海量财务数据，还应具备通过数据分析揭示财务信息背后隐藏的商业趋势和潜在问题的能力。

例如，熟练运用 Excel 高级功能、精通 SQL 数据库查询以及掌握更专业的数据分析软件（如 SAS、SPSS）已成为会计人员日常工作的必备技能。此外，针对更为复杂的数据分析需求，会计人员还应深入学习如何应用机器学习等 AI 技术进行预测和模式识别，依据机器学习算法挖掘数据深层次的价值（刘峰、吴溪，2018）。

二是会计专业人才应具备数字报告和自动化技能。随着 ERP 系统和各类财务软件在企业中广泛应用，传统手动进行会计记账和报表编制的方式已较少采用。会计人员需要熟悉这些系统的操作流程，能够充分利用它们实现高效的数据录入、精准的错误检查以及自动化的财务报告生成。此外，了解如何科学设置和熟练使用自动化工具，如 AI 技术，特别是自动化工具和机器人流程自动化，能够有效解决传统会计工作中的效率瓶颈问题。通过自动化处理日常性、重复性任务，会计专业人才得以将更多的精力聚焦于更为复杂和价值更高的分析与决策工作环节。根据汤谷良、夏怡斐（2018）的论述，ERP 系统等在会计工作中的应用从根本上改变了会计作业流程，对会计人员的数字报告和自动化技能提出了全新的要求，促使会计人员角色从单纯的数据记录者向数据分析者和决策支持者转变。

数据分析能力使会计专业人才能够更有效地处理和解释大量复杂的数据。在数字化时代，数据的数量和复杂度呈现出指数级增长态势，远远超越了传统会计处理方法的承载能力，已无法满足现代企业对决策支持的需求。通过合理运用数据分析工具，会计人员可以依据数据筛选算法快速筛选、整理和深入分析这些数据，从而提供更加准确和及时的财务报告。例如，借助数据可视化工具，依据可视化设计原则，会计人员能够以更为直观、清晰的方式展示财务状况，帮助管理层基于直观的数据呈现做出更明智、科学的决策。会计专业人才掌握了数据分析技能，能够基于数据分析模型更好地进行财务预测和风险管理。通过深入分析历史数据和精准把握市场趋势，会计人员可以运用预测分析方法对未来的财务表现做出更为科学，可靠的预测。此外，数据分析还能助力会计专业人才依据风险评估模型精准识别潜在的风险点，及早采取针对性措施，从而有效避免或减少损失。例如，通过对客户信用数据的深度分析，会计人员可以运用信用风险评估模型评估信用风险，合理控制信用额度，切实保护企业资产安全。胡本源、刘启亮（2020）的研究发现，数据分析在会计领域的应用有助于提升会计信息质量，增强决策的有用性，为企业的稳健运营提供有力的保障。

2. 行为表达能力

在会计行业中，行为能力在个体对财务及非财务信息的阐释与传播、内外部门联系的构建以及跨部门协作等关键方面发挥着重要作用。其具体涵盖语言沟通技巧、应变能力、人际交往能力以及情绪管理能力等要素。在会计工作的实践情境中，这些能力的重要性不言而喻。尽管数字技术工具，如智能软件在记账、报税、审计等特定任务中展现出卓越效能，甚至人工智能技术于理解人类情绪层面取得了一定程度的突破，然而在社会交往范畴内，其仍存在显著短板，无法切实替代人类发挥情感表达这一关键职能。展望未来，鉴于财务转型以业财融合为显著标志，财会人员尤其是管理会计与内外部业务伙伴之间的高效合作与协同配合显得至关重要，这无疑进一步彰显了人与人之间关系在会计工作中的关键意义。在此背景下，会计人员迫切需要持续提升自身的沟通技巧与协作能力，以切实适应不断动态演进的财务环境。具体而言，这要求会计人员深入洞悉业务需求，精准掌握各类财务信息，并具备强劲的组织协调能力，积极鼓励业务人员向财务部门反馈实际问题，并基于业务视角提出切实可行的解决方案，进而有力推动各部门之间的协同融合进程。行为表达能力主要涵盖以下几个层面。

一是沟通能力。沟通能力是会计人员不可或缺的软实力要素。在会计工作的实际开展过程中，往往需要与不同部门以及多元利益相关者进行高效的沟通与协作。例如，会计人员需要向管理层、业务部门、审计部门以及政府监管部门提供并阐释复杂的财务报表、成本管控方案、纳税申报材料等内容。这无疑对高层次会计人才提出了具备良好语言表达能力与卓越人际沟通能力的要求。因此，会计专业学生亟须培养口头及书面表达能力，从而能够运用简洁且富有逻辑的语言清晰准确地阐述复杂的财务数据及其分析结果。此外，随着经济全球化进程的加速，跨文化交流能力的重要性日益凸显。会计专业学生需具备与来自不同国家和文化背景的同事及客户进行无障碍沟通的能力，以有效应对全球化商业环境带来的挑战。

学生在学习诸如"基础会计""财务管理基础""会计职业道德"等课程内容时，不应局限于理论知识的获取，更应注重同步培养沟通技巧。课堂讨论、小组项目、演讲展示等多元化教学形式，能够为学生提供丰富的实践场景，助力其提升表达能力与团队合作能力。此外，课程如"智能会计理论与实践""中级财务会计""高级财务会计"等可借助案例分析和实践操作，进一步培养学生的沟通技能。同时，新兴领域课程如"大数据财务分析""Power BI 可视化数据分析""RPA 财务机器人应用与开发"的引入，不仅能够激发学生的创新思维，还能在一定程度上拓展其沟通能力。依据建构主义学习理论，多样化的教学活动能够促使学生在互动交流中构建知识体系，提升综合素养。综合性的教学方法与多元化的课程设置相结合，可全方位提升学生的沟通能力，使其在未来的职业生涯中更具竞争优势，从而更好地满足企业及市场对会计人才沟通能力的需求。

二是专业洞察力。这是指会计专业人员凭借深厚的专业知识基础、丰富的实践经验以及敏锐的分析能力，对企业财务状况、经营活动及市场环境等进行深度剖析与精准判断的能力。从理论层面剖析，这一能力要求会计人员不仅要精通会计、审计和税务等基础领域的专业知识，还需对相关行业的商业模式、市场动态以及行业竞争态势等有深入且系统的理解。基于资源基础理论，专业洞察力作为会计人员的一种关键资源，能够为企业创造独特价值。优秀的专业洞察力能够辅助企业精准识别与评估潜在的财务风险，依据风险评估模型制定切实有效的财务策略，优化资源配置以提升企业运营效率，并为企业的长远可持续发展提供坚实的战略支持。

随着全球经济一体化进程的加速推进以及信息技术的迅猛发展，会计专业人员必须紧跟时代步伐，持续学习最新的国际会计准则、先进的技术工具应用方法以及前沿的管理理念，以不断拓宽自身的国际视野，增强技术适应能力，从而确保在复杂多变的商业环境中始终保持竞争优势与前瞻性思维。在会计专业课程教学体系中，培养学生的专业洞察力无疑处于核心地位。通过"基础会计""财务管理基础""会计职业道德"等基础课程的系统学习，学生能够构建起稳固的会计基础知识框架，为后续专业洞察力的培养奠定坚实的基石。在学习"智能会计理论与实践""中级财务会计""高级财务会计"等课程过程中，学生得以深入探究会计领域的前沿理论成果与先进实践经验，进而有效拓宽自身的专业视野，提升对复杂会计问题的分析与解决能力。

同时，学习"高级财务管理""管理会计""审计学"等课程有助于培养学生分析和解决实际财务问题的能力，使其能够从财务管理、内部管理以及审计监督等多维度洞察企业运营状况。学习"会计信息系统""成本会计""财务分析"等课程，可助力学生掌握最新的财务技术与工具，依据数据分析理论提高数据分析能力，从数据层面深入挖掘企业财务信息的内在价值。而学习"大数据财务分析""Power BI 可视化数据分析""RPA 财务机器人应用与开发"等前沿课程，则能使学生及时了解和应用最新的数据分析技术和机器人技术，增强对大数据时代会计工作变革的适应能力，从而更为从容地应对未来可能面临的诸多挑战。通过系统且全面的课程学习体系，学生将逐步提升自身的专业洞察力，为未来在会计领域的职业发展奠定坚实的基础，更好地服务于企业决策与发展需求。

三是批判性思维。批判性思维是会计专业人才的核心竞争力的关键因素之一。其本质在于对会计信息进行深入细致的分析、严谨科学的评估以及精准合理的解释，以此确保数据的准确性与可靠性，进而为企业决策提供坚实有力的支持。批判性思维能力赋予会计专业人员超越表面数字信息的能力，促使其通过深入问询与系统分析，探究数字背后潜藏的真实情况以及可能产生影响的各类因素，并据此提出合理、可行的解决方案。

在会计日常工作实践中，会计人员需要对各种财务报告和业务操作的合理性进行严谨评估，及时识别并妥善解决潜在问题（如财务误报或欺诈行为等），这无疑对会计人员的警觉性和批判性思维能力提出了极高要求。依据信息不对称理论，批判性思维有助于会计人员降低信息不对称程度，提升财务信息质量。此外，在全球经济持续发展以及市场环境动态变化的背景下，会计专业人才必须具备适应新会计准则和技术变革的能力，能够对传统会计做法进行批判性反思与创新性评估，以契合日益复杂多变的商业需求。

因此，着力培养和提升会计专业人才的批判性思维能力，不仅有助于显著提高其个人职业素养，从行业发展视角审视，也是提升整个财务行业专业水平与信誉的关键所在。在现行会计教育体系框架内，传统课程如"基础会计""财务管理基础""会计职业道德"等为学生奠定了坚实的理论根基，而新兴课程如"智能会计理论与实践""高级财务会计""高级财务管理""管理会计""审计学""会计信息系统""成本会计""财务分析""大数据财务分析""Power BI可视化数据分析""RPA财务机器人应用与开发"等则是为适应现代会计职业所面临的技术革新与市场需求而精心设置的。

在教学实践过程中，如何切实有效地培养学生的批判性思维能力，已成为提升教育质量与增强学生实际操作能力的关键。首先，教师应精心设计富有挑战性的案例研究与实际问题分析任务，引导学生突破理论学习的局限，借助问题解决过程深化对知识的理解与掌握，培养其独立思考与分析问题的能力。其次，课堂互动讨论与辩论的有效开展，能够激发学生批判性地剖析不同会计情境，促使其从多元视角，多维度进行深入思考，进而提升思维的灵活性与深刻性。再次，充分利用现代信息技术，如数据分析工具和财务软件开展教学活动，有助于学生在实践操作中学习处理复杂的数据，依据数据处理技术培养其在面对大数据时的分析与决策能力，提高其对数据价值的敏锐洞察力。最后，积极创造与行业专家交流互动的机会以及提供实习实践机会，能够使学生更为深入地理解理论与实践的有机结合，从而有效提高其批判性思维能力。已有研究表明，批判性思维在会计教育体系中占据重要地位，且通过多种教学策略的综合运用能够有效实现其培养目标（孙光国，2020）。

四是创新能力。创新能力堪称会计专业学生在人工智能时代取得成功的核心要素。传统观念下，会计工作往往被视作遵守既定规则和程序的职业类型。然而，随着全球经济的蓬勃发展与技术的日新月异，会计专业人员的职责范畴已发生深刻变革。如今，会计专业人员不仅需要精准处理海量数据，深入分析财务报告，更需要彰显高度的创新思维能力，以灵活适应不断变化的财务法规、税务政策以及审计标准。

从创新理论视角来看，创新不仅是新技术或工具的引入，更为关键的是深入思考如何优化现有会计工作流程，提高工作效率，降低运营成本，并具备前瞻性眼光，预见并妥善解决潜在的财务问题。在大数据、人工智能等前沿技术广泛应用的时代背景下，会计专业人才迫切需要构建跨学科知识体系，充分利用这些先进技术进行数据分析与财务预测，基于数据分析模型提供更为精准、全面的商业洞察。这不仅有助于显著提升会计职能在企业战略决策中的地位，还能为企业创造更为可观的价值。

因此，积极培养会计专业人才的创新思维与能力，不仅是提升个人职业技能水平的必然要求，更是推动整个会计行业实现可持续发展的关键驱动力。在当前会计教育领域，鉴于科技的迅猛发展与市场需求的持续变化，传统的会计专业课程教学模式已难以适应新的挑战，亟待创新变革。课程如 "基础会计" "财务管理基础" 等为学生提供了不可或缺的会计基础知识支撑，奠定了坚实基础。而新兴课程如 "智能会计理论与实践" "Power BI 可视化数据分析" "RPA 财务机器人应用与开发" 等则作为对传统教学内容的有效补充，成功引入了大数据分析、人工智能等前沿技术的应用。

为切实培养学生的创新思维，教师应精心设计更多具有实践性、探索性的教学活动，鼓励学生突破传统会计处理框架的束缚，主动探索数据分析、财务模型创新等新兴领域。此外，在课程教学中应广泛融入更多涉及战略决策、风险管理与伦理判断等复杂场景的案例分析，以此培养学生的问题解决能力与批判性思维，激发其创新灵感。同时，高等教育机构应与企业建立紧密合作关系，定期更新课程内容，确保教学内容与行业最新发展动态同步，使学生在学习过程中能够及时接触到行业前沿知识与实践经验，从而帮助学生在未来职场中更为有效地运用其创新能力与专业技能，更好地服务于企业创新发展需求。已有研究表明，创新教学模式对于培养会计专业学生的创新能力具有积极显著的影响（吴溪，2019）。

3. 组织领导能力

在企业财务管理的复杂体系中，会计专业人员的组织领导能力已成为其在职场中脱颖而出的关键素质之一。作为财务领域的专业人士，会计人员需凭借卓越的组织能力，实现对资源的高效管理与合理分配，进而确保财务信息的精确性与及时性，为企业决策提供坚实的数据支撑。组织领导能力主要涵盖以下几个层面。

一是团队协作能力。团队协作能力构成了会计专业人才在组织中发挥领导作用的基石。从组织行为学理论角度看，团队协作能够整合成员的多元技能与知识，形成协同效应，提升整体绩效（Robbins，S. P. & Judge，T. A.，2019）。优秀的会计专业人员不仅应具备深厚的个人专业技能，更要在团队环境中充分发挥协调与引领职能。通过有效的沟通机制，如运用清晰准确的财务语言传达复杂信息，确保信息在团队成员间准确传递，从而提升执行效率。

企业财务工作作为一项具有空间并存性与时间继起性特点的系统工程，要求会计人员与公司内外各部门，如市场、人力资源及法务等紧密协作。在这一过程中，会计专业人员凭借出色的沟通技巧和团队合作精神，在团队中有效传达财务信息，助力团队成员深入理解复杂财务数据及其对公司战略的潜在影响。随着项目管理方法在企业中的广泛应用以及跨部门项目团队的日益普及，会计专业人员频繁参与跨职能团队工作，在协助制定预算、优化成本结构及开展风险评估等方面发挥重要作用。在此类团队设置中，会计人员不仅需运用专业财务知识提供决策依据，还应秉持开放态度倾听其他专业领域同事的见解，以共同推动项目顺利进展。

会计人员必须强化团队协作意识，充分整合企业提供的各类数据资源，以便基于全面准确的信息进行精准的职业判断，进而提升团队整体的"战斗力"。因此，在会计专业教育过程中，应着重培养学生的团队合作精神与领导能力，激励学生在团队中发挥积极建设性作用，学会协调各方资源以推动团队目标的实现。例如，在会计专业课程教学中，通过小组项目、案例研究和模拟实训等教学方法，使学生在解决实际问题的过程中掌握与他人有效沟通、协调和合作的技巧，提升团队协作能力。

二是决策分析能力。企业会计准则赋予会计人员一定程度的"自由裁量权"，不同会计政策的选择会对企业财务报表产生显著影响。会计政策选择是企业管理层在会计准则允许范围内进行的决策行为，旨在优化企业财务状况和经营成果。因此，会计人员不仅要处理日常财务业务，还应积极参与公司的战略决策过程。

会计专业人员的决策分析能力包括财务预测、风险评估、成本效益分析及投资回报率分析等多个关键领域。利用先进的财务分析模型和技术工具，会计人员能够深入挖掘财务数据背后的信息，识别和评估潜在财务风险，依据风险评估模型优化资源配置，提升企业经济效益和市场竞争力。同时，密切关注市场动态和行业发展趋势，确保战略决策能够适应不断变化的商业环境，是会计人员决策分析能力的重要体现。从战略管理理论角度看，有效的决策分析有助于企业制定明晰的战略目标，并合理配置资源以发挥战略优势。

因此，会计专业人员的战略决策和决策分析能力对企业的成功运营至关重要，需通过持续进行专业学习与不断丰富实践经验加以提升。在会计教育领域，精心设计系统化的课程体系，旨在培养学生的决策分析能力，确保其在未来职业生涯中能够从容应对各类复杂的财务问题。

基础课程如"基础会计"和"财务管理基础"为学生奠定坚实的理论根基，通过引入大量实例分析和案例讨论，引导学生深入理解会计和财务管理的基本原则与操作流程，为后续决策分析能力的培养奠定基础。随着学习进程的推进，专业必修课程如"中级财务会计"和"高级财务会计"，使学生逐步掌握更为复杂的会计处理技巧，如合并报表、外币交易等，而这些内容是提升决策分析能力的关键知识点。"高级财务管理"和"管理会计"课程进一步聚焦财务策略和管理决策领域，通过系统教授成本控制、资本预算和财务评估等核心内容，使学生具备进行有效财务规划和控制的能力。"审计学"课程则通过深入讲解审计过程和技术，增强学生的风险评估和内部控制分析能力，为决策分析提供风险防范视角。

在专业拓展课程方面，如"会计信息系统"和"成本会计"等课程，使学生学会如何运用现代信息技术提升会计工作效率和准确性，为决策分析提供数据支持。"财务分析"和"大数据财务分析"课程通过大量数据处理和分析实践，锻炼学生从复杂数据中提炼有价值财务洞见的能力，依据数据分析理论提升决策分析的科学性。而"Power BI 可视化数据分析"和"RPA 财务机器人应用与开发"课程则教授学生使用前沿工具和技术,实现数据的快速处理与可视化展示,以支持更高效、精准的决策过程。

总体而言,通过这些课程的有机融合与层次递进的教学方法,能够有效培养学生的决策分析能力,使其在未来的会计和财务领域中,无论从事日常财务管理工作还是进行复杂经济环境下的战略制定,均能展现出高度的专业素养和卓越的决策智慧。已有研究论证了课程体系优化对培养会计专业学生决策分析能力的积极影响(孙光国,2020)。

三是领导力和影响力。在现代企业动态发展的环境中,会计专业人员的职能经历了显著转变。传统的财务记录与报表编制工作已无法全面涵盖其职责范畴,其角色已深度拓展至企业战略决策和管理的核心层面。在此转型过程中,会计专业人员的领导力和影响力对于企业的持续发展和竞争力提升具有举足轻重的意义。

随着全球经济一体化进程的加速以及信息技术的迅猛发展,会计领导者需具备前瞻性思维,引领团队积极适应数字化转型浪潮。依据变革管理理论,领导者在组织变革过程中起着关键的引领和推动作用。通过有效运用先进的会计信息系统,优化财务工作流程,提升工作效率和决策品质。这种领导力不仅有助于增强团队的整体执行力和创新能力,更是企业实现长期可持续发展的核心要素之一。

会计专业人员应积极运用专业知识和技能,深入剖析财务数据,敏锐洞察业务运营状况,为企业战略的制定与执行提供有力的专业支持。同时,在跨部门沟通协调过程中,熟练运用财务语言准确传递信息,赢得各部门的信任与配合。尤为关键的是,会计领导者需以身作则,严格坚守职业操守,营造诚信的财务文化氛围。在面对复杂多变的经济形势和日益严格的监管环境时,会计领导者应勇于创新,引领团队灵活应对变革挑战。

会计专业人员不仅是财务领域的专家,更应成为企业发展进程中不可或缺的领导者和影响者。他们的角色和影响力在推动企业稳健运营,提升价值创造能力方面发挥着至关重要的作用。在当今快速变化的财务和会计行业环境下,高校作为会计人才的培养基地,必须持续创新和动态调整教学策略,以确保学生不仅熟练掌握必备的专业技能，还能在未来职业生涯中充分展现出领导力和影响力。

基础课程如"基础会计"和"财务管理基础"为学生提供了坚实的会计和财务管理原理知识框架，构成了构建高级专业技能的基石。"会计职业道德"和"智能会计理论与实践"等课程进一步引导学生深入理解行业的伦理规范要求，并熟练掌握前沿技术应用，培养学生的职业素养和创新意识。专业必修课程如"中级财务会计""高级财务会计""高级财务管理""管理会计"和"审计学"，在深化学生专业知识的同时，通过丰富多样的案例分析、实际操作训练和团队合作项目，着重培养学生的批判性思维、问题解决能力和团队协作精神。这些能力是未来的会计领导者必备的核心素质，依据领导力理论，批判性思维和问题解决能力有助于领导者在复杂情境中做出明智决策（Northouse，P.G.，2018）。

专业拓展课程如"会计信息系统""成本会计""财务分析""大数据财务分析""Power BI 可视化数据分析"和"RPA 财务机器人应用与开发"等，不仅有效增强了学生对专业软件和大数据分析的实际操作能力，更通过项目导向的学习方式，使学生在解决实际问题过程中锻炼领导力。例如，在"RPA 财务机器人应用与开发"课程中，学生主导团队完成机器人流程自动化项目，这一实践过程能够显著提升学生的项目管理能力和团队领导能力。

综上所述，教师通过精心设计课程体系和采用多元化教学方法，不仅能够向学生传授全面的会计和财务知识，更重要的是，致力于将学生培养成为兼具高度专业能力和强大领导力的未来会计行业的领导者。这种教育模式确保学生在未来的职业生涯中，既能灵活适应行业变化，又能积极引领行业发展趋势，为企业和社会创造更大价值。已有研究表明，多元化教学方式有助于培养会计专业学生的领导力相关素质（吴溪，2019）。

3.2.3　价值塑造目标

教育的核心目的不仅在于知识的单向灌输或技能的简单习得，其本质在于推动个体在智力、情感、身体以及道德等多元维度实现全面且和谐的发展。

古希腊哲学家亚里士多德曾明确指出，教育的终极追求在于追求一种美好的生活状态，这一观点深刻揭示了教育的本真价值取向：将关注点聚焦于人的整体性发展，而非局限于知识的获取与技能的培养。教育所蕴含的深远意义，不仅体现在个体层面的成长与进步，更体现在其对整个社会结构所产生的广泛贡献以及深刻影响之中。

1. 教育的核心使命

教育通过提供丰富的资源和营造良好的环境，为个体发现与培育自身潜能创造条件，使学生能够依据自身特点选择适合的学习路径，达成个性化成长。例如，个性化学习计划和多样化选修课程的设置，能够满足不同学生的需求。然而，教育的使命不止于个人发展，更在于培养兼具社会责任感和全球视野的公民。个体在专注于自身发展进程的同时，必须时刻保持对社会整体进步的高度关切以及对全球共同福祉的深度关心。教育应当致力于引导学生深刻认识到自身行为对社会运行机制以及生态环境所产生的潜在影响，并积极鼓励他们运用所学知识与技能，为构建一个更加公正、可持续发展的世界贡献自身的力量。与此同时，着力培养学生的全球视野具有至关重要的战略意义，这有助于学生深入了解不同文化背景下的价值体系与观念形态，进而有效促进跨文化交流互动以及深度理解融合。

顺应这一宏观发展趋势与内在规律，中国高等教育推行的课程思政举措，体现了教育对学生综合素质培养的全面考量。课程思政明确要求在专业教育体系中，有机融入国家意识形态导向以及核心价值观培育的关键思政元素，通过各个学科课程的系统教学内容以及丰富的教学活动，积极引导学生逐步形成正确的世界观、人生观以及价值观体系。价值塑造作为一个内涵丰富、外延广泛的综合性概念，从广义范畴来看，涵盖了诸多关键内容，包括国家意识与爱国主义教育，旨在增强学生对国家主权、民族文化的认同感与责任感，深度培养学生的爱国情怀，并着重强调国家利益至上的核心原则（顾钰民，2017）；社会责任与公民意识教育，致力于引导学生清晰认识到作为社会公民理应承担的社会责任义务，促进他们主动参与社会公共事务管理，深切关心国家未来发展走向以及民族命运兴衰；个人品德与职业伦理教育，着重于在专业教育体系中深度融入品德修养教育内容，全力培养学生的职业道德操守与诚信精神品质，促进其形成健康、健全的人格特质（檀传宝，2018）；法治精神与法律意识培养，通过系统教育引导学生培养较强的遵守法律法规的自觉意识，切实树立法治观念，持续提升法律意识素养。

2. 会计教育中的价值观塑造

会计作为一门具有高度专业性与系统性的学科领域，其核心职能聚焦于为各类组织提供精确、及时且具备高度专业性的财务信息资源，进而为战略决策制定提供坚实有力的信息支持与数据依据。会计专业课程体系中蕴含着丰富且深刻的价值内涵要素，学生通过系统学习这些课程内容，能够深入理解其所学专业的核心本质属性，深刻认识到自身所学知识技能对于社会经济发展进程所具有的重要意义与价值贡献，进而逐步形成健康、积极的价值观念体系，为其职业生涯发展奠定稳固坚实的思想基础。在快速变革的商业背景下，培养会计专业学生的正确价值观与职业操守显得尤为重要。因为会计人员只有具备诚实、守信、责任感等品质，才能胜任会计工作。会计人员肩负着维护社会经济秩序稳定运行，切实保护投资者合法利益的重大责任使命，因此，必须具备高度的职业道德素养以及强烈的社会责任感意识。

尽管数字技术和人工智能在会计工作领域的应用为其带来了高效率提升与准确性保障优势，但与此同时，也引发了诸如数据安全隐患、隐私信息保护等一系列复杂的伦理问题挑战。企业组织以及社会整体不仅迫切需要会计人才熟练掌握数字技术和人工智能的相关知识技能，更期望这些人才能够在面对复杂多变的经济环境形势时，始终基于职业道德准则做出正确合理的判断决策，始终保持职业独立性与公正性立场。因此，高等院校在开展会计专业人才培养工作时，尤其注重对学生价值观体系的精心塑造，旨在培育出能够紧密契合新时代发展需求，具备全方位综合素养的会计专业人才队伍。

从"铸魂育人"视角出发，专业课程与思政教育融合是必然趋势。每个专业都具有特定社会价值。例如，医学专业的核心使命在于救死扶伤，致力于培养学生的仁爱之心与无私奉献精神；工程专业则聚焦于改善人类的物质生活条件，着重培养学生的创新精神与责任担当意识；会计专业则专注于维护市场经济运行过程中的公平竞争秩序以及健康可持续发展态势，着力培养学生的诚信意识与工匠精神。会计学科的理念框架体系以及基本原则规范均蕴含着深刻的价值取向内涵，例如，会计信息质量所遵循的真实性、准确性、完整性、及时性和可比性等基本要求，深刻体现了诚信、严谨、公正等核心价值取向，这些原则规范均可作为融入思政教育元素的关键专业知识点资源。会计专业的职业指向主要涵盖财务会计、管理会计、审计以及税务等核心领域，职业实践过程中所彰显的诚信、责任感和敬业精神等职业操守也与社会主义核心价值观高度一致。基于此，专业教师能够深入细致地研究挖掘专业知识点背后的思政资源，通过知识点之间的交叉融合、拓展延伸以及逻辑联系等方式方法，实现思政教育资源的深度挖掘与有效整合。

在会计专业教学中实现价值塑造和综合素质培养是系统工程，需在教学各环节整合创新。教师依据课程特点提炼思政元素并融入教学中，通过案例分析、故事讲述和实践模拟等方式，使学生在学习专业知识的同时，提升政治认同、家国情怀、公民意识和文化自信。例如，以企业财务造假案例警示学生坚守职业道德，介绍会计行业楷模以激励学生树立正确的价值观。会计专业教育中蕴含的思政内容，为培养全面发展的会计人才提供了理论支撑，确保学生在掌握专业技能的同时，具备正确的价值判断和社会责任感，以应对复杂多变的经济环境和职业挑战，为会计行业的健康发展贡献力量。

3.3 会计专业人才培养路径

在全球经济加速向数字化转型的宏观背景下，会计专业人才培养工作必须紧密契合时代脉搏，深度融合区域经济发展需求与国情特点，以精准培育契合新时代、新阶段发展需求的复合应用型人才为核心目标。会计职能已突破传统的"数字代言人"范畴，借助数字化与信息化平台，深度整合财务管理与业务活动信息，运用自动化技术、数据挖掘与分析等前沿手段，致力于为企业提供全方位、高效能的财务服务。因此，新时代会计专业人才培养应紧紧围绕"职业道德"与"数字素养"两大核心要素，将"智能财务"确立为专业发展的全新方向。秉持"以生为本、立德树人、协同融合"的先进培养理念，坚定"服务区域、面向全国、走向世界"的服务定位，以"融入思政元素、强化行业导向、加强创新驱动、引入国际元素"为关键教学抓手，逐步构建起"会计为核、融合为基、能力为要"的知识体系，朝着"强化数字化素养、强调跨学科学习、注重职业道德培养"的变革方向，系统重构现有的培养目标、课程体系、课程内容以及教学方式，确保能有效适应时代变革的多元需求。

3.3.1　变革专业人才培养方案

在数字化转型与新时代发展浪潮中，会计行业正处于前所未有的机遇与挑战并存之境。随着大数据、云计算、人工智能等前沿技术的迅猛发展与广泛应用，会计行业的工作模式及业务范畴正在经历深刻变革。依据技术创新理论，技术创新会引致行业变革、重塑人才需求结构（熊彼特，1912）。这一变革趋势不仅要求会计专业人才具备扎实的会计、审计等传统专业知识与技能，更对其数据分析能力、信息技术应用能力以及跨学科综合解决问题的能力提出了更高层次的要求。由此，培养应用型、数智型、复合型会计专业人才，已成为会计教育改革的关键方向。相关研究表明，数字技术对会计行业的变革产生了深远且持久的影响（刘勤，2020）。

人才培养方案作为高校为培育契合时代与行业发展需求的高素质专业人才而精心设计的系统性教育规划，堪称人才培养的纲领性文件。其明确了人才培养的目标、规格、知识架构、能力要求、课程设置、教学内容以及教学环节等核心要素，旨在全方位提升学生的综合素质与应用能力，是人才培养的总体蓝图与指导性文件。

在数智时代的大背景下，会计人才培养方案应以国家发展战略为导向，紧密围绕国家级一流专业建设目标，遵循"思政引领、数智赋能、多元协同"的一流专业建设思路，深度服务地方经济发展，切实满足社会对人才的多元化需求。该方案应以"立德树人"和"数字技能"为主线，精准锚定人才培育的方向标，致力于培养应用型、复合型、数智化财会审专门人才。会计专业人才不仅应具备高尚的品德与卓越的才华，更应深刻领悟职业操守的核心要义。会计人才需对企业财经法规与商业规则熟稔于心，熟练运用管理会计工具与技巧，在企业数字化与信息化平台上，实现财务管理与业务信息的深度融合；借助自动化作业、数据挖掘与分析等先进技术手段，为企业精心绘制财务战略蓝图，提供精准决策支持，并实施高效监控与评估服务，有力推动企业稳健前行。

为达成上述目标，高校需采取一系列综合举措。具体而言，应优化课程体系，着重加强数字化、智能化、创新创业等前沿课程建设。依据课程整合理论，通过优化课程体系，可提升学生的知识整合能力与综合素养。更新教学内容，积极融入新技术、新理念、新模式，确保教学内容与时俱进。改革教学方法，广泛采用翻转课堂、在线教育、虚拟仿真等新型教学方式，以提升教学效果与学生的学习体验。加强实践教学，建立稳固的校内外实践基地，强化学生实践能力的培养。构建"产学研用"协同育人机制，深化校企合作，实现资源共享与优势互补，提高人才培养质量。完善教学资源，全力建设数字化、智能化教学资源库，为教学提供丰富的资源支持。优化教学管理，建立灵活高效的教学管理制度，以适应人才培养的动态需求。

1. 变革传统教育模式

会计教育作为我国高等教育体系的关键组成部分，其核心目标在于为社会输送兼具专业素质与实际操作能力的会计人才。然而，传统会计教育模式在培养过程中暴露出一定的局限性，主要体现为过度侧重理论知识传授，而相对忽视实践技能的系统培养。在当前数字化转型的时代背景下，基于教育变革理论，为契合社会发展需求，对会计教育模式进行改革势在必行。相关研究明确指出，传统会计教育模式的局限性在数字化时代愈加显著。

首先，应大力强化案例教学。案例教学作为一种以真实商业环境为蓝本，引导学生通过分析、讨论与解决实际问题，从而提升自身能力与素质的教学方法，具有重要实践意义。在案例教学过程中，学生能够基于建构主义学习理论，在实际案例情境中构建知识体系，更好地理解会计理论知识，有效培养自身的判断力与决策能力。通过深入剖析国内外成功与失败的案例，学生可汲取宝贵经验，为未来的职业生涯奠定坚实的基础。案例教学在提升会计专业学生实践能力方面发挥着不可替代的作用。

其次，鼓励学生参与科研项目和创新竞赛。科研项目有助于学生深入探究会计领域的热点问题与前沿动态，提升自身研究能力与创新能力。创新竞赛则能够有效激发学生的创新意识，培养其团队协作能力与应变能力。通过参与此类活动，学生可在实践中全面锻炼自身综合素质，为未来的职业发展做好充分准备。已有研究表明，科研与竞赛活动对会计专业学生综合能力提升具有积极而显著的影响（吴溪，2017）。

最后，建立模拟实训和实践实训通道。模拟实训旨在模拟真实企业的经营环境与业务流程，使学生在实际操作中熟练掌握会计知识与技能。通过模拟实训，学生能够基于情境学习理论，在模拟的真实情境中提升业务处理能力。同时，模拟实训还可帮助学生深入了解企业内部控制、税收政策等相关知识，使其更好地把握会计工作的实际情况，显著提高业务操作能力与沟通协调能力，是检验会计教育成果的重要途径。实践实训对于会计专业学生的职业能力培养不可或缺（刘永泽，2021）。

综上所述，为变革传统会计教育模式，需系统强化案例教学、模拟实训、实习实践等关键环节，着力培养学生的实际操作能力与问题解决能力。同时，鼓励学生参与科研项目和创新竞赛，充分激发其创新意识和创新能力，从而为社会输送具备专业素质和实践能力的会计人才，切实满足经济社会发展的多元化需求。

2. 更新会计专业课程体系

随着大数据和人工智能等前沿技术在会计领域的应用日益广泛，会计专业学生面临着更高要求的数据分析和技术素养挑战。因此，高校应及时调整课程设置，将数据分析、大数据技术、云计算、区块链、人工智能等前沿内容有机地纳入会计专业课程体系。数据科学与信息技术融入会计专业课程，有助于依据能力提升理论，显著提高学生的数智化能力。学生通过学习这些课程，能够熟练运用相关技术对财务数据进行高效分析与处理，大幅提高会计信息的准确性、可靠性和及时性。这有力地推动了具备创新精神和实践能力的会计人才的培养，有效满足了我国经济社会发展对高素质会计人才的迫切需求。相关研究着重强调了信息技术融入会计课程体系的重要意义（孙光国，2021）。

人才培养目标的实现，对于课程体系具有举足轻重的作用。在优化专业课程体系过程中，应充分发挥数字技术的优势，同时，高校必须始终将立德树人作为根本任务。大数据时代，社会对人才的需求持续攀升，对人才的能力要求也日益提高。高校作为人才培养的主阵地，应坚持立德树人的教育的根本使命。因此，在会计专业课程体系构建中，应在思政类课程引领下，在会计专业课程中有机融入核心价值观教育。优化专业课程体系不仅意味着课程内容的数字化转型，更要求课程教学方式的全面数字化。在课程设计、目标设定、内容编排、反馈机制等方面，应充分应用数字技术，推动课程整体形态变革。在教学设计中，融入更多创新方案，利用数字技术开发新型教学模式，使课程体系更加高效、数字化。通过增加实践教学环节、更新课程体系、强化跨学科综合能力培养以及加强师资队伍建设等综合举措，能够有效培养出适应新时代要求的应用型、数智型、复合型会计专业人才，为会计行业发展注入新的活力与动力。

3. 强化跨学科培养意识

在新时代背景下，强化跨学科综合能力培养已成为会计专业教育领域的核心使命。传统会计工作常被狭隘地等同于数字处理与账务管理，然而，随着社会的飞速发展与变迁，会计工作的内涵与外延已发生深刻变革。依据系统理论，会计工作已不再是孤立存在的领域，而是与管理、信息技术、人文等多学科领域紧密交织，共同构建起相互依存、相互促进的有机体系。这一变革趋势要求会计专业教育必须与时俱进，高度注重学生跨学科综合能力的培养，以契合新时代对会计人才提出的更高要求。因此，在会计专业教育中，应积极融入跨学科教学元素与方法，以促进学生跨越不同学科领域界限，实现知识的交叉融合与创新实践。同时，强化对学生综合素质的培养，涵盖沟通能力、团队协作能力、创新能力及解决问题能力等维度，使学生在未来职业生涯中，能更加从容地应对各种复杂多变的挑战。

为适应这一新形势，会计专业人才培养方案应相应进行优化调整。首先，需突破传统学科界限，将管理学、经济学、信息技术等相关课程引入会计专业教学体系。这不仅有助于依据知识拓展理论拓宽学生的知识面，还能使学生在掌握会计专业知识的同时，具备相关领域的基本素养。其次，通过跨学科学习，依据能力迁移理论培养学生的综合素质。这包括提升学生的逻辑思维能力、分析问题能力、沟通协作能力等。这些能力对于会计专业人才在实际工作中解决问题，应对挑战具有关键意义。最后，注重培养学生的跨界协作能力。在实际工作场景中，会计专业人才需与其他领域专业人士紧密合作，共同完成各项任务。因此，培养学生的团队合作精神、沟通能力以及协调能力至关重要。

3.3.2　深度调整课程框架体系

在传统会计教育体系的架构中，会计学、财务管理、审计学等领域构成了核心课程的主体部分，而计算机相关基础课程仅处于辅助性地位。在信息技术发展相对滞后的时期，这种教育模式或可勉强满足会计行业的基本需求。然而，随着数智化浪潮的汹涌来袭，这种呈现"核心与辅助分离"特征的教育模式逐渐显露出其固有的局限性，难以全面应对新时代层出不穷的挑战。基于课程体系优化理论，对现行会计专业课程体系进行重塑时，应以"职业操守"和"数字素养"为纵贯线，重新审慎选定与合理安排各专业课程的重点内容，以实现原有课程的转型升级，构建起具有内在一致性的课程体系（钟姗汝等，2018）。在全新构建的课程体系中，应深度贯彻"立德树人"这一根本目标，并严格遵循 OBE（Outcome-Based Education）教学理念，精心打造"一融三通"课程体系。该体系旨在推动思政课程与专业课程深度融合，同时实现基础课程与专业课程、理论课程与实践课程、学科基础课程与数智技术课程的全方位贯通。这样的系统性设计，能够有效优化课程间的逻辑关系，确保教学体系具备连贯性与实效性，进而提升人才培养质量。

1. 跨学科融合

跨学科融合旨在将不同学科领域的知识、理论、方法及技术进行有机整合与交叉运用，其核心目标在于打破学科界限，促进知识的交叉渗透与综合创新，从而有效应对日益复杂的社会问题和科学挑战。在数智技术广泛应用的时代背景下，依据学科交叉理论，会计教育迫切需要跨越传统学科的边界，借助跨学科要素的深度融合，推动会计、业务与技术的协同发展（王竹立，2017）。在课程设计层面，一方面要稳固会计核心课程的基础地位；另一方面要积极引入数据挖掘、大数据分析、人工智能等前沿技术，并增设金融科技、云计算、区块链等与会计专业紧密相关的跨学科选修课程，以助力学生构建多元的知识体系。如此，学生在实际工作中便能熟练运用多种技术手段，在提升工作效率的同时确保工作质量显著提升，实现工作效能的飞跃。通过课程的丰富，进一步拓宽学生的知识视野，为学生未来的职业发展奠定坚实的基础。

为实现课程内容的有效融合，首先，需整合计算机学科与会计学科的师资力量，基于协同创新理论，协作开展跨学科课题研究，将信息技术类课程与会计专业课程的内容或知识点有机融合。例如，开设"Python 在财务决策领域的应用""商业决策与数据挖掘"等课程，采用项目驱动、问题导向等教学形式拓展课程内容。相关研究表明，跨学科师资合作有助于提升课程融合效果（杨政，2022）。其次，开展管理学、经济学、金融学、法学等跨学科经典理论知识的研究，通过案例教学、实验实训、科学研究等构建多学科交叉的知识模块。基于建构主义学习理论，引导学生将数智技术、经济学原理、法律法规等关键知识灵活运用于财会审等业务处理中，从理论与技术两个维度提升学生分析问题和解决问题的能力，培养具备跨学科思维、批判精神、沟通能力和社会责任感的复合型会计专业人才。已有研究强调了跨学科知识模块对培养复合型人才的重要性（孙光国，2021）。

2. 强化实践教学

实践能力培养在会计专业人才教育体系中占据核心地位，这要求学生不仅要掌握会计理论、信息技术和数据科学等相关知识，更关键的是能够在实践活动中灵活运用这些知识。应从学生认知能力和底层逻辑思维能力培养起步，按从低阶到高阶的顺序逐步推进，最终使学生具备系统性设计、分析综合项目的能力，从而有效解决智能财务领域的复杂问题。

　　第一个渠道是以专业应用能力培养为导向，以夯实实践教学基础为目标，构建校内实践实训体系。基于实践教学分层理论，对实践实训教学内容进行分层分类设计，实现实践实训教学内容从基础性向挑战性过渡、学生能力从一般性向创新性过渡、学生素质从普通性向高阶性过渡。加强顶层设计，构建全方位实践育人体系。专业基础课实训内容着重突出基础性和应用性，财会审专业课程实训内容与理论教学内容紧密相关，以强化学生对基础理论知识的掌握。专业综合实训、跨专业校内模拟实训强调实训内容的仿真性与业务的真实性，以提升学生解决复杂企业问题的应用能力；创新创业实训、学科竞赛和第二课堂活动致力于培养学生的创新创业意识和能力。以学生应用能力培养为主线，以基本专业素质、岗位胜任能力、职业判断能力培养为模块，着力培养学生的实践动手能力、解决问题能力以及创新创业能力。相关研究指出，分层分类设计实践教学内容有助于提高学生实践能力培养的效果。

　　第二个渠道是与企业、会计师事务所等行业机构建立紧密合作关系，拓宽大学生校外实践渠道。基于产学研合作理论，通过实习、实训等方式为学生提供真实的工作环境，使学生能够在实际情境中学习和成长，打造校内校外协同育人格局。借助校外企业实习、虚拟仿真实训等形式，增强学生的实践操作能力和丰富实战经验，提升学生的应变能力和沟通协调能力，对学生进行职业规范和技能培训，强化学生的会计业务水平和财务决策能力。鼓励学生参与科研项目，以国家和区域经济社会发展中的现实问题为背景，指导学生开展会计领域研究，依据研究性学习理论提高其科研能力和创新思维能力。丰富校园文化，开展各类社团活动、学术研讨会、志愿服务等课外活动，提高学生的人文素养和社交能力，拓宽学生的视野和交流空间，增强学生的自我管理和自我发展能力。

　　因此，高校应强化产学研合作，与社会、行业及企业共建实习、实践教学基地。持续推进产教融合，不断拓展人才培养空间。以产学研合作和校企协同育人为重要抓手，培养适应社会发展新需求的应用型人才。落实新技术的运用和操作，便于学生在操作过程中深入理解每一笔经济业务的内涵；培养业财融合的工作思路，从宏观战略视角出发，提升学生依据报告提供决策依据以支持企业决策的能力。

3.3.3 两维课程的数字化改革

为了契合数智时代发展需求，会计专业课程改革不应仅仅聚焦于知识结构与内容的更新，更关键的是助力学生在数字化环境中高效掌握会计知识与技能。从课程设计的角度出发，数字化转型指的是在数字技术日益普及的背景下，对课程内容和教学模式进行持续的技术融合与创新，以保持教育活动的持续进化和动态升级。此过程的核心在于深度挖掘数字化工具的潜力，一方面将数字技术深度嵌入教学内容，实现知识传授方式的革新；另一方面把数字化工具作为教学辅助，优化教学过程，在这两个关键维度上推动教学向纵深拓展并提升质量。相关研究指出，数字化转型借助技术融合机制对教育教学模式创新发挥着关键驱动作用（刘三女牙，2021）。

对于教师而言，数字化改革意味着借助数字化资源与平台变革教学媒介，如运用在线课程、虚拟实验室等新兴手段，增强教学的互动性与实践性。这一变革促使教学方式朝着多元化与个性化方向发展，新型教学模式能够依据学生个体差异实现精准教学，进而提升教学效果与质量。同时，数字化教学为教师提供了更广阔的交流合作平台，有助于促进教学方法创新。从教育传播理论来看，数字化资源与平台拓宽了教学信息传播渠道，优化了教学信息传递效果。对于学生而言，数字化改革意味着在有的限时空内获取更广泛、深入的知识技能，丰富学习体验，加速专业成长。通过数字化教学资源与平台，突破时空限制，提升学习主动性与参与度，使学生能更直观地理解会计原理与技术，增强其学习兴趣与获得感。此外，数字化教学有助于学生熟练应用会计软件与工具，提升实践能力与问题解决能力。已有研究表明，数字化教学基于互动增强原理对师生教学相长产生了积极影响（王竹立，2017）。

传统会计教育受限于课堂教学与书本知识，难以满足学生的实践需求。而数字化教学能够使学生更好地融入实际工作场景，提升其实践与创新能力。同时，数字化教学有助于高校精准评估学生的学习状况，及时调整教学计划与方法，增强教育针对性与有效性，最终推动会计专业教育质量的提升。具体可通过以下措施实现数字化改革。

1. 建立集中的数字化教学平台

构建一个涵盖会计课程教学资源的集中式数字化教学平台至关重要。该平台应包含电子教科书、在线视频讲座、互动式案例研究等丰富资源，且支持多种设备访问，确保学生随时随地便捷地获取学习资源。这样的平台能够有效整合教学资源，优化学习管理流程。此外，平台强大的数据分析功能可根据学生学习行为与成绩，运用数据挖掘技术提供个性化学习建议与辅导，实现精准教学干预。

2. 采用翻转课堂教学模式

在翻转课堂模式下，传统课堂讲授与家庭作业顺序颠倒。学生课前通过数字化平台自学新知识，课堂时间用于讨论、解决问题与拓展学习。这种模式基于自主学习理论，充分发挥数字技术的优势，使学生能按自身的节奏学习，加强师生互动，提升学习效果。翻转课堂教学模式在提升学生学习效果方面已得到实践验证（张其亮，2014）。

3. 加强实践教学的数字化改革

会计专业学习需要理论与实践相结合。利用数字技术如虚拟现实（VR）、增强现实（AR）和人工智能创设模拟会计实践环境，基于情境学习理论，让学生在虚拟环境中进行账目处理、财务分析等操作练习，在无风险环境中积累实践经验，提升实践能力。

4. 加强对在线协作工具的使用

数字化时代会计工作依赖团队协作，学生需掌握在线协作工具。教学中应设计团队项目，鼓励学生使用云端文档共享、视频会议等工具开展协作，提高数字化协作能力。从团队协作理论出发，在线协作工具能够促进团队成员间信息共享与协同工作。在线协作工具在培养学生团队协作能力方面具有重要价值（赵国庆，2018）。

5. 开发高质量的数字化教学资源

高质量数字化教学资源包括在线课程、虚拟仿真、交互式练习、案例库等，注重实用性、互动性与创新性，满足多样化学习需求。依据建构主义学习理论，这些资源为学生提供多样化学习情境，促进知识建构。会计知识与实践不断变化，教师和教学团队须定期更新数字化教学内容，确保教学内容反映最新会计理论与实践。数字化教学资源开发与更新是保障教学质量的关键（杨宗凯，2022）。

总之，通过建立集中的数字化教学平台、采用翻转课堂教学模式、加强实践教学的数字化改革、加强对在线协作工具的使用和开发高质量数字化教学资源，基于系统协同理论，能够有效提升会计专业教育质量，从而更好地适应数智时代的发展。在选择教学工具时，应以教学需求为导向，旨在全面提升学生的能力，避免仅停留在技术理解和应用层面。教育数字化工具作为教学辅助手段，其核心价值在于通过有效整合，加强对教师教学的支持，促进学生自主学习，加强实验教学管理并丰富教学资源供给，进而重塑课程结构、教学流程与评价体系，推动教学模式创新发展。

3.3.4 教师队伍的数字化转型

随着数字技术和 AI 在会计领域的广泛应用，会计职业的内涵与外延正经历深刻重塑。数智时代下，会计专业的育人目标发生了重大转变，从单纯培养技术型人才转向培养具备创新思维、战略眼光和领导力的复合型人才。数字化转型对会计专业教师角色提出了新要求。在数智时代背景下，会计专业教师不仅要熟练掌握数字化教学工具，运用多媒体技术、在线教学平台等开展线上线下混合式教学，还要深入探究人工智能、大数据、云计算等前沿技术在会计领域的应用，并将这些新知识有机融入教学内容中。教师必须持续学习新知识，以契合数字化转型对教学的要求。同时，教师还需具备跨学科整合能力，融合多领域知识，为学生提供全面教学。只有教师率先实现数字化转型，才能为学生提供与时俱进的数字化教育，培育具备数字素养的复合型人才。而且，教师的数字化转型将推动会计教育教学理念、模式与方法创新，依据教育创新扩散理论，促进整个会计教育事业可持续发展。相关研究阐述了教师数字化转型在教育发展进程中的关键意义（余胜泉，2021）。

数字化转型给会计专业教师的教学方法带来了新挑战。教师需深刻认识到数字化转型对教学的重要性，不断探索适应数字化转型的教学模式与方法，为培养优秀会计专业人才贡献力量。教师可通过以下路径实现数字化转型。

1. 提升数字化素养

会计专业教师应持续提升数字化素养，熟练掌握数字技术和 AI 在会计领域的应用。通过参加培训、研讨会和学术交流等活动，基于终身学习理论，拓宽知识面，更新专业技能。提高运用数字化教学工具的能力，如开展在线课程设计教学、利用大数据进行教学研究等。教师数字化素养提升是适应数字化教学的基础。

2. 转变教学理念

摒弃传统填鸭式教学模式，采用以学生为中心的教学方法，注重培养学生的批判性思维、创新能力和问题解决能力。依据人本主义学习理论，创新数字化教学模式，大胆尝试融合线上线下、理实一体的混合式教学模式，探索数字化条件下个性化、互动式教学新路径，培养学生的自主学习能力和创新思维。

3. 创新教学方法

积极探索创新教学方法，如翻转课堂、项目式学习、案例分析和基于游戏的学习等。利用数字技术和 AI 增强教学的互动性，依据多媒体学习理论，提高学生的学习兴趣。整合校内外数字化教学资源，建立数字化教学资源库，为教师备课和学生自主学习提供便利。同时积极开发数字化教学资源，建立资源共享机制。

4. 加强产学合作

与相关企业建立紧密合作关系，基于产学研合作理论，了解行业最新动态和技术应用，使教学内容贴近实际。引入行业专家参与教学，掌握行业发展趋势和人才需求。亲自带领学生参加实习、实训和项目合作等项目，让学生接触实际工作，积累实践经验。高度重视数字化教学理念在师生中的传播，营造浓厚的数字化教学文化氛围，推动会计专业教学向数字化、智能化方向发展。

5. 加强前沿领域研究

教师应深入探究人工智能、大数据等尖端技术在会计领域的广泛应用，依据科研成果转化理论，将科研成果及时转化为丰富的教学内容，为学生提供前沿专业知识，确保学生掌握最新行业动态和技术趋势。

总之，数字化转型是当前会计教育发展的必然趋势。会计专业教师必须主动拥抱数字化转型，全面提升数字化教学能力，以适应新时代人才培养的需求，为社会输送复合型、创新型会计人才。

3.3.5 拓展多维产教协同体系

在数智化蓬勃兴起的宏观背景下，智能财会跨学科培养模式的演进已成为当前教育领域备受瞩目的议题。在这一时代背景下，产学研联合业已成为驱动该模式持续发展的关键动力要素之一。依据协同创新理论，通过多种形式的产学研联合举措，致力于构建协同一致的多元利益主体格局，其中涵盖企业、社会团体、专业社团等多样化主体，这将为提升教育质量，培育更具竞争力的专业人才提供坚实的支撑（林健，2018）。企业作为市场的积极参与者与深度实践者，积聚了丰富的行业经验与优质资源，在智能财会跨学科培养模式中占据着至关重要的利益主体地位。借助与企业的紧密合作，高校能够基于市场需求导向理论，更为精准地洞悉市场动态需求，进而对课程设置进行适应性调整，使其更紧密地契合实际应用情境。教育服务机构作为社会诉求与期望的代言者，能够为高校带来更多的社会资源并给予有力的支持。通过与这类机构协同合作，高校得以基于社会需求响应机制，更好地把握社会问题与挑战，为学生创造更多的实践契机与建立社会服务项目平台。

在构建多维产教协同体系的进程中，政府、高校、企业、教育服务机构等多元利益主体之间需构建起高效的合作机制，形成共同参与、联合培养的强大合力。政府应加大对跨学科教育的政策扶持与资源投入力度，为产学研合作提供政策保障并奠定资源基础（周光礼，2016）。高校应当秉持积极主动的合作态度，与各利益主体开展深度合作，持续探索创新型教育模式与培养机制。

1. 加强校企深度合作，实现产教融合

高校作为知识传承与创新的核心阵地，通过与企业建立深度合作伙伴关系，能够依据知识转化理论，更为有效地将抽象的理论知识融入生动的实践场景之中，进而助力学生深刻领悟知识的实际应用价值与实践意义。企业借此契机，基于产学研互动机制，充分汲取高校的前沿科研成果与先进技术，为自身的创新发展注入持续动力。产学研的深度融合，已成为推动知识传递、创新与应用的关键引擎（朱高峰，2009）。高校应当积极行动起来，强化与企业之间的沟通桥梁建设工作，深入探究企业的实际需求与前沿动态，以此为依据灵活调整并优化人才培养方案，确保教育教学活动紧密贴合市场需求，兼具时效性与针对性，共同勾勒出知识创新驱动社会进步的宏伟蓝图。

同时，企业应深度参与人才培养进程，为学生提供丰富的实习实训机会，以传授一线工作实践中的宝贵经验与技能。高校和企业在人才储备、技术研发、资金投入等多个维度均拥有独特的优势与资源。校企双方若能基于资源共享与互补理论，携手开展课程体系共同研发工作，并联合建立实训基地，便可实现这些资源的高效整合与优化配置，使学生在校园环境中便能身临其境地感受企业真实的工作场景与氛围。例如，高校能够充分利用企业的实践平台与先进设备，依据教学优化理论，进一步提升教学质量与效果；而企业则能通过与高校的深度合作，基于人才定制化培养策略，培育出更贴合自身战略发展需求的高素质人才。

2. 构建政产学研用相结合的协同创新体系

在数字化转型加速推进的大背景下，构建产学研协同育人的长效机制显得尤为关键。首先，需健全组织运行机制。在此过程中，政府应发挥主导性作用，出台相关法律法规，明确各主体的权利义务关系，确保产教融合有序推进。同时，建立校企融合发展规制，形成平等协同、共同管理的融合机制（陈劲，2016）。其次，构建创新驱动机制。政府、企业、高校发挥主导与主体作用，基于创新协同理论，促进各方协同发展，精心打造人才培养协同创新模式，并形成资源共建共享机制，涵盖实验室、实训基地、研发平台和创

新团队的共建共享，使教育链与产业链有机衔接。这些举措共同发力，旨在适应新时代发展需求，培育契合社会和产业发展需求的高素质人才。

产学研协同教育范式的核心要旨在于实现教育、科技与产业的深度融合，通过整合高校、科研机构和企业的优势资源，基于协同创新网络理论，共同开展科技研发、人才培养和成果转化活动。这种模式强调教育内容与产业需求基于需求对接理论紧密对接，以提升人才培养的针对性和实用性，同时促进科技创新和产业升级。政策引导和市场机制在此过程中发挥着关键的调节与驱动作用，鼓励企业基于研发投入激励理论增加研发投入并与学术界开展深度合作，推动技术革新和成果的产业化（薛澜，2015）。此外，产学研协同教育还高度重视实践教学的重要性，通过与企业和科研机构的合作，依据实践能力提升理论，提升学生解决实际问题的能力，并培育其创新精神。国际视野的拓展和交流合作也是该模式不可或缺的重要组成部分之一，旨在推动教师和学生基于国际前沿追踪机制了解和掌握国际最新技术和行业需求。产学研协同教育范式旨在通过创新驱动发展战略，培育适应新时代发展需求的高素质人才，发展新质生产力，推动经济社会基于高质量发展理论实现高质量发展。

3. 形成产教研融合的具体方案

高校开展产教研融合乃是推动高等教育与产业实践紧密结合的重要战略举措，其核心目标在于提升学生的实践能力和就业竞争力，促进科研成果转化和产业发展。为实现这一目标，高校需系统优化课程设置与教学方法，建设实训基地与实验室，推动科研成果转化，加强人才培养与就业指导，并建立评估与反馈机制。

首先，在课程设置与教学方法层面，高校应基于产教融合课程设计理论，设置产教融合课程，引入企业实际案例和项目，助力学生基于案例学习理论，深入了解产业需求和实际操作流程。此外，采用兼职导师引入方式，邀请企业高级管理人员和技术专家担任兼职导师或客座教授，参与课程教学和学生指导工作，丰富课程内容，提升教学质量。其次，高校应采用项目驱动教学方法，依据项目式学习原理，设计与企业实际需求相关的项目，帮助学生在项目实践中应用所学知识。高校可与企业合作建立实训基地，提供真实的生产和管理环境，辅助学生基于情境学习理论进行实习和实训，并与企业共建校企联合实验室，开展联合科研和技术攻关，推动科研成果转化和产业升级。最后，高校应基于绩效评估体系构建原则，建立产教研融合的绩效评估体系，全面评估合作效果和成果转化情况。评估内容应涵盖课程教学质量、科研成果转化、学生实践能力提升等多个维度。实施动态反馈机制，依据反馈调整机制及时洞悉合作过程中的问题和需求，提供改进建议和支持。

通过以上措施，高校能够实现产教研融合，提升学生的实践能力和就业竞争力，促进科研成果转化和产业发展。在数智时代下，拓展多维产教协同体系建设路径是智能财务跨学科培养模式发展的必由之路。通过多种形式的产学研联合，建立合作机制，共同参与，联合培养，能够凝聚强大的合力，推动智能财务跨学科教育模式的完善与可持续发展。

第4章　数智时代会计专业课程体系重构

　　智能会计作为计算机科学、自动化、认知心理学和神经科学等多学科交叉融合的前沿产物，凭借大数据分析、人工智能、移动互联网、云计算等先进数字技术，实现了会计服务在自动化、敏捷性和先进性等维度的显著提升。在智能会计体系架构中，会计信息的采集、处理、分析和报告流程的高效性和精准性达到了前所未有的水平。传统手工操作模式逐渐被自动化工具所取代。这一变革不仅极大地提高了会计工作的效率，还降低了人工操作可能带来的失误风险。智能会计运用大数据分析技术，深入挖掘数据背后潜藏的价值，基于数据驱动决策理论，为企业战略决策提供了强有力的支持。智能会计不仅强化了会计的监督职能与决策支持功能，而且有力地推动了财务会计与管理会计的深度融合。传统财务会计侧重于历史数据的记录与报告，而管理会计聚焦于未来的预测与决策。智能会计通过技术手段将两者有机结合，达成了从数据记录到价值创造的关键转变，实现了会计职能的拓展与升华。

　　为了有效适应这一深刻变革，会计专业课程体系的重构势在必行且意义深远。智能会计作为会计、科技、决策三者深度交融的创新产物，其课程体系建设应紧密围绕技术创新与应用这一核心，同时全面整合会计知识、新兴技术与人文精神。具体而言，课程建设应将信息技术教育深度融入其中，使学生熟练掌握大数据分析、人工智能等前沿技术，构建起技术赋能的知识基础。通过强化实务操作与案例分析环节，帮助学生实现会计理论知识与数字化实践的有效对接，提升学生的实践应用能力。

因此，高等院校在调整与构建专业课程体系时，应充分彰显"互联网+""人工智能""智能决策"等特色教学内容。在课程设置方面，应科学设置会计综合实验、财务实训、社会实践等实践导向课程，增强学生的实践操作能力，使学生在真实或模拟的情境中深化对知识的理解与应用。同时，合理增加管理会计课程的比重，以契合企业对于财务决策和管理日益增长的需求，满足企业战略管理需求。此外，应鼓励学生探索会计与其他学科的交叉领域，如金融科技、企业管理和市场营销等，依据跨学科知识整合理论，培养学生的跨学科知识和创新思维，拓宽学生的知识视野与思维边界。课程设计还应高度关注学生的个性教育与特长发展。通过开设财经经典文献导读、会计理论前沿、区块链技术等课程，使学生能够及时了解专业领域发展的前沿信息，基于知识更新理论，不断拓宽自己的视野，紧跟时代步伐。同时，课程应融入学习方法和研究技巧的教学内容，帮助学生掌握自我教育和终身学习的技能，培养学生的自主学习能力与终身学习意识。

综上所述，智能会计的蓬勃发展对会计专业课程体系的重构提出了新的挑战与要求。系统融入信息技术教育、强化实务操作与案例分析、培养创新思维与持续学习能力等一系列举措，能够有效培养出适应未来会计行业需求的高素质专业人才。同时，高等院校应积极调整与构建专业课程体系，以顺应业财融合的发展趋势，致力于培养出既具备扎实会计、财务、审计学科专业知识，又熟练掌握大数据分析与处理技术、机器学习和互联网云平台信息技术等前沿技能的复合型人才。这样的智能会计人才能够更好地应对新技术、新经济、新商业模式对财会工作带来的挑战，通过跨学科知识的运用有效拓展财务的边界，以多元化的知识结构和卓越的职业能力实现价值创造，为企业和社会创造更大的价值。

课程体系在人才方案的培养目标顺利实现中起着根本性的支撑作用。在优化专业课程体系的进程中，应充分发挥数字技术的独特优势，基于技术赋能教育理论，实现课程体系的数字化转型（陈丽，2020）。当然，高校在构建课程体系时，务必将立德树人作为核心任务与根本遵循。在会计专业课程体系中，应将思想政治教育置于首要位置，在思政类课程的引领下，在会计专业课程中有机融入核心价值观，实现知识传授与价值引领的有机统一（高德毅，2017）。优化专业课程体系不仅意味着要将课程的内容进行数字化转换，更要实现课程教学方式的全面数字化变革。在课程的设计、目标设定、内容编排、反馈机制等方面，应充分应用数字技术，推动课程整体形态发生根本性改变（王竹立，2017）。

4.1　会计专业知识结构变革分析

在当今复杂多变且充满不确定性的经济环境中，会计职能已超越了传统的简单资产负债记录与报表编制范畴，逐渐演变为支持企业战略决策的关键工具。这一演变进程不仅显著体现在技术进步与信息系统应用层面，更深入触及会计学科自身结构的根本性变革。随着科技的迅猛发展，会计专业的知识体系经历了深刻而全面的变革。从传统会计环境到信息化时代，再到当前迅速崛起的数智时代，会计专业知识的内容与框架发生了结构性的深度变化。这一变革不仅从根本上改变了会计人员的工作方式与技能要求，基于知识结构影响工作模式理论，更从源头上重塑了财务报告与决策支持的模式，对企业财务管理与战略决策产生了深远影响。

传统会计理论主要聚焦于财务会计和管理会计两大核心领域，其核心目标在于依据会计目标理论，提供精确、及时的财务信息，以切实支持企业管理决策与利益相关者的信息需求。传统会计知识体系以簿记与记账为核心，准确记录与复核是其关键能力要素。高度强调对会计法规和准则的精准掌握，基于会计信息质量保障理论，以确保会计信息的可靠性与一致性。注重财务报表的编制与分析，涵盖资产负债表、利润表和现金流量表等核心报表，通过财务分析理论，帮助企业管理者和外部利益相关者深入了解企业的财务状况和经营成果，为决策提供数据依据。除此以外，传统会计还涵盖审计与内部控制知识领域，基于风险防范理论，用于确保财务信息的准确性，有效防范舞弊风险；也涉及成本会计与管理会计等知识板块，通过成本管理理论，进行成本控制与预算管理，以提升企业经济效益。

　　在财务会计的发展历程中，从历史成本计量向公允价值计量的转变，基于会计计量属性理论，显著增强了会计信息的相关性，使财务信息更能反映市场价值与经济实质（谢诗芬，2001）。20世纪90年代，计算机技术和信息系统的蓬勃发展，推动会计信息化时代的到来。在这一背景下，ERP系统以及其他综合信息系统的广泛应用，极大地提升了财务数据的获取、处理与分析效率与精确度，实现了会计信息处理的自动化与集成化。与此同时，传统会计知识体系亦经历了重大调整与更新。会计信息化知识体系以会计信息系统（AIS）为核心，基于信息系统架构理论，实现了数据的高效输入与处理。在信息化时代背景下，会计工作越发依赖于数据库管理，财务数据的存储、检索与分析工作变得越发关键。同时，随着法规如《萨班斯—奥克斯利法案》的颁布与实施，会计人员需严格遵守信息安全相关要求，基于信息安全管理理论，确保财务数据的机密性、完整性和可用性得到有效保障（COSO，2004）。最重要的是，信息技术的不断进步推动了实时财务报告的实现，要求会计人员能够适应这种变化，及时、准确地提供企业的财务状况和经营成果，以满足利益相关者的实时决策需求，基于及时性原则提升会计信息价值。

　　近年来，随着大数据技术在会计领域的广泛应用，企业基于大数据处理能力理论，从海量复杂数据中提炼有价值信息的能力得到了显著提升。与此同时，人工智能、大数据分析、区块链以及云计算等前沿技术的快速发展，为会计专业知识体系带来了前所未有的挑战与机遇。新知识内容主要涵盖以下几个方面：一是大数据分析，如数据挖掘、统计分析和数据可视化等内容，基于数据分析技术理论，为会计人员提供了更强大的数据处理和分析能力，助力其从数据中获取有价值的信息（韩家炜，2012）。二是人工智能与机器学习开发与应用，如基础的机器学习算法和模型构建知识，基于人工智能应用于会计理论，使会计工作实现智能化自动化（德勤，2018）。三是区块链技术在财务透明和数据追溯方面展现出巨大潜力，如分布式账本技术有助于提高会计信息的透明度和可靠性。会计人员需深入了解分布式账本技术的原理和应用，基于区块链技术原理在会计领域应用的理论，提升会计信息质量与信任度（普华永道，2018）。同时，云计算技术使得财务数据的存储、处理和访问更加便捷高效，会计人员需掌握云计算的基本概念和应用，以及在云环境中确保数据安全，实现会计数据管理的云端化（阿里研究院，2016）。此外，人工智能技术和自动化工具的应用使得审计工作实现了从传统抽样审计向全样本审计的转变，会计人员需熟练掌握审计自动化工具，以提升审计效率和效果（安永，2017）。数智化背景下的会计人员需要具备更广泛的跨学科知识，如信息技术、数据科学和法律等，以应对复杂商业环境中的财务问题，为企业提供全面综合的财务服务（杨政，2022）。

从传统会计知识结构到信息化时代，再到数智时代，会计专业知识体系发生了深刻的结构性变革。在传统会计时期，知识体系相对稳定，更多地依赖手工操作和基本会计原理，基于传统会计工作模式理论。信息化时代，会计人员必须掌握计算机和信息系统的运用，以提高工作效率和数据管理能力，基于信息技术驱动会计变革理论。而在数智时代，随着人工智能、大数据和区块链等新技术的迅猛发展，会计专业知识的内容和维度显著扩展，要求建立更加广泛、更加综合的知识体系，基于数智技术融合创新理论。这种结构性变革不仅对会计人员的职业技能提出了更高要求，也促使会计教育和培训体系不断更新，以适应新的技术和商业环境。因此，未来的会计教育需要更加注重跨学科知识的整合，培养适应数智时代需求的复合型人才。

4.2 数智化会计专业课程设计理念

教育数字化转型并不是数字技术与教育活动的简单叠加，而是通过数字技术的全方位、多维度、深层次赋能，推动教育的全领域变革。从本质上看，教育数字化转型是一种范式变革，从范式变革的意义上说，教育数字化转型具有双重意蕴，一是数字技术的内嵌与耦合；二是教育的创新和变革价值（陈丽，2020）。

在数字技术与人工智能迅猛发展的时代背景下，会计专业课程设计必须与时代节奏同频共振，将数字技术以及思维模式巧妙融入教学实践之中。全新的设计理念应整合数字技术元素，涵盖大数据分析、云计算、区块链等前沿技术，从而使学生在学习过程中既掌握传统的会计核心知识，又具备数字化时代所需的实践技能和创新思维。借助数字技术的有效运用，会计专业课程将更具前瞻性与实用性，从而满足社会对会计人才的多元化需求。随着数字技术功能的持续拓展，会计问题的解决路径亦处于不断演进与发展之中。在教学过程中，教师应基于创新驱动教育理念，着重激发学生的创新思维潜能，引导其运用所学知识有效解决实际问题。通过案例分析、团队协作、项目实践等多元化教学方式，培养学生的批判性思维能力、团队协作能力以及问题解决能力，确保学生在未来职场中能够从容应对各种变化，成长为具有竞争力的会计专业人才。

在数智化会计专业课程设计中，除了注重技能和知识的传授，还应关注学生职业素养和伦理道德的培养。会计专业人员需要具备较强的诚信意识和责任感，遵守职业规范，维护职业道德。因此，在课程设计中应包含专业伦理、风险管理、合规法规等内容。通过教育学生如何在新技术的帮助下维护透明度和诚信度，以及如何识别和应对潜在的道德风险和合规问题，来确保他们成为负责任的财务专业人士。

综上所述，数智化会计专业课程设计理念涵盖多个重点。首先，以数据处理、创新思维和职业素养为核心关注点。其中，在数据处理方面，致力于将数字技术融入教学，使学生学会运用新技术处理会计数据；在创新思维培养上，鼓励学生突破传统思维模式，利用新技术解决传统会计问题；注重职业素养和伦理道德的培养。其次，结合实际需求优化课程设计，确保课程内容与实际工作场景紧密结合，从而全面提升学生在数字化时代的会计专业能力。

4.2.1　整合数字技术元素

传统会计教育主要聚焦于理论知识的传授和基本应用技能的培养，其教学模式相对固定。然而，数字技术的引入为会计教育带来了全新的元素。与传统模式相比，数字技术能够通过提供实时数据处理、模拟真实业务场景等功能，为会计教育注入新的活力和动力，使教学内容更贴近实际工作，教学方式更加多样化。例如，云计算技术的应用使会计信息系统具备更高的灵活性与高效性，大数据技术的运用令财务分析与决策更为科学精准，人工智能技术在一定程度上实现了会计工作的自动化处理。这些变革在显著提升会计工作效率与质量的同时，也对会计人员的专业素养提出了更为严苛的要求。会计教育亟须与时俱进，积极适应这一发展趋势。在会计专业课程体系中引入数字技术元素，已成为培养契合时代需求会计人才的关键路径（刘勤，2020）。

数字技术的蓬勃发展为会计教育开拓了更为广阔的空间，提供了更为丰富多元的资源。引入数字技术元素能够助力学生更深入地理解与掌握会计知识，有效提升其实践能力与问题解决能力。例如，运用数据分析工具及软件，学生能够更为迅速地处理与分析海量财务数据，从而更为精准地评估企业的财务状况与经营绩效。这不仅有助于提高学生的学习效率，还能有效培养其数据分析能力与逻辑思维能力。

引入数字技术元素可促使会计教育更加紧密地贴合实际工作需求。随着人工智能、大数据和区块链等新兴技术的不断演进，会计工作的范畴已不再局限于传统的数据录入与报表编制，而是对技术技能与创新能力提出了更高要求。因此，在会计专业课程中融入数字技术元素，可使学生更好地顺应未来会计工作的发展趋势，显著提升其就业竞争力。同时，这也有力推动了会计教育的改革与创新进程。

在会计专业课程中融入数字技术元素的具体做法具有明确的逻辑层次。其一，在财务会计课程中引入财务软件的使用流程，旨在让学生熟悉基本的实际应用技能，如数据录入、分类、报表生成等，这是基础操作层面的融入。其二，利用实时案例分析，将数字技术融入会计案例，模拟真实业务场景，使学生能够运用数字技术进行财务分析、预测，这是提升学生应用能力的关键举措。其三，引入数据可视化教学方法，让学生学会使用图表和可视化工具呈现财务数据，有助于培养学生的数据展示与沟通能力。其四，设计实践项目，要求学生从真实财务数据中提取信息并分析解释，通过实际操作让学生更好地理解数字技术在会计实务中的应用，这是综合实践能力培养的重要环节，各做法层层递进，共同实现数字技术与会计课程的深度融合。

因此，会计课程应紧密结合人工智能基础，将机器学习、自然语言处理等 AI 技术应用于会计领域。通过案例分析、实践操作等方式，使学生深刻理解并熟练掌握运用这些工具提升工作效率的方法，同时着力培养利用 AI 辅助决策的批判性思维能力。这种融合旨在打破传统分科教学的局限，使基础会计课程更好地满足数字化时代对会计专业人才的多元化需求（德勤，2018）。

4.2.2 开设数智技术课程

在数字技术呈指数级增长的当今时代，传统会计教育体系正面临着前所未有的严峻挑战。尽管传统体系在培育学生掌握会计核心知识与技能方面发挥了至关重要的作用，但在数字技术浪潮的冲击下，已显露出明显的局限性。为培养能够适应未来会计领域发展需求的高素质专业人才，高等教育教学改革必须紧跟数字技术发展趋势以及行业动态，迅速对数智技术课程进行更新迭代（杨政，2022）。

首先需明确的是，数字技术已成为会计领域的新常态。大数据、人工智能、区块链等新兴技术的广泛应用，不仅彻底改变了会计工作的方式与流程，还对会计专业人才的知识结构与技能要求提出了全新挑战。这就要求会计教育必须与时俱进，通过引入数智技术课程，为学生创造学习与掌握新兴技术的良好机遇，从而增强其综合竞争力。数智技术课程的开设，有助于学生系统掌握数字技术的基本原理与应用方法，为其今后在会计行业中的数字化转型奠定坚实的基础。此类课程通常涵盖数据科学、人工智能、区块链等前沿技术领域，通过理论阐释、案例剖析、实践操作等多种教学方式，使学生能够全面深入地了解与掌握这些技术的前沿动态及其在实际工作中的应用场景（孙光国，2021）。

更为重要的是，数智技术课程能够有效激发学生的创新思维，培养具备数字化思维与技能的新一代会计人才。在数据驱动的时代背景下，会计专业人员不仅要熟悉"数据"，还要具备强大的大数据分析能力。课程设计应全面涵盖数据挖掘、数据清洗、数据分析等核心知识内容，使学生在处理海量财务数据时，能够综合运用统计学、经济学和计算机科学等多学科知识，从中提取有价值的信息，为决策制定提供有力的支持。数智技术课程的开设对于提升会计教育的实践性与前瞻性具有重要意义。通过这些课程，学生不仅能够学习到前沿的技术知识，还能借助实际案例分析、项目实训等教学环节，将理论知识与实践操作紧密结合，从而更为深入地理解与掌握数字技术在会计领域的应用，切实提高自身的综合素质与创新能力，使其在未来职场中更具竞争优势（黄荣怀，2019）。

数智技术类课程的开设对于促进会计专业的跨学科融合发挥着关键作用。会计工作的数字化转型要求会计专业人才不仅要精通会计专业知识，还要具备信息技术、数据分析等多方面的能力素养。因此，会计教育应积极打破传统学科界限，与计算机科学、数据科学等领域进行深度交叉融合，共同开设数智技术课程。这不仅有助于拓宽学生的知识视野，还能促进不同学科之间的知识共享与技术融合，为学生提供更为全面、多元的学习体验（陈劲，2016）。

然而，数智技术课程的开设亦面临诸多挑战。如何科学设计课程内容以精准满足行业需求，如何有效提升教师的数字技术水平，如何合理平衡传统会计知识与新兴技术知识，如何优化整合实践教学资源等问题，均需要各方共同努力、持续探索并不断改进。因此，随着数字技术在会计领域的广泛应用，在会计专业教育中开设数智技术课程显得尤为重要。这不仅是对传统会计教育模式的有益补充与完善，更是适应数字化时代发展需求、培养未来会计人才的必然选择。此类课程的开设，能够助力学生掌握前沿数字技术，提升其实践操作与创新能力，促进会计专业的跨学科融合，培养具有终身学习能力的复合型人才。面对数字化时代带来的挑战与机遇，会计教育应积极主动应对，持续创新教学内容与方法，为会计教育的创新发展贡献力量。

4.2.3 引入实践导向项目

在高等教育教学领域，实践导向与知识传授之间的关系始终是备受关注的焦点议题。随着社会对高等教育质量要求的不断提升，教育工作者始终在探索如何更为有效地平衡实践导向与知识传授之间的关系，以期培养出更多全面发展的高素质人才。实践导向教学着重强调学生在实际操作过程中的学习与应用,而知识传授则侧重于学科知识体系与理论的系统传授。实践导向教学能够助力学生将所学知识有效应用于实际操作场景,从而加深对知识的理解与记忆,更好地掌握知识要点,提高解决实际问题的能力;知识传授则为学生提供了坚实的理论基础与学科知识框架,为实践活动提供了必要的支撑与指导。两者相辅相成,有机结合,能够使学生在实践过程中持续巩固与拓展所学知识,实现理论与实践的深度融合。

　　然而,实践导向与知识传授之间亦存在一定的矛盾与冲突。在实践导向教学过程中,学生可能过度关注实际操作环节,而相对忽视了理论知识的深入学习与系统掌握。如此一来,容易导致学生对知识的理解片面化,影响其在实际应用中的灵活性与准确性,进而制约其综合素质的提升。另外,若知识传授环节过于侧重理论知识的灌输,可能使学生缺乏实际操作的锻炼机会,导致所学知识无法在实践中得到有效运用。因此,教师需要在教学过程中精准找到平衡点,既要高度重视实践导向,又要确保知识传授的质量,使两者相互促进、协同发展,共同实现教学目标。

　　为适应新时代发展的多元需求,高等教育在数字化教学转型进程中,引入实践导向的项目课程是一种行之有效的教学方法。实践导向的项目课程,是指通过模拟真实业务场景,以解决实际问题为导向目标,针对特定会计问题展开深入研究。在教师的引导下,学生运用所学会计知识与技能,以及相关数智技术,积极参与项目实操过程,全力探寻解决方案,从而实现学以致用的教学效果。此类课程设计的核心要点在于"干中学",通过实践活动使学生直接接触会计工作的各个环节,深入理解并熟练掌握数字技术和人工智能在会计领域的应用。

　　引入实践导向的项目课程,不仅可以让学生参与真实的数字化会计项目,而且能使其紧跟当前会计行业的最新发展,如区块链、大数据分析、云计算等技术在会计领域的应用,进而确保学生学习到的知识和技能能够满足未来职场的需求。这些项目涵盖财务分析、数据建模等多个领域,强调将理论知识充分应用于实践操作,使学生在解决实际问题的过程中深化对会计理论的理解，有效提升自身的技能水平，尤其是数据处理与分析能力。这种实践导向的项目课程具有诸多显著优点。首先，它能够显著提高学生的实践能力。通过亲自动手解决实际问题，学生能够更为深入地理解会计知识，切实提高解决实际问题的能力。其次，此类课程有助于激发学生的创新能力。在探寻解决方案的过程中，学生需要积极思考如何更为高效地利用数智技术，这无疑将有力地激发其创新思维。最后，实践导向的项目课程还能够有效增强学生的团队协作能力。

为更好地拉近实践导向与知识传授之间的关系，教师可采取一系列有效措施。首先，可通过项目式教学、实践课程设计等多元化教学方式，将实践活动与知识传授有机结合，使学生在实践中学习知识。其次，应加强实践导向教学的评估机制建设，鼓励学生在实践中充分发挥创造力与实践能力。同时，还需增强知识传授的实践性，引导学生通过实际操作深化对知识的理解与应用。项目课程应将理论知识与实际操作紧密融合，通过案例分析、模拟演练等教学方法，助力学生深入理解会计原理与方法。在项目课程实施过程中，积极鼓励学生开展创新思考，勇于挑战传统会计处理流程，提出优化方案。

4.3 数智化会计专业课程模块分析

数智化会计是指在信息化、数字化、智能化技术的支持下，对会计工作进行创新和优化的过程。数智化会计不仅仅是会计信息系统自动化的简单应用，更是大数据分析、云计算、人工智能等现代信息技术在会计领域深度融合的体现。数智化会计作为一门融合了会计学、信息技术与数据科学的交叉学科，近年来逐渐成为财务管理领域的重要分支。数智化会计专业课程模块的设计旨在培养具有扎实会计学基础、信息技术应用能力和数据分析能力的复合型人才。

4.3.1 会计专业知识模块

在数智化会计专业课程模块体系中，会计专业知识模块的构建对于实现专业人才培养目标具有根本性意义。其设计原则与内容设置紧密围绕着为学生打造坚实的专业基础与多元能力发展路径展开，旨在使学生成为适应数智时代需求的复合型会计人才。

课程设计的前瞻性原则要求紧密追踪会计领域前沿动态，将最新理论与实践成果纳入教学内容，确保学生所学知识与行业发展同步，使学生掌握最前沿的会计知识体系，以应对不断变化的职业环境（陈丽，2020）。系统性原则强调依据会计学科知识体系逻辑架构，对课程内容进行有序组织与编排，使学生能够构建起全面、系统的会计学知识框架，涵盖从基础原理到高级应用的各个层面，从而实现对会计学基本理论与实践知识的深度理解与掌握。实用性原则聚焦于通过模拟真实会计工作场景，引入实际案例分析与操作训练，培养学生运用会计知识解决实际问题的能力，使学生在学中做、做中学，实现理论与实践的无缝对接，提升其在实际工作场景中的应对能力。灵活性原则基于学生个体差异理论，倡导根据学生不同特点与需求，动态调整课程设置与教学方法，以最大限度满足学生的个性化学习需求，助力其未来的职业发展。

会计专业知识内容广泛且深入，包括会计原理、财务会计、管理会计、成本会计、审计、税务等核心领域。会计原理作为会计学的基石，涵盖会计定义、目的、原则及会计方程式等基础概念，为学生理解会计本质提供理论根基。财务会计聚焦于资产负债表、利润表、现金流量表等财务报表的编制与分析，使学生掌握企业财务状况与经营成果的呈现与解读方法，这是企业外部利益相关者获取企业财务信息的关键途径。管理会计着重服务于企业内部管理决策，涉及成本控制、预算编制、绩效评价等内容，通过提供决策相关信息，助力企业管理者优化资源配置，提升运营效率。成本会计致力于企业产品成本核算，明确直接成本、间接成本、制造费用等核算要素与方法，为企业成本管理提供精准数据支持。审计包括内部审计与外部审计，通过对企业财务报表的审查，确保财务信息的真实性、准确性与合规性，维护企业财务秩序与市场信誉。税务领域涉及企业所得税、增值税、个人所得税等诸多税种的法规与实务操作，是企业财务管理中不可忽视的重要组成部分，直接影响企业税负与财务决策。

在数智化教学转型背景下，教师应在教授传统教学内容的同时，对会计专业基础课程内容进行优化创新，适度削减会计原理课程中的纯理论讲授部分，增加实务案例分析与实操训练环节。例如，将会计恒等式、会计科目和会计循环等理论知识与会计信息系统深度融合，引领学生亲身体验会计原始数据在信息系统中的输入、处理与输出全流程，借助信息化场景加深其对会计原理的理解。在资产负债表和利润表教学中，不仅要阐释各项目定义与计算方法，还要引入企业实际案例，增加会计软件操作实践课时，使学生在解决实际问题过程中实现理论知识向实际工作能力的转化，强化其在信息系统环境下的会计角色认知。通过实际案例演示，揭示会计信息系统在数据录入、分类与报表生成等环节的优化作用，帮助学生理解传统会计原理在自动化环境中的新应用形式。着重培养学生的计算思维与问题解决能力，减少传统账务处理教学的占比，增加数字技术在财务信息处理、案例分析与解决中的应用教学时间，使学生适应数智时代会计工作的新要求。

会计专业课程的培养目标明确且多元，旨在全方位提升学生的综合素养。会计思维能力培养要求学生运用会计专业知识，对复杂会计问题进行分析、判断与解决，培养独立思考与批判性思维能力，能够在不同会计情境下做出合理的决策。实际操作能力训练聚焦于使学生熟练掌握各类会计软件操作技能，能够精准、高效地完成财务报表编制与分析工作，提高工作效率与质量。团队协作能力培养通过小组项目、案例讨论等教学形式，促使学生学会与团队成员有效沟通、协作，共同完成会计任务，提升团队合作意识与能力。创新能力培养鼓励学生在实际工作中突破传统思维定式，积极探索新的会计解决方案，以适应数智时代会计行业创新发展需求。

4.3.2　信息技术基础模块

信息技术基础模块作为衔接会计专业知识与数智技术应用的关键桥梁，涵盖计算机基础、数据库管理、网络技术、会计信息系统等核心内容，其目标在于培养学生信息技术基本素养与应用能力，使其能够熟练运用信息技术手段提升会计工作效能与创新能力（孙光国，2021）。

　　计算机基础与应用课程旨在为会计专业学生奠定坚实的计算机操作技能基础，使其能够熟练运用各类会计软件进行财务数据处理与分析工作。通过系统教学与实践操作，使学生掌握计算机基本操作技巧、操作系统使用、办公软件应用等技能，为后续会计软件学习与应用提供前置条件（谭浩强，2017）。信息系统原理课程致力于使学生深入理解信息系统的构建原理、运作机制与管理模式，为其运用现代信息技术开展会计信息处理与财务管理工作筑牢理论根基。学生通过学习该课程，能够掌握信息系统规划、分析、设计与实施的基本方法，理解信息系统在企业管理中的战略地位与作用（黄梯云，2016）。数据库原理与应用课程聚焦于为学生提供数据库管理与应用知识体系，教授学生财务数据库设计、管理与数据分析方法，使其能够有效处理海量财务数据。学生学习数据库建模、SQL 语言、数据存储与检索等知识技能，能够培养运用数据库进行数据管理与分析的能力。编程基础（Python）课程着重培养学生的编程思维与问题解决能力，使学生能够运用编程技术处理大规模财务数据，解决复杂实际会计问题。通过分析 Python 编程语言基础语法、数据结构、算法设计等内容，引导学生运用编程手段实现财务数据自动化处理、分析模型构建等任务。数据挖掘课程旨在使学生掌握数据挖掘技术原理与方法，能够深入挖掘财务数据潜在的规律与价值，为财务决策与风险管理提供数据支持。学生将学习数据挖掘算法、数据预处理、模型评估等知识技能，运用数据挖掘工具进行财务数据挖掘分析。

　　在信息化浪潮下，会计信息系统已成为企业管理的神经中枢。会计信息系统课程作为会计专业教育的关键组成部分，应设置会计信息系统与 ERP 实训模块。该模块内容涵盖会计信息系统基本概念、原理、结构、功能及应用等方面，重点聚焦于会计信息系统与其他信息系统集成、数据分析与挖掘、信息安全与控制等前沿领域，旨在帮助学生深刻理解信息系统在会计工作中的实际应用场景，熟练掌握如 SAP、Oracle 等主流 ERP 软件的操作技能，提升其在企业信息化环境下的会计工作能力。同时，课程应包含会计信息系统审计相关内容，涵盖审计方法、技术、工具等知识技能，重点关注会计信息系统内部控制、审计风险评估、审计程序设计、审计证据收集与审计报告撰写等关键环节,强调数字化审计工具与方法应用,如数据分析工具、模拟审计软件等,着力培养学生的数字证据收集、分析与解释能力,确保会计信息系统安全、可靠、合规运行。

综上所述,在数智化会计教育改革进程中,应全力促进信息技术基础课与会计专业课程的深度融合,实现二者有机协同发展,共同致力于会计专业人才培养。随着数智时代全面到来,会计专业信息技术基础课程教学内容必须与时俱进,依据时代需求进行重构与优化,以契合现代会计教育改革发展的趋势。积极创新信息技术基础课程与会计专业课程教学方法,引入现代化教学手段,如虚拟仿真教学、在线教学平台等,提升教学质量与效果,为培养适应数智时代需求的高素质会计专业人才提供坚实的保障。

4.3.3 数据分析与决策模块

在数字化、信息化、大数据化的时代浪潮中,会计职能的演变与拓展已变得越发关键且必要(刘勤,2020)。大数据技术的迅猛发展为会计领域带来了前所未有的机遇,使会计职能从传统的记录与核算逐步向决策支持、风险管理和价值创造等核心职能转变。因此,会计专业课程内容的调整与创新迫在眉睫。为契合这一变革趋势,在会计专业课程中增设数据分析与决策模块不可或缺。该模块旨在帮助学生运用大数据技术进行财务数据的采集、存储、处理与分析,进而为企业决策提供坚实的数据支撑(孙光国,2021)。其内容构成应广泛且深入,涵盖以下关键领域。

统计学作为数据分析与决策模块的基石,涉及数据的收集、整理、描述与推断等多方面内容。借助统计学方法,学生能够对数据展开有效的分析与阐释。统计学课程不仅应包含传统的概率论、假设检验、方差分析等知识,还应引入现代数据分析中的统计模型、预测方法等前沿内容,助力学生掌握数据分析的基本技能。

数据挖掘是挖掘数据背后隐藏规律与趋势的核心技术。数据挖掘课程需教授学生运用聚类分析、分类分析、关联规则挖掘等方法,从海量数据中提取有价值的信息与知识，为企业战略决策和业务优化提供有力的支持。而数据建模则是将数据转化为可用于预测和决策模型的关键过程。学生可学习回归分析、时间序列分析、机器学习等先进的数据建模技术，构建有效的预测模型，为未来的决策提供科学依据（李航，2019）。

数据分析是对数据进行系统分析与解释的过程。数据分析课程应教授学生数据清洗、数据转换、数据可视化等操作技能，从数据中提炼有用信息，为决策提供直接依据。同时，学生还需学习运用 Python、R 等各类数据分析工具，提升数据分析的效率与准确性。数据可视化是将复杂数据以直观易懂的形式呈现的关键技术。在这方面，学生应学习如何设计图表、制作交互式可视化作品、构建数据仪表板等，将数据转化为易于理解和传达的形式，为决策提供直观的视觉辅助。

这些课程之间存在紧密的逻辑关联与相互作用，共同构建了数据分析与决策模块的完整框架。通过本模块的学习，学生将全面掌握数据分析与决策技能，为企业和组织发展提供有力的支撑。值得注意的是，在数智技术时代，会计专业教育的重心已从传统理论教学转向实践应用。因此，会计专业课程不仅要注重理论知识传授，更应强化实践技能培养。通过案例分析、项目实践、实验验证等形式，让学生在实际操作中掌握数据分析与决策技能，培养其数据思维和解决问题的能力。

总之，数据分析模块在数智化会计专业课程中意义重大，不仅是一门课程，更是能力的培养与提升的一种途径。在数智技术时代，会计专业课程必须紧跟时代步伐，增设数据分析与决策模块，培养学生的数据思维和解决问题的能力。通过重构课程内容、创新教学方法、加强实践教学等举措，为学生提供最新的知识与技能，满足现代会计教育改革的需求。

4.3.4 智能会计技术模块

在数智化会计专业课程模块构建中，增添人工智能、区块链、机器学习和智能审计等前沿内容，已成为智能化会计专业知识体系的必要补充。该模块旨在通过系统教学，使学生熟练运用人工智能技术，如机器学习算法和自然语言处理技术，提升会计工作智能化水平，实现会计工作的高效、精准与智能处理。学生应学会运用这些技术进行财务分析、风险评估和审计程序优化，从而为企业决策提供更具价值的支持信息。通过智能审计软件的实际操作与审计过程的自动化处理，在模拟审计项目实践中，让学生深入领悟智能审计原理与应用场景，熟练掌握连续审计技术、异常检测算法等关键工具，有效开展风险评估、异常检测和审计证据收集工作，提升审计工作的质量与效率。

近年来，人工智能在财务分析、审计、税务等会计工作领域的应用越发普遍且深入（刘勤，2020）。借助人工智能强大的数据处理能力和智能算法，会计人员能够对海量财务数据进行自动化处理与深度分析。例如，人工智能可运用机器学习算法中的聚类算法、分类算法等识别财务报表中的异常数据，帮助会计专业人员及时发现潜在风险与问题，为风险预警提供有力的支持。人工智能还可凭借自然语言处理技术解析财务报告中的文本信息，提取关键财务指标和信息，帮助会计人员更全面、深入地了解企业财务状况，不仅大幅提升了工作效率，更为会计工作带来了全新的思路与方法创新（孙光国，2021）。将人工智能相关知识纳入会计专业课程体系，有助于学生全面了解人工智能技术在会计领域的应用现状、发展趋势以及潜在影响，为其未来的职业发展奠定坚实的技术基础。

区块链作为一种分布式账本技术，具有不可篡改、可追溯、去中心化等特性，可有效确保财务数据的安全性与透明度，显著降低会计风险，在会计领域展现出广阔的应用前景（袁勇，2018）。在会计专业教学中，区块链技术可用于构建不可篡改的财务信息数据库，确保财务数据的真实性与完整性，为财务信息的可靠性提供有力的保障。区块链技术在会计领域的具体应用场景广泛，如供应链管理中的物流与资金流追溯、资产追踪以及智能合约在自动化财务交易中的应用等。区块链还可借助智能合约技术简化财务交易流程，提高交易效率与安全性，实现交易的自动化执行与验证。在会计专业课程中增设区块链的加密技术、共识算法等核心知识，不仅有助于学生深入理解区块链技术在会计领域的应用原理与技术实现，还能培养学生对新兴技术的敏锐感知能力与创新意识，激发学生探索新技术在会计领域应用的创新思维。

机器学习作为人工智能的核心技术之一，在会计领域的应用日益广泛且深入（李航，2019）。机器学习可通过对大量历史财务数据的学习与分析，构建数据模型，辅助会计人员进行数据分析、风险评估和决策支持等关键工作，提高会计工作效率与准确性。例如，利用机器学习算法进行成本预测、信用风险评估等。因此，在会计专业课程中增设机器学习相关内容学习，不仅有助于学生掌握机器学习的基本原理、算法模型与应用方法，还能培养学生运用机器学习技术解决实际会计问题的能力，提升学生在数智时代的核心竞争力。

智能审计作为新兴审计方式，依托人工智能、大数据等前沿技术，能够实现对会计信息的实时监控、深度分析与精准审计，大幅提高审计工作效率与准确性（秦荣生，2018）。智能审计不仅有助于会计人员及时发现和预防财务欺诈行为，维护企业财务安全，还为企业提供了更高效、透明的财务管理模式。因此，智能审计的学习与应用对会计专业人员至关重要。机器学习作为人工智能的重要分支，在智能审计领域的应用也展现出巨大潜力。通过机器学习技术，可对大量会计数据进行深度分析，识别潜在风险和异常交易，构建风险评估模型和审计策略，从而显著提升审计效率与质量。因此，会计专业人员需掌握机器学习基本知识与技能，以便在智能审计领域充分发挥作用，适应数智化审计发展需求。

总之，人工智能、区块链、机器学习和智能审计等新兴技术正深刻重塑会计行业的发展模式。将这些内容纳入数智化会计专业课程，不仅可为学生提供与时俱进的专业知识体系，更能培养他们运用新技术解决实际会计问题的能力，为其未来的职业发展提供坚实的技术支撑与创新能力储备。

4.3.5　实验与实训模块

实验仿真与实训演练作为数智化会计专业课程的核心实践环节，通过模拟真实会计工作环境，使学生在实际操作中深入学习并熟练掌握会计知识与技能。这种教学模式以实践为导向，旨在借助实际操作过程，强化学生对会计理论的理解，提升其分析和解决实际问题的能力，实现理论与实践的有机融合。实务操作过程有助于学生全面熟悉会计工作流程，熟练掌握会计软件操作技巧以及深入了解会计信息系统的运作规律，为其未来的职业发展奠定坚实的实践基础。在数字化教学改革背景下，会计实务模拟教学模块必须与时俱进，紧跟时代发展步伐。数智化会计不仅要求会计人员具备扎实的传统会计知识与技能，更注重其数据处理能力，信息技术应用能力以及分析决策能力等综合素质的提升。因此，数智化会计专业课程设置必须紧密结合时代需求，强化实务操作训练，以培养学生的实际操作能力和解决复杂问题的能力为核心目标。

实验与实训模块不仅要全面涵盖传统会计基本知识，还应纳入 ERP、大数据分析、人工智能等先进工具和方法（孙光国，2021）。通过精心设计与企业实际操作环境高度相似的模拟场景，让学生在实训过程中深度体验企业财务工作流程与要求，切实增强其实践操作能力。该模块不仅高度关注学生技术技能培养，还着重强调沟通能力、团队合作能力、问题解决能力等综合素质的提升，以确保学生能够全面适应现代企业多元化需求。随着技术发展和业务需求的变化，实验与实训模块也需持续更新与优化，确保教学内容始终具有前沿性和实用性，与行业发展动态紧密契合。

在智能实验模块中，对于"会计综合实验""ERP 沙盘实验"等实验课程，会计实务模拟应紧密结合最新会计软件和工具。实务操作环节通过模拟真实会计工作场景，如编制财务报表、处理税务问题、进行成本控制等关键业务流程，让学生在模拟环境中亲身体验数字化会计流程。通过实际操作，学生可熟练掌握电子记账、财务报表自动化生成、税务电子申报等数字化会计实务操作技能，从而有效提升其适应现代会计工作的能力。这种方式不仅能让学生直观理解会计理论在实际工作中的应用，还能显著提高他们的实际操作能力和职业技能水平。通过实务操作，学生能够熟练掌握会计软件使用方法，深入了解会计信息系统运作流程，熟悉会计工作各个环节的具体操作要求和规范。

实验与实训模块通过精准模拟真实企业财务环境，让学生在实际操作中深入掌握会计理论知识，切实提高其实践操作能力。引入 ERP 系统、大数据分析、智能财务与 RPA 等现代财务管理工具和方法，使学生能够熟练应用这些先进技术，更好地适应现代企业数字化、智能化的财务管理需求。在创新性实验与实训项目中，学生需面对复杂的实际问题。这不仅锻炼了他们的实践能力，还进一步增强了其创新思维和创新能力。这对培养具有创新精神和解决实际问题能力的会计人才具有重要意义。实验与实训模块的引入与优化，不仅是对现有会计教育体系的有效补充与完善，更是推动会计专业教育改革的关键举措。这种基于实训的教学模式，有助于提升教育质量，使会计专业教育更契合社会发展需求，为会计行业培养高素质应用型人才。

此外，数智化会计实习模块是会计教育不可或缺的重要组成部分。实习模块应与企业和会计师事务所建立紧密合作关系，为学生提供充分接触实际工作环境的宝贵机会。实习期间，学生有机会深入接触先进的会计信息系统，亲身体验人工智能在会计领域的实际应用，并在专业人士的指导下，学习如何有效处理实际工作中遇到的各类问题。这样的实践经历将显著提高学生的职业适应性和创新能力，为其毕业后顺利进入职场并快速适应工作环境奠定坚实的基础。

综上所述，这种实践性学习方式不仅有助于学生有效提升专业技能水平，还能全面培养他们解决问题的能力和团队合作精神。在实务操作与案例分析模块中，学生需与同学密切合作，共同分析问题，制定解决方案并展示成果。这种团队合作方式有助于学生学会有效沟通，协调合作，并培养其在团队中发挥领导作用的能力。此外，实务操作与案例分析模块使学生系统了解会计行业实际运作方式，引导学生更好地理解会计职业职责和要求，增强学生对会计职业的认同感和责任感。

4.3.6　前沿技术探索模块

在构建数智化会计专业课程体系时，内容的设计应紧跟科技发展前沿动态，全面且深入考量多维度因素，积极引入前沿技术应用，确保课程体系具备完整性、实用性和前瞻性（陈丽，2020）。依据行业需求调研、技术发展趋势预测以及学生基础知识储备状况，纳入更多大数据、云计算、人工智能等前沿技术在会计领域的应用案例，注重培养学生的创新思维与跨界融合能力，使学生能够深入了解行业前沿动态与技术应用趋势，在不断变化的技术环境中迅速适应并创造价值。鉴于前沿技术更新换代迅速，模块设计需持续关注技术发展动态，及时更新教学内容，保持课程的前沿性与实用性，使学生所学知识与行业最新发展保持同步。前沿技术探索模块设计内容涵盖云计算、物联网、金融科技、数字货币等关键技术领域，各领域相互关联、相互影响，共同构成一个有机整体。

云计算作为一种创新的信息技术服务模式，对会计行业产生了深远影响（王鹏，2010）。应用云计算技术，会计工作可突破时间与空间的限制，实现随时随地处理，极大地提升了工作灵活性与协同效率。会计专业课程应纳入云计算与会计协同工作（财务云）模块，系统引导学生利用云服务进行远程会计处理、数据共享与团队协作。课程应涵盖云计算基础原理、云服务平台选择与应用策略、云安全保障机制等核心知识点，使学生在云环境下高效完成会计任务。这包括深入了解不同云服务模型（如 SaaS、PaaS、IaaS）及其在会计实务中的具体应用场景，如财务软件的云部署、数据存储与计算资源的云租赁等。教学内容应着重强调云计算在提高会计工作效率、降低成本、增强数据共享与协作方面的显著优势，如实时数据同步、多用户协作编辑财务文档等。同时，教授学生评估云服务提供商资质与服务质量，保障数据安全及遵守相关法律法规的方法与技巧，确保云计算在会计领域安全、合规应用。

物联网技术通过将日常物品连接至网络，为会计实践开辟了新的数据来源渠道。在会计专业课程中，应适时引入物联网概念，深入探讨其对资产管理、库存监控和成本计算等会计核心领域变革的影响。教学内容应包括物联网设备工作原理、数据收集与传输方式、数据处理与分析方法以及将数据转化为有价值会计信息的具体策略。同时，讨论物联网在提高数据实时性和精确性方面的巨大潜力，如实时库存监控可减少库存积压与缺货成本，以及在实施物联网技术时需注意的隐私保护和安全防范问题，如防止物联网设备遭受黑客攻击导致财务数据泄露等。

金融科技已成为推动会计行业发展的重要力量（谢平等，2014）。在课程重构中，应介绍金融科技基础知识，包括区块链、智能合约、机器学习等关键技术，并深入探讨它们对会计职能转型的推动机制。例如，区块链技术在提高交易透明度，降低欺诈风险及简化审计过程方面的具体应用原理与实践案例。教学内容还应涉及金融科技如何促进支付处理自动化、财务报告即时生成以及预测分析的应用场景与方法，如利用机器学习算法进行财务风险预测等。数字货币作为新兴支付工具和资产类别，对会计准则和实务提出了新的挑战。会计课程必须涵盖数字货币基础知识，包括加密技术原理、区块链基础架构及数字货币分类标准。同时，讨论数字货币对会计核算、财务报告和税务处理的影响机制与应对策略，以及在会计工作中识别和管理数字货币相关风险的方法与技巧，如数字货币价值波动风险的评估与管理等。

总之，在数智时代，会计专业教学内容重构是一个持续演进的过程。专业课应打破理论与实践课程分离的教学模式，提高实践教学的学时比例，逐步实现理论、实践教学在时间、场所、教师等方面的一体化融合。在实践教学改革中，以会计信息系统为基础支撑，以财务共享实践教学、财务大数据分析实践教学为切入点，逐步完成基础专业知识理实一体化、专业核心技能课程数字化、专业实践课程智能化。

第5章　数智时代会计专业课程思政建设

自 2016 年 12 月，习近平总书记在全国高校思想政治工作会议上明确提出"要坚持把立德树人作为中心环节，把思想政治工作贯穿教育教学全过程，实现全程育人、全方位育人"的重要论述以来。课程思政理念在我国高等教育领域中的重要性日益凸显，不仅深度拓展了传统教育理念的内涵，更为新时代高等教育的发展指明了方向。教育部于 2017 年 12 月印发的《高校思想政治工作质量提升工程实施纲要》着重指出，要"梳理各门课程所蕴含的思想政治教育元素""深入挖掘课程思政元素"，旨在构建全面的课程思政体系。2021 年 12 月，教育部部长怀进鹏进一步阐释课程思政建设的重要性，提出"全面推进课程思政建设，坚持知识传授与价值引领相统一，使各类课程与思政政治理论课同向同行"，并明确倡导利用大数据技术等现代科技手段，为精准思政工作赋能，以提升思政教育的实效性与针对性。

在会计领域，我国高度重视会计人员的职业道德建设。财政部印发的《会计行业人才发展规划（2021—2025 年)》明确提出一系列具体举措，包括加强会计法治教育、诚信自律教育、职业精神培育以及专业能力建设等，旨在全方位提升会计人员的职业道德素养与专业技能水平。2023 年 1 月，财政部发布的《会计人员职业道德规范》进一步细化了会计人员的职业道德要求，从立身立业、岗位履职、职业发展等维度提出了"坚持诚信，守法奉公"坚持准则，守责敬业"坚持学习，守正创新"的具体准则，这些规范旨在增强会计人员的诚信意识，确保会计人员严格遵守会计准则和职业道德规范，认真履行岗位职责，敬业尽责，树立会计行业的良好形象，增强社会公众对会计行业的信任。

由此可见，会计作为一门融合高度技术性与重要社会责任的学科，在数字技术迅猛发展的当下，会计信息的准确性与真实性对于企业乃至国家经济的稳健发展具有举足轻重的意义。加强会计专业学生的职业道德教育，引导其在数字化时代激烈竞争中秉持清正廉洁之风，提升财务信息透明度，可促使学生深刻领悟其工作不仅关乎个人职业发展，更与社会经济的稳定繁荣息息相关，进而在实际工作中强化职业道德意识。通过引导学生深入思考财务决策对企业、员工及社会的多维度影响，培育其社会责任意识，推动企业可持续发展，为财务治理注入全面考量因素。这些思政元素在促进财务治理现代化进程中发挥着关键作用。财务治理现代化不仅依赖先进技术支撑，更需会计人才具备正确价值观与专业精神。将课程思政元素与会计专业知识教学有机融合，不仅有助于培养学生的数字化技能，更能引导其树立正确的世界观、人生观和价值观，使其在未来的职业活动中能够凭借专业知识服务社会，推动财务治理迈向更加公正、透明、高效的发展道路。

首先，会计人员作为企业经济管理活动中的关键管理人才，需深刻认知会计职业的重要意义。会计职业不仅对企业发展具有关键支撑作用，而且对资本市场的健康有序运行以及经济社会的高质量发展具有积极推动作用。会计人员应在平凡岗位上时刻牢记并积极承担社会责任，以爱岗敬业、诚实守信的职业态度为保障国家和人民利益贡献力量。其次，会计岗位工作要求从业人员熟悉会计法律法规，具备较强的法治观念。在处理企业交易和事项时，会计人员必须依据会计法、企业法及相应会计准则，树立法治意识，抵御经济利益诱惑，提供可靠财务信息，辅助利益相关者做出科学决策。专业课程思政在培养学生对会计职业的热爱、激发其职业热情方面具有重要意义，这是培育会计专业人才的基石。同时，在会计职业生涯中，职业判断与决策贯穿始终，这对会计从业人员的职业道德构成了严峻挑战。因此，挖掘课程思政元素，在培养学生专业能力的同时全面培育其职业道德，使学生在学习专业知识过程中持续注重自身职业道德建设，实现育德与育才相结合，方能培育出专业能力卓越且职业素养高的会计人才，达成全程、全方位、全角度育人的目标。

当前，我国经济处于转型升级的关键期，高质量发展成为时代主题。会计作为经济活动的"晴雨表"，其作用至关重要。战略思维等课程思政元素的融入，可使学生突破仅关注财务数据汇总与报告的局限，更加注重从战略高度出发，运用财务分析为企业提供战略性建议，从而培养其综合素质与创新能力，使其在扎实掌握会计专业知识的同时，能够精准把握经济发展趋势，为高质量发展提供有力的财务支持与智力支撑。新发展理念强调创新、协调、绿色、开放、共享，对会计专业人才提出了更高要求。通过融入课程思政元素，不仅能够加深学生对新发展理念的理解，更能培养其创新思维与实践能力，促使其在未来工作中积极探索会计领域的新理论、新方法，为经济社会可持续发展贡献力量。通过引导学生关注创新理念，教导其运用信息技术和数字化手段积极参与企业创新过程，可推动企业更好适应经济发展新常态。

综上所述，将课程思政元素融入会计专业教育，对于强化会计专业人才职业道德教育、推动财务治理现代化、服务经济高质量发展以及激发新发展理念下的创新活力具有深远意义。通过培育具有正确价值观、社会责任感和创新能力的会计专业人才，不仅能提升企业服务水平，更能为社会可持续发展贡献积极力量。高校欲培养适应经济社会发展趋势和行业需求的高质量会计人才，需在教学中秉持知识传授、能力培养、价值引领"三位一体""深度融合"的基本原则，构建课程思政育人目标体系，围绕目标对课程思政进行系统的体系化、阶梯式设计，将教学内容重构为基础理论、会计实务和行业前沿等模块（刘国峰，2023）。

5.1　课程思政建设的原则

5.1.1　价值引领原则

价值引领，是指在决策、行动与判断进程中，以特定的价值观和价值标准为导向性依据，确保组织或个人的行为模式与决策过程契合社会及组织的目标诉求与期望范式（张应强，2018）。该原则强调价值观在组织和个人行为体系中的重要性和引领作用，通过价值观的深度贯彻与实践应用，达成组织和个人行为的有机统一与协调有序。价值引领原则可应用于战略规划、决策制定、管理实践等多个维度。在战略规划阶段，组织需明确自身的使命定位、愿景蓝图与价值体系，以此为战略的制定与实施提供根本性指引，确保战略方向与组织价值观高度一致（波特，1996）。在决策制定过程中，组织应以价值观为核心衡量尺度，权衡各类利益关联与风险因素，进而做出契合组织长远目标的决策部署，实现决策结果的最优化与可持续性。从管理实践视角看，价值引领原则可深度融入组织文化塑造、员工行为规范、流程优化再造等方面，促使组织的行为模式与决策流程与社会期望及组织目标紧密契合，彰显组织的社会责任与价值担当。

对于个体而言，价值引领原则同样具有深远意义。个人的行为决策需以特定价值观和价值标准为内在驱动力，确保其行为轨迹符合社会规范与组织预期。个人的价值观体系会对其职业发展路径、人际关系构建等方面产生深刻影响。例如，秉持诚信价值观的个体，在职业生涯中会高度重视信誉塑造与口碑积累，遵循会计行业的道德规范与职业准则，进而获得更多的信任资源与发展机遇，实现职业发展的良性循环。

在会计专业课程教学领域，价值引领是一个重要理念。具体而言，其是指以特定价值观和价值标准为导向，引导会计人员在决策、行动与判断中遵循社会与组织的目标期望。课程思政建设须以社会主义核心价值观为核心引领，将其深度融入会计教育教学全过程，使学生在习得会计知识的同时，树立正确的价值观与人生观。这意味着在教学实践中，需着力培养学生的道德认知、职业操守与社会责任感，使其构建起契合数智时代发展需求的价值体系与世界观架构。课程思政建设应注重挖掘与弘扬中华优秀传统文化中的思想道德精华，将其有机融入会计教育教学内容体系，使学生在学习过程中深入了解并传承中华优秀传统文化，将其内化于心、外化于行，应用于会计实践操作中，实现传统文化与现代会计教育的有机结合（顾明远，2013）。课程思政建设还需引导学生树立科学精神与职业道德规范，使学生在会计工作中始终坚守实事求是、客观公正的基本原则，严格遵守职业道德准则，维护会计职业的良好声誉与社会公信力。

在价值引领原则的指导下，会计专业学生将逐步明晰自身的使命与愿景。从会计专业视角出发，应明确其在会计领域的角色定位与责任担当，以及在处理财务信息时对于保密与诚信的严格要求。这将指导他们在处理财务事务过程中，始终秉持高度的职业道德与专业精神，深刻意识到财务数据处理对于组织决策的关键意义，以及在维护相关者利益与信任方面的重要责任。在决策环节，会计人员应以价值观为导向，运用风险评估模型等专业工具，全面权衡各种利益与风险因素，严格遵循财务准则与法规要求，同时充分考量组织的长远利益与可持续发展目标。例如，在财务报表编制流程中，会计人员需运用数据验证技术等手段确保信息的准确性与可靠性，为利益相关者提供精准的决策依据。深刻认识到这些决策对组织财务状况与业务发展的深远影响，因此在决策过程中需运用系统分析方法全面考量各类因素，并严格遵循职业道德规范与操作流程。在构建内部控制体系方面，需运用流程优化理论规范财务管理流程，确保财务活动的合规性与透明度。会计人员应深入了解并严格遵守相关法律法规，运用数据审计技术确保财务数据的真实性与可靠性，并及时运用风险预警机制发现和纠正违规行为。积极参与并推动组织的内部控制与风险管理体系建设，运用管理会计工具确保财务管理的高效性与合规性，实现组织价值最大化的目标。个人的价值观对会计专业学生的职业发展具有深刻影响。秉持诚信与责任价值观的会计人员，会在职业生涯中积极践行终身学习理念，持续提升自己的专业能力与综合素养，紧密跟踪会计领域的前沿发展动态，运用知识更新策略适应不断变化的业务环境，实现职业发展的可持续性。

综上所述，价值引领在会计专业课程教学中占据重要地位。它不仅为会计人员在决策与行动中遵循社会与组织期望提供了指引，还帮助学生构建正确的职业道德与专业精神体系，为财务管理与决策打下坚实的价值基础。会计人员应深刻认识到自身作为财务管理关键因素的重要性，在掌握扎实专业知识与技能的同时，高度注重职业道德与价值观的培养，以实现为组织和社会可持续发展贡献力量的目标。

5.1.2　全面渗透原则

全面渗透是指将所有相关的信息、数据与知识进行深度融合与交互，以更为有效地应对各类复杂问题，做出科学明智的决策，并推动创新发展进程。此原则着重强调在不同领域与学科之间实现交叉融合与协同创新，从而获得更为全面、深入的认知，并据此制定针对性的解决方案。在实际操作过程中，全面渗透原则要求具备宏观的视野，不仅要聚焦于特定领域或学科内部的知识信息，更要积极主动地探寻不同领域和学科之间的内在联系与交叉节点。通过这种方式，能够实现各类知识、信息与技能的相互借鉴，有机融合，进而更为有效地应对复杂多变的现实问题情境。这种原则倡导跨学科的交流与合作，以实现知识、技能的融合共生与协同增效，为解决实际问题提供更为全面、高效的支持体系。

这种思维方式有助于从多维度全面剖析问题的本质特征与关键影响因素，从而制定出更为精准、有效的解决方案。这是一种极为重要的思维方式与指导原则，在面对复杂问题时，能够促使主体更为全面、深入地思考和分析问题，进而制定更为完善的解决方案并实现创新突破。全面渗透原则的实践过程强调跨界合作模式与融合创新路径，要求具备跨学科的知识结构与技能储备，能够高效整合并深入分析不同领域的信息数据。同时，需具备创新思维能力与敏锐的洞察力，能够精准发现不同领域之间的潜在联系与内在规律，进而提出全面且行之有效的解决方案。全面渗透原则不仅是一种科学的方法论体系，还是一种科学的思想理念与态度取向，更是一种至关重要的思维方式与行动准则，有助于人们更好地认知世界、解决问题以及创造价值。

会计专业课程思政的具体体现为，在教学进程中，将思想政治教育与专业知识传授有机结合，以实现立德树人的教育根本目标，培育具备正确价值观与高尚道德品质的学生群体（高德毅，2017）。深入剖析会计专业课程中所蕴含的思政教育元素，并巧妙地将其融入教学的各个环节，旨在引导学生在精进专业技能的同时，培养高尚的道德情操与正确的价值观。会计专业课程思政的难点在于"融入"环节，重点关注课程思政建设的全方位要素整合。这意味着在课程设计架构、教学方法应用、师资队伍建设、教育资源配置等方面，都要充分彰显思政教育的内涵要求与价值导向。通过系统梳理各学科中的思政教育资源，深度挖掘潜在的思政教育元素，将思政教育与专业知识教育进行有机融合，实现全要素的课程思政建设目标（石坚，2020）。"融入"体现为知识传授、能力培养、价值塑造与素养提升的有机统一，体现为课程内容、教学资源与教学方法的有机结合，也体现为教师的学术修养、道德情操和育人方法的有机融合。课程思政元素的"融入"能够使学生将专业知识与现实世界紧密关联，有利于培养同理心、情绪意识等情感体验，使知识传授更具思想深度与广度，增强学生的社会责任感，促进学生的全面发展。

在课堂教学中，当讲授会计职业道德内容时，教师应当巧妙融入思政元素，以此强化学生的道德观念与职业素养。教师应结合我国的会计法规和会计准则体系，运用道德认知发展理论引导学生树立正确的职业道德观。当讲授会计实务课程时，教师应结合我国的经济发展态势和改革开放政策导向，运用经济社会学原理引导学生树立正确的经济观和价值观。当讲授会计信息系统课程时，教师应结合我国的互联网发展现状和信息化建设战略，运用信息安全理论引导学生树立正确的网络安全意识和信息安全意识，同时注重启发式教学、案例教学等多元化教学方法的应用，引导学生自主探究和深入思考。教师应通过讨论和分析真实的会计案例，运用案例教学理论让学生了解会计职业中的道德困境和责任要求，培养学生的职业操守和责任感。

在课外活动方面，一是组织学生参加社会实践和志愿服务活动，让学生亲身感受社会的多样性与复杂性，运用体验式学习理论培养他们的社会责任感和奉献精神。通过将思政元素贯穿于教学的各个环节，运用隐性教育理论达到潜移默化的教育效果，使学生在学习会计专业知识的同时，提升思想道德水平。这对于学生的未来成长和社会发展都具有深远意义，有助于逐渐形成以爱国主义教育为核心，特色鲜明的家国情怀、强国意识、工匠精神、社会责任等多元化思政元素体系。"家国情怀"作为道德层面的价值追求和政治取向,"工匠精神"作为职业层面的价值取向和行为表现,"强国意识"作为民族崛起的目标和中国梦的表达,这些元素是社会责任和学生核心价值观的重要组成部分(檀传宝,2019)。二是组织学生参加学术竞赛活动,引导学生刻苦学习、勇于创新,运用成就动机理论在竞赛中培养学生的竞争意识和创新精神。同时,针对"全要素"进行评估与评价,构建多维度的高校课程思政建设效果评价体系,针对课程内容、教学方法、学生参与度、教学效果等方面进行综合评价。通过定期开展课程思政建设成效评估,运用教育评价理论及时发现和解决问题,为课程改革提供有力的支撑。

总之,会计专业课程思政旨在通过潜移默化的教育方式,培养学生高尚的道德品质和正确的价值观念,为我国会计事业的发展输送优秀人才。在实际教学过程中,教师应着力深化思政教育与专业教育的融合,努力实现教师与学生的同频共振,以期达到"润物无声""如盐入汤"的理想育人效果。

5.1.3　创新发展原则

创新发展是在动态变化的环境中,凭借敏锐的洞察力与卓越的创造力,持续探索、创新并改进既有模式与方法,进而推动事物呈螺旋式上升发展的过程(熊彼特,1912)。此过程强调对传统思维定式的突破,勇于接纳与尝试全新的理念、技术及方法,以达成可持续发展与不断进步的目标。于个体层面而言,创新发展犹如一把钥匙,助力个人开启创新思维之门,敢于挑战传统观念的桎梏,着力培养解决复杂问题与创造崭新价值的能力(林崇德,2009)。在当今知识经济时代,个体通过不懈追求创新发展,能够有效提升自身竞争力,增强对环境变化的适应能力,进而实现个人成长与职业发展的双重目标。依据人力资本理论,个体的创新能力作为一种关键的人力资本,在个人职业发展进程中发挥着核心驱动作用(舒尔茨,1960)。

在组织层面,创新发展俨然成为推动组织变革,提升竞争力的核心引擎。通过积极引入新颖的商业模式、前沿的产品与服务,组织能够实现创新驱动发展,拓展市场份额,增强盈利能力。同时,创新发展有助于激发组织内部的创新活力，培养团队合作精神，营造创新文化氛围，为组织的可持续发展奠定坚实的基础。基于组织创新理论，创新发展可促使组织优化资源配置、提升生产效率，增强组织的适应性与灵活性。从社会层面来看，创新发展对于社会的进步与繁荣具有不可替代的重要意义。借助科技创新与社会变革的双轮驱动，能够有效解决诸多社会问题，显著改善人们的生活质量，推动社会向更高阶段发展。

在会计专业课程设计领域，融入课程思政元素需在课程内容、教学方法和评价方式等关键方面实现创新突破。引入案例分析、团队项目、虚拟实验等新型教学方法与工具，旨在激发学生的创新思维与问题解决能力。以建构主义学习理论为指导，这些教学方法能够促使学生主动参与知识建构过程，在实践中深化对知识的理解与应用。例如，组织学生参与模拟企业财务管理项目，使学生在真实情境模拟中学习财务决策技能，培养创新思维，提升应对财务领域复杂挑战的能力（刘儒德，2010）。在创新课程内容方面，应密切关注财务领域的前沿动态，及时更新和完善课程内容。引入新的概念、理论和实践案例，结合实际案例与业界实践，培养学生理论联系实际的能力，使其能够灵活运用所学知识解决实际问题。例如，在课程中深入讲解财务科技与数字化转型的相关知识，引导学生了解并应用新兴财务工具和技术，如区块链技术在会计审计中的应用、大数据分析在财务决策中的作用等（汤谷良，2019）。

在会计专业课程教学过程中，不仅要确保学生扎实掌握会计学科的基础知识与基本技能，还要注重培养学生初步的逻辑思维能力和空间观念，更要致力于挖掘学生的潜能、培育创新能力和思维品质。培养学生创新能力的关键在于对其思维品质的深度训练。创新活动源于对问题的敏锐发现，教师应依据问题导向学习理论，鼓励学生提出质疑，增强其问题意识。激发学生创新的欲望和兴趣是培养创新思维的首要环节。学生创造性思维的发展与创造性活动紧密相关，因此，在课堂教学中应结合听说读写活动，为学生创造丰富的培养创造性思维的机会，激发学生对新知识、新技能的好奇心与探索欲，使其对解决问题和创新活动持有积极态度与热情。通过这种方式激发学生主动参与学习与创新过程，为培养批判性思维、问题解决能力和创新能力奠定坚实的基础。

创造性思维的培养能够将传统教学转化为创新教学。基于创新性思维培养理念，教学目标将更加聚焦于学生创新能力、问题解决能力和批判性思维的发展。摒弃单纯知识记忆的教学导向，致力于培养学生运用所学知识进行创新创造，应对复杂问题的综合素养。课堂教学内容不再局限于教材的既定知识范围，而是更加注重与现实生活的紧密联系，引入前沿科技、社会热点问题等多元化素材。同时，鼓励学生依据自主学习理论，自主探索感兴趣的领域，拓展知识的广度与深度，激发创新灵感。在开放、民主、活跃的学习环境中，学生不再惧怕犯错，敢于表达独特见解与想法。教师角色转变为引导者和促进者，与学生平等交流，共同探讨，鼓励学生质疑和挑战权威，激发学生的创新热情。

在教育领域应用创新发展原则，能够有效培养学生的创新思维与实践能力，使其具备在不断变化的社会环境中持续创新发展的能力。同时，创新发展原则能够推动教育体制的深刻变革与持续完善。通过不断探索新型教育方法和工具，教育体制能够更好地适应社会需求变化，为学生综合素质提升与未来职业发展注入新的活力（袁振国，2017）。

5.1.4　实践育人原则

习近平总书记强调："一种价值观要真正发挥作用，必须融入社会生活，让人们在实践中感知它、领悟它。"实践育人契合青年人成长成才的内在需求，无论是《尚书·说命》中所提出的"知易行难"，还是毛泽东在《实践论》中对实践与认识关系的辩证阐释，均深刻表明实践和认识是人类社会化和生产生活的关键要素。实践育人着重于让学生在实践中切实提升实际能力，而实践活动所积累的丰富经验是学生成长的宝贵财富。从教育心理学角度来看，实践活动不仅有助于提升学生的专业能力，更能有效增强学生的创新思维，培养其探索精神，提高其解决问题能力和应对自然环境的能力（皮亚杰，1970）。实践活动能够促使学生更加自主地开展学习活动，在实践中掌握知识和技能，自主选择并解决问题，从而构建更为独立和高效的学习行为模式。同时，在实践过程中，学生对理论知识的应用将更为积极主动且深入透彻，而这要求教师将坚持教育引导与实践养成相结合。学生通过实践能够深刻认识到知识与实际应用的紧密联系，从而更深入地领会知识的真正内涵。实践育人不断拓展理论知识的现实体验场域，使受教育主体在真实世界和场景中解决实际问题，充分获取理性与感性认识，将直接知识与间接认知有机融合，在自我学习与教育感受中成长为"德智体美劳全面发展的时代新人"。

实践育人的内涵在于通过实践活动提升学生的自主学习能力，拓展理论知识的现实体验空间。这种教育方式使学生在实践操作中掌握知识技能，自主选择并解决问题，有助于养成更为自主的学习行为习惯。在会计专业课程思政建设进程中，实践育人原则的应用具有举足轻重的地位。通过实验实训、场景模拟、角色扮演等实践教学手段，让学生亲身经历会计工作的实际操作流程，依据体验式学习理论，加深其对会计理论知识的理解与掌握。开展会计专业实践活动，使学生能够在实践中应用所学知识，并在实践过程中受到熏陶。例如，组织学生参加会计实习、会计竞赛等活动，使学生在真实的情境中了解会计工作，树立正确的价值观和人生观。建立会计专业实践基地，为学生提供稳定的实践机会。积极与会计事务所、企业等单位开展合作，让学生在真实的工作环境中锻炼自身能力。组织团队实践活动，培养学生在团队合作中的沟通协作能力。这些措施能够全面提升学生的实践能力，使其在未来的职业生涯中更具竞争力，在实践中学习会计知识的同时，受到思政教育的积极影响。此外，还要指导学生开展会计专业实践研究，使学生在实践中发现问题，并提出切实可行的解决方案，引导学生将理论知识转化为实践操作能力，实现知行合一，更好地满足社会对高素质会计人才的需求，为社会经济发展贡献更大力量。

5.1.5 持续反思与改进原则

我国古代《学记》中的"学然后知不足，教然后知困。知不足，然后能自反也；知困，然后能自强也。故曰：教学相长也"，以及西方苏格拉底的

"认识你自己"、柏拉图的"学习即回忆"、亚里士多德的"理性"等思想，均蕴含深刻的反思理念。反思是对自身知识体系、观念形态、能力水平、技能掌握及言谈举止进行辩证与科学评价的过程，是教学活动及师生发展的核心动力与调控机制。师生的有效发展离不开持续且具有评价性的反思。正如苏格拉底所言："未经反思的生活是不值得过的。"反思过程蕴含自我评估，而评估的深度与价值与个体评价的依据、参照及认识能力密切相关。改进则是依据对问题的分析结论和成功经验总结，制定相应的补缺措施与提升目标。它是一种自我反省与提升的机制，通过持续审视和评估个人行为、决策与决策结果以及组织过程与组织结果，促进个人和组织的学习与成长。在工作场所，教育环境和日常生活中，持续反思与改进具有广泛的应用价值，能够帮助个人提高工作效率与绩效，提升学习成果与能力，改善生活质量与增强幸福感。因此，在各个领域积极践行持续反思与改进原则，对于促进个人和组织的持续发展与进步具有重要意义。

持续反思与改进能够有力地推动组织的创新与发展。通过不断反思和改进，组织能够及时发现并有效解决问题，优化工作流程与管理方式，提升绩效与竞争力。然而，在实际工作中，人们往往高度重视计划的制订与执行，却极易忽视反思和改进环节。事实上，这个环节蕴含着集体智慧，是组织成员相互学习、共同提升、解决问题的关键所在，因为问题本身往往隐含着答案。在教学领域，教师通过反思和评估自身教学方式与教学效果，能够不断提高教学质量，促进学生学习成果提升。持续反思与改进有助于学生更好地理解和应用知识，提高学习技能与解决问题的能力。

课程思政作为新时代高等教育体系中思想政治工作的重要组成部分，其核心目标是实现各门学科教学过程与思想政治教育的深度融合。这是一项系统而长远的工作，需要从政策支持、教材编写、教师素质、教学方法、评估机制等多个层面持续推进，最终实现思想政治教育与专业教育的无缝对接。课程思政绝非简单地在课程中增加思政内容，更为关键的是构建一套科学的课程思政体系及持续反思与改进机制，从而实现理论与实践的有机融合，教与学的有效对接以及知行合一的培养效果（高德毅，2017）。教育教学创新是一个持续改进的过程，需要不断反思和调整。教师和高校应鼓励教师进行教学反思与专业发展，建立学习型组织，推动教学实践的持续创新与提高。按照习近平新时代中国特色社会主义思想的引领，围绕立德树人根本任务，将思想政治理论与学科知识深度融合，持续创新课程思政内容与形式，营造有利于学生全面发展的教育环境，为国家培养出更多理想信念坚定、道德素质高尚、学业成就突出的年轻一代。通过持续复盘与改进，确保课程思政在高等教育中发挥更为显著的效果，为全面建设社会主义现代化国家做出积极贡献。

美国心理学家波斯纳提出的教师成长公式（经验+反思＝成长），充分表明未经反思与评价的教学难以实现改进。教师在教学过程中应依据社会观念、教育法规、科学教学观念以及学生健康成长需求，立足外部审视与内隐思考，对教学言行、知识结构、教学观念及相关因素进行系统深入的思考与批判性考量。这种评价可在任何时间通过多种途径进行。在会计专业课程思政工作有效开展过程中，教师通过回顾教学过程，敏锐觉察教学亮点与问题，包括教学方法的有效运用、学生的积极参与、教学目标的有效达成等方面。针对记录的问题和亮点，深入分析其原因，并提出相应的改进措施。例如，学生参与度不高，可能源于教学内容枯燥或难度过高，此时需改进教学方法或调整教学内容；若教学方法有效，则总结成功经验，以便在后续教学中继续应用。根据分析结果，全面总结本次教学的经验教训，将亮点转化为可复制的经验，将问题转化为改进方向与动力。依据总结的经验教训，制订具体的改进计划，包括明确改进措施、实施时间和预期效果等。教师反思的评价性是教育教学优化与变革的内在动力，教师借助反身性思考优化教学观念，改进教学行为，发现与解决教学问题，提高教学效率和学生的培养质量。

5.2 课程思政的理论基础

随着中国特色社会主义进入新时代，人民群众对美好生活的向往不断升级。这种需求不再局限于物质文化层面的增长，而是拓展至民主、法治、公平、正义、安全以及生态环境等诸多维度，反映出社会发展对人的全面发展需求的高度重视（习近平，2017）。社会主义核心价值观正是回应这些需求，指引人们在新时代实现个人的全面发展和社会的全面进步。社会主义核心价值观是指在中国特色社会主义理论指导下，提出的一系列具有中国特色、中国风格、中国气派的共同信仰和追求。党的十八大以"富强、民主、文明、和谐、自由、平等、公正、法治、爱国、敬业、诚信、友善"二十四个字来高度概括社会主义核心价值观，涵盖国家、社会、个人三个层面，全面反映了中国特色社会主义的价值追求和时代特征。社会主义核心价值观作为当代中国特色社会主义的价值体系的核心和灵魂，引领全社会的价值追求。

中共中央关于加强和改进思想政治工作的决定着重指出，应将社会主义核心价值观深度融入国民教育，文化建设，社会实践等各个环节，使其内化为全体社会成员的共同价值追求。这一举措旨在从宏观层面构建社会共同的价值基础，促进社会和谐稳定发展。习近平总书记多次在重要讲话中强调，社会主义核心价值观乃是当代中国精神的高度凝练与集中体现，是全体人民共同的精神支柱与价值导向，对于凝聚全社会力量，推动中国特色社会主义事业蓬勃发展具有不可替代的关键作用。中共中央、国务院关于全面加强新时代大学生思想政治教育的意见》进一步明确要求高校将社会主义核心价值观贯穿于教育教学的全过程，这一政策导向体现了高校在培养社会主义建设者和接班人过程中，将价值观教育融入专业教育的必要性与紧迫性。

在当代中国高等教育体系中，将社会主义核心价值观确立为课程思政的理论基石，已成为开展价值观教育的必然要求。课程思政建设作为一项具有深远意义的教育实践活动，旨在通过将社会主义核心价值观有机融入专业课程教学过程中，促使学生深刻领悟其内涵与意义，进而增强其对国家、社会、个人责任的认知，有效培养爱国主义、集体主义、社会主义情感与觉悟，引导学生树立正确的世界观、人生观和价值观，最终实现培养德智体美劳全面发展的社会主义建设者和接班人的教育目标。社会主义核心价值观之所以成为课程思政不可或缺的理论基础，其原因具有多维度的深刻性，具体可从以下几个方面深入剖析。

5.2.1 理论引领：社会主义核心价值观

社会主义核心价值观作为中国特色社会主义理论体系的关键组成部分，以其深刻的思想内涵与广泛的价值导向，精准反映了中国社会在发展进程中的基本价值取向与精神追求，是中华民族优秀传统文化在当代社会的创新表达与时代升华。从价值论角度而言，它为国家发展与社会进步提供了根本性的价值准则；从规范论层面看，它是当代中国社会全体成员应当遵守的道德规范与行为准则，更是推动社会持续进步与文明发展的强大精神动力。

党的十八大以来，中国共产党和中国政府始终将社会主义核心价值观的培育与践行置于战略高度，在众多重要会议与政策文件中，不断强化其重要地位与引领作用。这一系列举措体现了党和政府对社会主义核心价值观在凝聚社会共识、引导社会风尚、推动社会发展等方面重要性的深刻认识。在新时代中国特色社会主义建设进程中，社会主义核心价值观的根本地位越发凸显。习近平总书记在多个场合反复强调，必须坚定不移地坚持社会主义核心价值观的引领作用，持续弘扬社会主义核心价值观，以推动全社会形成积极健康、向上向善的正确价值导向，这一理念深刻体现了社会主义核心价值观在国家治理体系与治理能力现代化进程中的核心引领价值。

从伦理学角度分析，社会主义核心价值观作为当代中国社会的道德规范与行为准则，蕴含着丰富的道德内涵与伦理要求。其中，"爱国、敬业、诚信、友善"作为个人层面的价值准则，直接针对个人的道德行为与品德修养提出了明确要求，引导人们在日常生活中践行道德规范，培养良好的道德品质。"富强、民主、文明、和谐"作为国家层面的价值目标，为国家发展提供了价值导向，激励全体人民共同为实现国家繁荣富强、人民幸福安康而努力奋斗。"自由、平等、公正、法治"作为社会层面的价值取向，致力于构建公平正义、和谐有序的社会环境，促进社会成员之间的平等交往与合作。社会主义核心价值观通过对国家、社会、个人三个层面价值的系统阐述，形成了一个有机整体，共同引导人们树立正确的世界观、人生观和价值观，促进社会和谐稳定发展。

在全球化时代背景下，随着中国经济实力与国际地位的稳步提升，社会主义核心价值观的国际影响力日益彰显。中国特色社会主义的成功实践充分证明，坚定不移地践行社会主义核心价值观是实现国家长治久安、人民幸福安康的必由之路。从国际政治理论角度看，社会主义核心价值观作为中国智慧与中国方案的重要组成部分，为世界各国提供了一种全新的价值观念与发展路径，展示了中国作为负责任大国在全球治理中的担当与使命。中国积极倡导构建人类命运共同体，以社会主义核心价值观为价值基础，提出尊重各国自主选择社会制度和发展道路的基本原则，倡导各国在平等相待、互学互鉴中共同发展，为推动全球治理体系变革贡献了中国力量（王逸舟，2018）。

社会主义核心价值观的根本地位不仅在思想理论层面具有深远意义，在社会实践的各个领域同样发挥着不可或缺的引领作用。在经济建设领域，依据马克思主义政治经济学原理，社会主义核心价值观倡导的公平正义、诚信等价值理念，与经济发展规律相契合，促进了经济发展与社会公平正义的有机结合。在推动全面建设小康社会、实现乡村振兴、推进经济高质量发展等重大战略进程中，社会主义核心价值观为经济发展提供了价值导向与精神动力，引导企业遵循诚信经营原则，推动市场秩序的规范与完善（林毅夫，2018）。在文化建设方面，社会主义核心价值观作为文化的核心价值观念，弘扬了中华民族传统美德与文化精髓，激发了全民族的文化创新创造活力。通过推动文化产业与文化事业的繁荣发展，提升了国家文化软实力，增强了文化自信。在文化传承与创新过程中，社会主义核心价值观为文化产品的创作与传播提供了价值标准，引导文化工作者创作更多反映时代精神、弘扬正能量的优秀文化作品。在社会治理领域，社会主义核心价值观为营造和建立和谐的社会环境与社会关系提供了价值指引，有助于促进社会成员相互理解、信任与合作，增强社会凝聚力。在社会治理实践中，社会主义核心价值观引导政府部门制定公平合理的政策，推动社会公平正义的实现，促进民生改善与社会稳定。

综上所述，社会主义核心价值观的根本地位不仅是中国特色社会主义的显著标志，更是中国特色社会主义制度优越性的重要体现。在新时代新征程中，社会主义核心价值观将持续引领中国人民坚守初心、勇担使命，为实现中华民族伟大复兴的中国梦不懈奋斗。同时，在全球文化交流与文明互鉴日益频繁的背景下，社会主义核心价值观将在世界舞台上发挥更为积极的作用，为推动构建人类命运共同体，促进世界和平与发展贡献更多中国智慧与中国力量。

5.2.2　教育整合：跨学科的价值融合

在党的十九大报告中，习近平总书记明确提出要大力加强思想政治理论课建设，全力推动社会主义核心价值观深入人心。这一战略部署为课程思政建设提出了更高的要求与目标。其核心在于将社会主义核心价值观全面贯穿于教育教学的全过程，实现知识学习与价值观教育的有机结合，以培养具有坚定理想信念、高尚道德情操和扎实专业素养的社会主义建设者和接班人。在此背景下，教育整合与跨学科的价值融合成为推动课程思政建设的关键路径与重要策略。

近年来，我国教育部门与学术界积极响应党的号召，深度探索教育整合与跨学科价值融合的实践路径与理论模式。教育部《关于深新时代学校化思想政治理论课改革创新的若干意见》等一系列政策文件相继出台，明确强调必须大力促进思想政治理论课与专业课程之间的深度融合，并积极推动社会主义核心价值观在教育教学全过程中的贯彻实施。这些政策文件为教育整合的推进提供了坚实的政策依据、明确的行动指南与强大的制度保障。

从教育哲学角度看，教育整合和跨学科的价值融合不仅是教育改革适应时代发展需求的必然选择，也是遵循教育教学规律，促进学生全面发展的内在要求。在当代社会，知识体系日益复杂多元，各学科之间的交叉融合趋势越发明显。社会主义核心价值观作为一种具有广泛适用性与统领性的价值体系，能够为不同学科领域提供价值导向与思想支撑。从课程论角度而言，将其融入专业课程教学，可以打破学科界限，使学生在专业知识学习过程中自然接受价值观的熏陶，促进知识学习与价值塑造的有机统一，进而形成正确的人生追求与强烈的社会责任感（石中英，2018）。从学习理论角度分析，跨学科的价值融合有助于激发学生的学习兴趣与学习动力。学生如果在不同学科的学习中感受到社会主义核心价值观的引领作用，就能够更好地理解知识的社会意义与价值，从而提高学习的积极性与主动性。在专业课程中融入社会主义核心价值观的教育内容，从知识建构理论出发，可以帮助学生构建更为全面、系统且富有价值内涵的知识体系。学生不仅能够扎实地掌握专业技能，还能深入理解专业知识背后的价值取向，形成正确的世界观、人生观和价值观。这对于培养具有创新精神、社会责任感和国际视野的高素质人才具有至关重要的意义。

教育整合和跨学科的价值融合还能够有效促进学生批判性思维和创新能力的发展。学生如果接触到不同学科视角下的社会主义核心价值观教育内容，就能够拓宽思维边界，学会从多个角度思考问题，分析问题的本质与根源。在解决实际问题过程中，学生能够更好地将社会主义核心价值观作为指导原则，综合运用多学科知识与方法，提出创新性的解决方案，提高解决复杂问题的能力和水平。

从实践层面来看，教育整合和跨学科的价值融合对教师的专业素养和创新能力提出了更高要求。教师不仅要精通本专业知识，还要具备扎实的思想政治教育理论基础与丰富的跨学科知识储备。在教学过程中，教师要精准把握社会主义核心价值观与专业知识的内在联系，运用系统科学的教学设计方法，将价值观教育巧妙融入专业课程教学内容之中，设计出符合学生认知特点与学习需求的教学活动与教学情境，引导学生积极参与课堂讨论与实践活动，实现知识传授、能力培养与价值引领的有机统一。高校和教育部门应积极为教师提供专业发展支持与教学资源保障，营造有利于跨学科教学的良好环境与氛围，鼓励教师探索创新教育教学模式，通过开展教学培训、教学研讨、教学改革项目等活动，提升教师的跨学科教学能力与课程思政建设水平。

5.2.3　实践导向：理论与实践的紧密结合

实践导向作为现代教育领域的核心理念之一，高度强调理论与实践的深度融合与有机统一。社会主义核心价值观本身秉持理论与实践相结合的原则，积极倡导通过丰富多样的实践体验与社会实践活动，不断深化个体对核心价值观的理解、认同与内化（韩震，2015）。在课程思政建设中，将社会主义核心价值观确立为理论基础，具有明确的目标导向，即引导学生将所学专业知识与技能有效应用于志愿活动、社会实践、科技创新等多元化实践项目之中。通过在实际操作中敏锐地发现问题、深入分析问题并成功解决问题，使学生切实学会在复杂多变的社会环境中始终坚定地秉持正确的价值取向，进一步深化对社会主义核心价值观的认识与体验，在有效培养学生解决社会实际问题能力的同时，显著增强学生对国家、社会和民族的认同感与责任感，从而实现知识学习、能力培养与价值塑造的协同发展。

在当前中国教育改革与发展的宏观背景下，实践导向的教育理念已获得广泛的认同与积极的支持。党的十九大报告着重强调，要大力推动思想政治理论课程改革创新，切实加强社会主义核心价值观教育，积极引导学生树立正确的世界观、人生观、价值观。这一政策导向为教育实践提供了明确的方向指引与政策支持，充分体现了教育体系对学生实践能力培养的高度重视，旨在促进学生将理论知识与实际操作紧密结合，实现学生综合素质的全面提升。

从教育心理学角度来看，实践导向的教育模式有助于学生将课堂所学知识进行迁移与应用，通过亲身体验加深对知识的理解与记忆。在实践活动中，学生能够接触到真实的社会情境与问题，激发学习兴趣与内在动力，提高学习效果。在实践中融入社会主义核心价值观，能够使学生在解决问题过程中，依据价值观的导向作用，做出正确的判断与决策，培养其道德判断能力与社会责任感。

教育整合和跨学科的价值融合与实践导向教育理念相互补充、协同促进。将社会主义核心价值观作为理论基础融入课程思政建设，不仅为学生提供了价值导向，引导学生在实践项目中合理运用所学知识，还通过实践活动这一载体，为学生创造了深入理解核心价值观的有利条件。在实践过程中，学生不可避免地会面临各种复杂的实际问题与挑战，而解决这些问题的过程正是学生锻炼综合能力、提升综合素质的过程。学生需要运用多学科知识、技能以及社会主义核心价值观所蕴含的价值理念，对问题进行全面分析，制定解决方案并付诸实践。在此过程中，学生的思维能力、创新能力、团队协作能力以及社会适应能力等都将得到有效锻炼与提升。这种教育模式不仅有助于促进学生个体的成长与发展，更有利于培养具有强烈社会责任感、创新精神和实践能力的高素质人才，为社会发展提供坚实的人才支撑。

在教育实践导向理念的引领下，教师和高校应充分认识到学生实践能力培养的重要性，积极组织开展形式多样、内容丰富的实践活动与项目，为学生搭建广阔的实践平台。通过引导学生参与社会调查、志愿服务、企业实习、科技创新竞赛等活动，使学生在真实的实践情境中运用所学专业知识解决实际问题，提升实践能力。教师还应注重在实践活动中加强对学生的思想政治教育，通过榜样示范、行为强化等方式，引导学生树立正确的价值观和社会责任感，增强对国家、社会和民族的认同感。只有在理论与实践紧密结合的教育模式下，学生才能真正领会社会主义核心价值观的深刻内涵，将其内化于心、外化于行，在日常生活与未来职业发展中自觉践行核心价值观，成为推动社会发展进步的积极参与者与建设者。

5.2.4　文化传承：弘扬中华优秀传统文化

文化传承作为中华民族延续与发展的根基性任务，承载着历史的厚重与未来的希望。弘扬中华优秀传统文化，是构筑文化自信的关键途径，对于推动社会主义核心价值观的深度内化，实现中华民族伟大复兴的中国梦具有不可替代的战略意义（韩震，2015）。社会主义核心价值观作为当代中国社会的精神脊梁，深深扎根于中华优秀传统文化的广袤土壤之中，是对历史文化智慧的萃取升华，亦是民族精神世代传承的当代彰显，二者之间存在着千丝万缕的内在联系，实现了有机融合。将中华优秀传统文化确立为课程思政的理论基石，旨在通过专业教学这一重要载体，巧妙地融入丰富多元的传统文化元素，如儒家的"仁爱"思想、道家的"无为而治"理念等，以文化的浸润之力引导学生深入探寻中华民族悠久历史文化遗产的深邃内涵，进而激发学生内心深处对民族文化的强烈认同感、自豪感与归属感，为社会主义核心价值观的培育与践行提供源源不断的文化源泉与精神滋养，促使学生在文化传承的过程中实现价值观的升华与重塑。

党的十九大报告提出要坚定文化自信，大力推动中华优秀传统文化的创造性转化与创新性发展，为社会主义核心价值观的广泛传播筑牢坚实的文化根基，为文化传承与发展指明了清晰明确的政策导向与实践路径。在全面建设社会主义现代化国家的新征程中，文化传承与发展被赋予更为崇高的使命担当和深远的历史责任。它不仅关乎民族精神的赓续传承，更与国家的文化软实力提升、民族凝聚力增强紧密相连。

中华文化，犹如一幅波澜壮阔的历史长卷，源远流长，博大精深。其涵盖了深邃的哲学思想体系，如儒家的"中庸之道"、墨家的"兼爱非攻"等；璀璨的文学艺术瑰宝，从《诗经》《楚辞》到唐诗、宋词、元曲、明清小说；丰富多彩的礼仪风俗，如春节、中秋等传统节日习俗。这些珍贵的文化元素共同构成了中华民族独特而璀璨的精神宝库，是中华民族在漫长的历史进程中的智慧结晶与精神财富。将中华优秀传统文化深度融入课程思政建设体系之中，借助文化的熏陶感染之力，引领学生穿越时空的隧道，深入领略中华文化的深邃精髓与丰富内涵，从而点燃学生对传统文化的热爱之火，激发其对传统文化进行深入探索与研究的强烈欲望。通过系统学习传统文化，学生能够真切感受到中华文化的雄浑厚重与多元包容，进而在内心深处构筑起坚实的民族文化认同堡垒，培育出独具民族特色且充满自信的文化品格，使其在全球化浪潮中坚守民族文化本真，彰显中华文化魅力。

在教育实践领域，教师应具有高度的文化自觉与教育使命感，精心设计富含中华优秀传统文化元素的专业课程体系，创新教学方法与手段，如运用情境教学法重现古代文化场景，采用项目式学习探究传统文化课题等；积极组织各类文化体验活动，如传统礼仪研习、古典诗词朗诵会等，引导学生亲身深入体验传统文化的独特魅力，在潜移默化中实现文化的传承与价值观的塑造。与此同时，高校及教育主管部门应加大对传统文化研究的资源投入与政策扶持力度，构建完善的传统文化研究与传承体系，汇聚各方智慧与力量，为教育实践提供坚实的学术支撑、资源保障与政策护航。通过持之以恒的文化传承与弘扬实践,能够培育出兼具深厚文化自信与强烈国家意识的新时代高素质人才,为中华民族伟大复兴的宏伟事业源源不断地输送具有文化底蕴与精神力量的创新型人才,推动中华民族在文化繁荣兴盛的道路上阔步前行。

综上所述,弘扬中华优秀传统文化是树立文化自信,传承中华民族优秀文化基因的核心路径与关键举措。将传统文化有机融入课程思政建设之中,对于培养学生对中华文化的强烈热爱之情与坚定认同感,增强民族自信心与文化自豪感具有不可估量的积极影响。

5.2.5 时代要求:适应新时代教育发展的需要

在中国特色社会主义事业蓬勃发展的历史进程中,教育担负着前所未有的重要使命与重大责任。加强和改善大学生思想政治教育,尤其是深入推进课程思政建设,已成为适应新时代教育发展需求、培养德智体美劳全面发展的社会主义建设者和接班人的紧迫任务与关键环节(高德毅,2017)。社会主义核心价值观,作为课程思政建设的理论基石与核心指引,有着丰富的时代内涵与精神价值,对于帮助学生精准把握时代发展脉搏、深刻理解时代使命担当、增强"四个意识"、坚定"四个自信"、做到"两个维护",具有不可或缺的引领作用,是培养学生适应新时代社会发展需求、积极投身国家建设事业所需价值观与关键能力的重要思想源泉。

党的十九大报告明确提出了要坚定"四个自信",强调要加强大学生的思想政治教育,培养德智体美劳全面发展的社会主义建设者和接班人。这为课程思政建设提供了明确的方向和政策支持。在新时代背景下,社会主义核心价值观教育成为推动教育改革和发展的重要抓手,引领学生树立正确的世界观、人生观和价值观,培养具有中国特色社会主义理想信念、深厚家国情怀和强烈社会责任感的新时代创新型人才,使学生成为担当民族复兴大任的时代新人。

社会主义核心价值观,作为中国传统文化精髓与当代精神文明成果的集大成者,是新时代价值观教育的核心内容与重要载体。将其深度融入课程思政建设全过程，有助于拓宽教育教学的主渠道，引导学生深入剖析核心价值观的深刻内涵、精神实质与实践要求，促使学生在学习与实践过程中逐步树立正确的人生价值取向与行为准则。通过精心设计与组织实施的思政课程教学和丰富多彩的思政主题活动（如主题演讲比赛、社会实践调研等），学生得以在生动鲜活的教育实践中真切感受社会主义核心价值观的强大精神力量与独特魅力，进而不断增强对社会主义核心价值观的深度认同与自觉践行意识，为个人成长成才奠定坚实稳固的思想根基，为社会发展进步贡献积极力量。

在教育教学实践中，教师应积极探索创新教学模式与方法，紧密结合时代发展需求与学生特点，精心设计契合时代脉搏的课程内容体系，如融入新时代中国特色社会主义建设伟大成就的案例、当代社会热点问题分析等，并灵活运用现代教育技术手段，如多媒体教学、在线学习平台等，激发学生的学习兴趣与培养学生主动思考的能力，提升教学效果与质量。高校及教育主管部门应高度重视思政课程建设，加大对思政课程的研究投入与资源配置倾斜力度，建立健全科学合理的课程评价体系与质量监控机制，持续优化课程体系结构，丰富教学资源储备，为学生提供更加优质高效的教育教学服务。

综上所述，适应新时代教育发展的迫切需要，坚定不移地加强和改进大学生思想政治教育，深入推进课程思政建设，是推动社会主义核心价值观广泛传播与深度实践的必然要求与关键路径。将社会主义核心价值观全方位融入课程思政建设体系之中，对于引导学生牢固树立正确的世界观、人生观和价值观，切实增强对社会主义核心价值观的认同感与自觉践行意识具有至关重要的意义。这一宏伟目标的实现，离不开教师、高校及社会各界的共同努力与协同合作，需要各方携手并肩，共同致力于培育具有坚定中国特色社会主义理想信念、卓越创新能力和强烈社会责任感的新时代人才，为实现中华民族伟大复兴的中国梦而不懈奋斗。社会主义核心价值观之所以成为课程思政建设的理论基础，不仅在于其作为国家意识形态与精神指引的核心地位，更在于其在教育实践中所发挥的不可替代的价值导向与育人功能，是引领新时代教育发展方向，培养担当民族复兴大任的时代新人的思想灯塔与行动指南。

5.3　课程思政的价值体系

从本质上讲，教育旨在启迪心智，激发学生的思考潜能与求知欲望（联合国教科文组织，2015）。知识传授不仅仅是信息传递，更是思维模式的培养。通过引导学生独立思考、批判性分析及创造性解决问题，教育能够助力学生构建科学的思维范式与理性的认知架构。教育的至高境界体现为思想的启蒙，即借由教育历程促使学生形成独立的思想体系与价值取向。思想启蒙不仅聚焦于知识内容本身，更涵盖对人生意义、社会责任、伦理道德等深层次内容的思辨与探究。通过思想启蒙，学生得以塑造自身的世界观与人生观，具备独立思考与判断的素养。

会计专业课程蕴含的理论知识与操作技能，潜藏着价值理念、精神追求等内在的育人元素。通过深入挖掘课程中的各类"隐性"价值意识并付诸教学实践，能够潜移默化地对学生的思想意识与行为模式产生深远影响。社会主义核心价值观作为思想建设的理论基石，为课程思政提供了核心教育内容。专业课程中的德育价值应拓展至国家政治、经济、文化等多元领域，培养学生的政治认同、文化传承等价值责任感。换言之，应教育大学生在科学的价值观的指引下，解决与应对学习与工作生活中遭遇的困境与挑战。课程思政的教育实践不仅有助于学生德育价值的实现，也有利于大学生将个人奋斗与国家发展有机融合。遵守社会规则与树立主流价值观，实现文化自信，传承中华优秀传统文化，担当民族复兴的重任。

5.3.1　国家层面的价值目标

社会主义核心价值观所强调的富强、民主、文明、和谐，不仅彰显了我国在国家层面的价值追寻，更承载了中华民族深厚的历史文化底蕴与对理想社会的殷切期盼。富强作为国家繁荣昌盛的物质根基，象征着国家的强盛与发达。在当代中国，富强不仅体现为经济的稳健增长，更表现为科技创新的引领、文化事业的蓬勃发展以及社会的全方位进步。民主作为国家政治生活的核心要义，是保障人民当家作主的根本制度安排。文明作为国家的精神文化支柱，标志着民族的进步与发展。和谐则是构建良好社会秩序与人民幸福生活的关键因素。富强、民主、文明、和谐四大价值目标，构成新时代中国特色社会主义事业发展的鲜明旗帜。它们不仅指引国家的前行方向，也汇聚了全国各族人民的共同意志与力量。坚定不移地践行这些价值目标，能在新时代新征程中铸就更为辉煌的成就，为实现中华民族伟大复兴的中国梦贡献力量。

因此，国家大力弘扬爱国主义精神，传承中华优秀传统文化，增强国家凝聚力与民族自豪感，推动中华民族伟大复兴。爱国主义精神是中华民族的核心价值观之一，起源于对祖国的深厚情感与对民族未来的坚定信念。在推动中华民族伟大复兴的历史进程中，爱国主义精神与中华优秀传统文化的作用不容小觑。它们不仅是国家软实力的关键组成部分，更是凝聚全民族共识、激发全社会创造力的重要源泉。因此，在教育教学中应大力弘扬爱国主义精神，引导学生传承与发扬中华优秀传统文化，为实现中华民族伟大复兴的中国梦提供源源不断的精神动力。

在经济管理体系中，会计学科不仅是一种商业语言，更是一种管理工具。会计工作不仅是一项技术含量高的职业活动，也是一项涉及社会经济关系与利益调整的社会活动。会计信息的精准性直接关联到企业的经营决策、投资者的投资抉择、政府的宏观调控等多方面行为。因此，在当前全球化与信息化时代背景下，会计作为一门社会科学，涉及人类的价值观与道德观。会计专业教育不仅致力于培养学生掌握会计、审计、财务管理等专业知识与技能，更注重塑造学生的世界观、人生观和价值观，以在处理复杂经济关系时保持清醒的头脑，抵御利益诱惑，坚守职业道德，维护公平正义，确保会计信息的精确性与公正性。赢得社会的信任与尊重，为企业的稳健发展与社会经济的稳定贡献力量。

为达到此目标，会计专业教育首先要注重国家层面价值目标思政元素的深度融入。通过深入探究国家发展趋势，能够使学生深刻领悟会计工作对于维护国家经济安全、促进社会公平正义的关键意义，进而增强学生的家国情怀。家国情怀是个体对家庭与国家的情感认同，更是对家族与民族传统文化、历史与价值观的珍视与传承（陈来，2019），体现了个人情感与国家命运紧密相连的情感态度与价值观念。培育与弘扬家国情怀有助于激发个体的历史使命感与爱国主义精神，促进社会和谐与进步。因此，国家层面的价值目标强调借助会计专业课程思政，培养学生的爱国主义精神、文化自信、历史使命感等。这不仅关乎学生的个人成长，更是国家与社会发展的基石。

1. 爱国主义精神

在当前经济社会快速发展的背景下，爱国主义精神不仅是每个公民的核心品质，更是特定职业群体应坚守的职业准则。尤其在会计这一关乎国家经济命脉的关键行业中，爱国主义精神的重要性尤为凸显。会计人员应深植爱国情怀、国家意识、民族精神，勤勉尽责地为国家经济建设贡献力量。

会计作为商业社会的基石，不仅为企业决策提供依据，更是国家经济发展的重要支撑。会计人员通过记录与分析财务数据，为企业提供关键运营信息，同时为国家经济政策制定提供重要参考。因此，会计人员的工作不仅关乎企业命运，更直接关联国家经济与社会稳定。在此背景下，会计人员具备爱国主义精神显得尤为关键。爱国主义精神能够激发会计人员的工作热情，使其在面对复杂烦琐的财务工作时，保持高度的责任感与使命感。会计人员不仅要确保自身工作精确无误，还要时刻关注国家经济发展，积极为国家经济建设建言献策。这种精神不仅影响会计工作的质量与效率，更关乎国家经济发展与社会稳定。

会计工作与一个国家的经济制度、文化背景紧密相关。在会计理论教学过程中，可将世界观与对商业环境的理解和解读相融合，将会计发展史与杰出贡献学者相联结，使学生不仅能够了解中国会计的发展脉络，还能深刻理解中国会计准则与国际会计准则的异同，从而增强对中国会计发展成就的认同感与自豪感（郭道扬，2008）。通过对财务报表的解读，让学生了解企业行为对社会的深远影响，以及对全球经济环境的影响。同时，在教学中融入中华传统文化，使学生理解传统文化中蕴含的丰富哲学思想、道德观念、艺术形式和科学智慧。这种将思政教育融入会计专业课程的方式，有助于提升学生的综合素质，使其更好地适应社会发展需求，也契合国家对高素质人才培养的要求。

爱国主义精神对会计人员的职业道德建设也具有促进作用。会计职业道德要求会计人员秉持诚信、客观、公正的态度，严格遵守会计准则与法律法规。具备爱国主义精神的会计人员，更能深刻理解职业道德的重要性，自觉遵守规范，为国家提供准确可靠的财务信息（刘峰，2006）。同时，爱国主义精神也是会计人员实现自我价值的重要途径。会计人员通过勤奋工作，为国家经济建设贡献力量，不仅能够实现个人价值，还能赢得社会的认可与尊重。这种成就感与荣誉感，是任何物质奖励都无法比拟的。

综上所述，爱国主义精神是会计人员不可或缺的重要品质。它不仅影响会计工作的质量与效率，更关乎国家经济发展与社会稳定。因此，高校应积极弘扬爱国主义精神，培育具有爱国情怀的会计人员，共同为国家经济建设与社会发展贡献力量。通过强化爱国主义教育，提升会计人员的职业素养与道德水平，为国家繁荣稳定贡献更多智慧与力量。

2. 文化自信

文化自信是个体对自身所属文化传统、文化底蕴与文化认同的一种自信的心理状态。它代表了对自身文化价值的认同与自豪，是对本民族文化的坚守与弘扬（云杉，2016）。在社会主义核心价值观体系中，培养学生的文化自信至关重要。这不仅关乎学生的个体成长，更关系到国家文化安全与民族精神的传承。文化自信是民族精神的灵魂所在。中华传统文化源远流长、博大精深，蕴含丰富的哲学思想、道德观念、艺术形式和科学智慧（楼宇烈，2015）。这些传统文化是中华民族的宝贵精神财富，是我们在世界文化激荡中保持自信、自立、自强的坚实基石。通过深入挖掘与传承中华优秀传统文化，能够更好地凝聚人心、汇聚力量，共同推动国家发展与进步。文化自信亦是国家凝聚力的源泉。弘扬中华优秀传统文化，不仅是对历史传承的尊重，更是对民族精神的坚守与发扬。这种坚守与发扬，能够增强国家凝聚力与民族自豪感，使人民在全球化浪潮中保持坚定的文化自信。同时，文化自信有助于形成包容开放的文化心态，促进不同文化间的交流与融合，进而推动世界文化的共同发展。

为培养学生的文化自信，需采取一系列举措。首先，应引导学生深入了解中国民族文化传统与历史。通过精心设置专业课程与教学内容，使学生了解中国传统文化、现代文化与当代文化的发展，培养对本民族文化的认同感（费孝通，2018）。其次，要着力培养跨文化视野。除强调本民族文化外，也需引导学生尊重与理解其他文化，培养跨文化视野，促进文化交流与融合。如此，学生在面对多元文化时，方能保持自信、开放与包容的态度。

在课程思政教育中，强调通过学习中华优秀传统文化，了解国家历史与文化成就，增强学生的文化自信。这种自信是家国情怀的重要组成部分，能够使学生自豪地维护与传承本国文化遗产。同时，社会主义先进文化、革命文化、中华优秀传统文化的教育与传承，可推动精神文明建设领域发生全面、深刻、根本性的变革，增强文化自信、社会凝聚力与向心力（龚自珍，2019）。

总之，文化自信是民族精神的灵魂与国家凝聚力的源泉。培养学生的文化自信，不仅是个体成长的需求，更是国家文化安全与民族精神传承的重要使命。通过深入挖掘与传承中华优秀传统文化，引导学生了解本民族文化传统与历史，培养跨文化视野，能够共同推动国家发展与进步，实现中华民族伟大复兴。

3. 历史使命感

使命感体现了个人或集体所肩负的历史责任与社会使命。它不仅是一个目标或任务，更是对人生的一种深刻领悟，是内在永恒的核心动力。历史使命感则是个体或集体于历史长河中，对所承担责任与使命的深刻体验与认知。历史使命感源自对历史使命的深刻理解，是对过去、现在和未来使命责任的自觉把握与实践。

在会计专业课程教学中，融入历史使命感具有深远意义。会计工作不仅是数字与报表的呈现，更是对经济活动的记录与反映，是社会发展的重要支撑。通过培养历史使命感，会计专业学生能够更深刻地理解会计工作对社会发展的重要性，增强社会责任意识。历史使命感能够促使会计专业学生意识到，会计人员的职责远不止于数字记录与报表编制，实则关系到社会经济的健康发展、国家财政的稳健运行以及广大人民的切身利益。因此，会计人员应时刻保持警觉，以高度的责任感和使命感对待每一项工作，确保会计信息真实、准确与完整。历史使命感的融入，有助于会计专业学生树立正确的人生观、价值观和社会观，认识到所学的会计知识与技能不仅服务于个人发展，还服务于国家、社会和人民。这种认识将引导学生树立正确的奉献精神与社会责任感，将个人发展与国家需求紧密结合，为实现民族复兴、社会进步和人类发展贡献力量。

此外，历史使命感还能激发会计专业学生的学习动力与热情。学生如果意识到学习和成长与国家、民族和社会发展息息相关，就会倍加珍惜学习机会，更加努力地掌握专业知识，提升自身素质。这种动力将推动学生追求卓越，为实现个人价值与社会进步积极努力。

综上所述，历史使命感在会计专业课程教学中的融入意义重大。它不仅有助于会计专业学生深刻理解会计工作的社会价值，还能引导他们树立正确的人生观、价值观和社会观，激发其学习动力与热情。在此过程中，会计专业学生将逐渐成长为具有强烈历史使命感的时代新人，为实现民族复兴、社会进步和人类发展贡献力量。

5.3.2 社会层面的价值取向

社会层面的价值取向（自由、平等、公正、法治）作为中国特色社会主义核心价值体系的重要组成部分，是构建和谐社会不可或缺的基石。这些价值取向的深刻领悟与积极践行，对于推动社会主义现代化建设进程，进而实现中华民族伟大复兴的中国梦，具有深远且不可替代的意义。从理论层面剖析，自由作为一种核心价值，在社会发展进程中扮演着推动进步的关键动力角色。在自由的社会生态环境之中，个体的潜能与创造力得以充分释放，犹如催化剂一般，为社会的持续演进注入源源不断的智慧活力与创新力量。平等则是实现社会和谐稳定的根本基石，其内在要求在于消除一切形式的歧视与偏见，确保每一个个体均能平等地享有权利与机会，这是构建公平社会结构的基本前提。公正是维护社会秩序稳定的必要保障，在处理各类社会事务时，秉持公正无私、不偏不倚的原则，是维护社会公平正义的核心要义。公正对于社会资源分配、利益协调等方面具有根本性的规范与引导作用。法治作为社会治理的基石，要求全体社会成员严格遵守法律法规，依法行事，以此确保社会秩序的稳定与规范，是实现社会长治久安的制度性保障。这些价值取向不仅与中国特色社会主义的发展理念深度契合，更是对中华优秀传统文化精髓与人类文明优秀成果的传承与发展（陈来，2014）。全社会各个层面需要共同努力与不懈追求，形成一种全方位、多层次的协同推进格局。每一位公民均应树立正确的道德观念，将自觉遵守法律法规内化为行为准则，切实尊重他人的权利与利益，以此作为建立和谐社会关系的基本行为规范。

会计工作作为社会经济活动的重要组成部分，其自身的特殊性决定了会计人员必须具备高度的职业道德素养与良好的职业操守规范。在新时代的教育背景下，会计专业课程已超越了单纯的知识与技能传授的范畴，转而成为塑造学生价值观、培育社会责任感的重要阵地。将会计职业道德教育深度融入大学生的知识学习、情感体验、人格塑造与价值判断等教育全过程，能够有效提升会计职业道德建设的质量与水平，使职业道德建设更具人格化、人性化、人文化特征，进而将会计职业道德内化为会计人才培养的核心价值驱动、精神驱动和人文驱动要素（段金锁，2023）。

1. 公平正义意识

在现代社会中，公平正义意识已成为一种具有广泛共识的价值观念，其核心要义在于强调个体在处理事务、人际交往以及参与社会活动时，必须始终坚持公平、公正和正义的基本原则。对于会计人员而言，这种意识具有至关重要的意义，因为其工作成果直接关联到企业、股东、员工以及社会各方的切身利益。具备公平正义意识的会计人员，在工作实践中能够秉持公正，客观的职业态度，运用专业知识与技能，确保财务信息的真实性、准确性与可靠性，从而为维护社会的公平正义打下坚实的信息基础。

公正处理财务信息是会计人员的基本职责。在财务信息处理过程中，会计人员必须严格保持中立立场，杜绝偏袒任何利益主体，以确保财务报告能够真实、准确地反映企业的财务状况与经营成果。这一要求意味着会计人员在工作中不仅要具备较高的专业素养，更要拥有高度的道德责任感，严格遵守会计准则和法律法规的规范要求，确保财务信息的公正性与客观性得到切实维护。鉴于会计工作涉及企业管理层、股东、员工、投资者等多元利益相关者的诉求，具备公平正义意识的会计人员能够平等对待各利益相关者，积极寻求各方利益的平衡点，确保各权益相关者在财务活动中得到公平对待，从而维护企业内部的和谐稳定，促进企业可持续发展。

遵守职业道德也是会计人员公平正义意识的体现。公平正义意识能够有效引导会计人员自觉遵守职业道德准则，坚决杜绝财务造假行为，严格遵守法律法规，从而维护会计行业的公信力与正义形象。会计人员在工作中需时刻保持清醒的职业判断，坚守职业道德底线，坚决抵制因个人利益而损害企业和社会利益的行为倾向。同时，公平正义意识还能够积极促进会计人员在公司治理中发挥建设性作用。可以凭借专业知识与技能，通过对公司财务状况的监督与审计，为公司管理层提供公正、透明的财务信息，助力管理层做出科学合理的决策，进而维护公司的长期稳定发展。在此过程中，会计人员不仅要关注企业的经济效益指标，更要重视企业的社会责任履行情况与可持续发展战略实施情况。

综上所述，公平正义意识对于会计人员而言，既是一种核心价值观念，也是基本的行为准则。其不仅直接关系到会计工作的质量与效率，更对企业、社会乃至整个国家的公平正义格局产生深远影响。因此，积极培养和弘扬公平正义意识，使其在会计工作中充分发挥价值引领与行为规范作用，对于推动社会的和谐稳定发展具有不可忽视的重要意义。

2. 法治意识

法治意识是指个体或群体对法律权威性的尊重，自觉遵守法律规定，以及对法律约束力的深刻认知与理解。具备法治意识的个体或群体，能够充分意识到法律在社会秩序维护、行为规范引导等方面的重要性，从而将遵守法律规定内化为一种自觉行为准则，形成尊重法律权威、维护法律尊严的思维模式与行为习惯。

在国家经济发展的宏观视野中，法治意识的重要性不言而喻。法治意识有助于构建稳定有序的市场秩序与公平竞争环境。在法治意识得到广泛普及与确立的社会环境中，各类市场主体能够在公平、公正的法律框架下开展经济活动，有效避免不正当竞争行为，确保市场秩序的稳定性与公正性，从而为经济的健康可持续发展提供坚实的制度保障（吴敬琏，2003）。法治意识对于产权保护和合同权益维护具有关键意义。在法治意识强烈的社会环境中，人们更加重视法律对产权和合同关系的保护作用，这为投资者营造了稳定、可预期的经济环境，增强了投资者的信心，吸引了更多的投资和资本流入，进而推动经济的蓬勃发展。法治意识还能够有效规范市场行为，提升经济运行效率。当法治意识成为社会共识时，各类市场主体会更加自觉地遵守法律规定，减少违法行为的发生，提高经济运行的透明度与规范性，降低市场交易的风险与不确定性，从而促进经济的快速增长与高质量发展（斯蒂格利茨，1994）。

在会计领域，会计准则作为会计工作的基本规范，通常是由法律法规予以明确规定和制定的。法律法规对会计报表的编制、披露和审计等关键环节提出了详尽、具体的要求，会计人员必须严格遵守这些法律法规，以确保会计信息的准确性、真实性与完整性。例如，法律法规对会计核算的各个方面，包括资产负债表、利润表等财务报表的编制原则、格式规范、披露要求以及相关税法规定的纳税义务计算与申报等，均做出了明确规定。会计人员在实际工作中，必须严格依据这些法律法规开展会计核算工作，确保其合法性与规范性。法律法规还对企业披露会计信息时的行为进行了严格规范，明确了信息披露的时限要求、披露内容的真实性和完整性标准等。会计人员有责任确保企业的信息披露行为严格符合法律法规的要求，杜绝虚假宣传和不当披露行为的发生。

在会计工作的具体实践中，法治意识贯穿于各个环节。从日常的账务处理操作到年度财务报告编制，从企业的税务申报流程到投资者的信息披露义务履行，会计人员均需严格遵守法律法规，确保每一项工作均在法律的框架内规范开展。只有这样，才能确保会计信息的真实性、准确性和完整性，进而维护企业的信誉和利益。在会计理论教学过程中，可引入财务舞弊的案例进行深入分析，如探讨在财务报表中实施虚假会计处理、隐藏负债等不当行为的动机、手段及后果。同时，结合法律风险案例，包括税务风险案例的讨论，揭示企业若未能遵守税法规定进行纳税申报，或蓄意逃避税收义务，可能引发的税务风险类型，以及可能面临的税务部门处罚与罚款。此外，还可分析企业因内部控制不力，导致财务管理混乱、资产流失等问题可能面临的管理风险和法律责任。或探讨企业由于未加强数据安全保护，导致客户信息泄露、网络攻击等问题时，可能面临的法律诉讼风险和赔偿责任。会计人员只有具备独立思考和准确判断的能力，才能在复杂多变的经济环境和严格的法律框架下，运用自身专业知识和实践经验，对各类会计事项进行精准判断与妥善处理，这正是法治意识在会计工作中的重要体现。

总体而言，会计人员必须具备高度的法治意识，这不仅是职业道德规范的基本要求，更是法律法规的强制性规定。会计人员需深入学习、透彻理解并严格遵守相关法律法规，确保会计信息真实、准确和完整。此外，会计人员还应密切关注财经法规和法律法规的动态变化，及时调整工作流程与方法，确保工作始终合法合规。会计人员要保持与时俱进的思维方式和专业素养，为企业和社会提供可靠、高质量的会计服务，推动会计行业的规范化、法治化发展。

3. 社会责任感

在当今社会快速发展、变革日新月异的时代背景下，社会责任感已成为个人和组织不可或缺的重要品质。社会责任感超越了单纯对道德和法律标准的遵循范畴，更深刻地体现为对个人行为和组织决策的价值判断与理性取舍。在个人层面，社会责任感体现在日常生活的细微之处，如尊重他人的人格尊严、严格遵守交通规则、积极践行节约理念等行为，这些看似微不足道的日常举动，实则共同构成了社会责任感的重要表现形式。

对于组织而言，社会责任感集中体现在其对社会的贡献程度与影响深度上。企业作为社会经济体系的重要组成部分，不仅应追求经济效益的最大化，更应高度关注其经营活动对环境、员工、社区等产生的影响。积极参与社会公益事业，为社会发展贡献力量，是企业具有社会责任的直观体现。同时，遵守商业道德规范，遵循公平竞争原则，积极维护良好的市场秩序，也是企业社会责任感的重要体现。社会责任感要求企业在追求经济利益的过程中，必须兼顾社会的整体福祉，实现经济效益与社会效益的有机统一与协同发展。

在会计领域，会计人员的社会责任感显得尤为重要。作为企业财务信息的记录者与报告者，会计人员承担着确保财务报告准确性与透明度的重要职责。为投资者、管理层、债权人和其他利益相关者提供真实、公正的财务信息，是其基本工作任务。会计人员应关注企业的环境和社会影响，通过提供环境、社会和公司治理（ESG）相关的财务信息，为企业可持续发展实践提供支持（毕马威，2020）。这种责任感要求会计人员在处理财务信息时，不仅要严格遵守会计准则和伦理规范，更要将企业的社会责任和可持续发展目标纳入考量范围。会计人员的社会责任感还体现在对公共利益的积极维护上。关注税收公平，防范洗钱和财务欺诈等问题，为维护市场秩序和保护投资者权益贡献力量，是会计人员具有社会责任感的重要体现。通过提高企业财务报告和业务运营的透明度，完善企业对外部利益相关者的问责制，可提升公众对企业的信任度。这要求会计人员在履行职责过程中，时刻保持对公共利益和社会福祉的高度关注，积极主动地维护市场秩序和投资者权益。

在会计专业教育领域，培养学生的社会责任感和职业道德素养同等重要（段金锁，2023）。通过实施案例教学、开展实践活动等多元化教学方法，引导学生关注社会公共利益问题，培育其社会责任感和公民意识，是实现会计专业教育目标的重要途径。这种教育模式不仅有助于学生在未来职业生涯中更好地履行社会责任，更对推动整个社会的可持续发展与进步具有积极意义。

5.3.3　个人层面的价值准则

爱国、敬业、诚信、友善，不仅是社会主义核心价值观在个人层面的体现，更是每个公民应当自觉践行的价值准则（朱海波，2014）。这些价值准则在个体的思想塑造、行为规范以及社会互动中发挥着根本性的指引作用，对于个体树立正确的人生观、价值观和世界观具有深远且持久的影响，是强化个体责任感与使命感，推动实现国家繁荣昌盛、社会和谐稳定、个人幸福美满的核心要素所在。爱国作为公民的基本义务与崇高情感的凝聚，要求公民以深厚的情感热爱自己的祖国，积极主动地关心国家大事，全身心投入国家建设事业，以切实行动为国家的繁荣富强贡献个人力量。敬业作为公民职业行为的基本准则与内在精神追求，促使公民在自身工作岗位上秉持高度的责任心，全力以赴地履行职责，持续不断地提升职业素养与技能水平，从而实现个人职业价值的最大化。诚信作为公民道德体系的基石与履行社会责任的重要体现，在市场经济运行中扮演着不可或缺的角色，是维护社会和谐稳定的关键保障。友善作为公民人际交往的基本原则与积极社会风尚的引领，构成了构建和谐社会的坚实基础，是促进人与人之间相互理解、相互尊重的重要桥梁。

个人层面的价值准则不仅构成了构建健康社会风尚的基石，还与每个公民的个人成长轨迹、职业发展路径紧密相连，更对整个社会的健康风尚塑造以及国家的繁荣富强进程产生了深远影响。因此，高度重视并积极培育和践行这些价值准则具有至关重要的现实意义。会计作为服务于管理决策、致力于价值创造的重要经济信息系统，其核心职能是提供精准财务信息。"诚"作为会计人员的立身之本，"信"作为执业之基，深刻凸显了会计坚守职业道德的重要性。会计专业课程思政教育，不仅要致力于培养学生的职业道德素养，更要着眼于学生的个人成长规划与职业发展导向。通过系统的思政教育，助力学生明晰自身的职业目标，培养终身学习意识，提升解决实际问题的能力。例如，借助职业生涯规划教育模块，帮助学生深入洞察会计行业的发展趋势，引导学生依据自身兴趣偏好与能力特长，制定科学合理的职业规划路径。在会计职业道德教学过程中，有机融入社会主义核心价值观中的诚信、公正等关键元素，使学生深刻领悟到诚信在会计工作中的基石地位以及公正的灵魂意义。同时，紧密结合会计工作实际案例，深入剖析职业道德在实践操作中的具体应用，帮助学生全面理解职业道德的内涵与要求，实现理论知识与实践应用的有效对接。

1. 诚信意识

诚信是个体在处理各类事务、开展人际交往以及履行承诺过程中所应秉持的诚实守信的道德观念与行为准则，是个体在社会互动中始终坚守的道德底线。这一品质不仅在日常生活的微观层面发挥着关键作用，也在商业活动的复杂情境以及社会交往的广泛领域中具有举足轻重的地位。在全球经济一体化进程加速推进的宏观背景下，诚信原则对于维护我国经济秩序稳定、推动社会主义和谐社会建设进程具有不可替代的意义。诚信教育的深入实施，不仅有助于提升学生的道德素养水平，更能有效引导学生构建正确的价值观、人生观与世界观体系。尤其在会计行业领域，诚信意识被视为会计职业道德的基石。

在会计基础理论课程教学体系中，将学生诚信意识的培养置于关键地位具有深远意义。学生应当深刻理解，诚信构成了会计工作的生命线，是确保财务信息具备真实性与可靠性的核心要素。只有诚实守信、坚决杜绝弄虚作假行为的会计人员，才能赢得社会公众的广泛信任，维护会计职业的良好声誉。从专业视角剖析，诚信意识要求会计人员在记录财务信息时严格遵循客观公正原则，确保数据的准确性与真实性，杜绝任何隐瞒或歪曲事实的行为。这意味着会计人员必须严格遵守相关法律法规以及会计准则的规范要求，坚决抵制任何违法违规操作行为，确保财务报表的编制的合法性与合规性。同时，会计人员应始终忠实于公司利益，坚决杜绝利用职务之便谋取个人私利的行为，坚决防范财务造假或财务舞弊等不良行为的发生。诚信意识还能够助力会计人员有效保持职业操守，使其在面对利益诱惑与外部压力干扰时，依然能够坚守职业道德与遵守职业规范要求。这种品质不仅有助于提升公司的品牌形象与市场声誉，还能为会计人员赢得广泛的社会尊重与行业认可。

综上所述，诚信意识在会计行业中占据着举足轻重的地位，是会计职业道德的基石，是财务信息真实性与可靠性的根本保障。因此，在会计基础理论课程教学中，应采取切实有效的教学策略与方法，加大对学生诚信意识的培养力度，引导学生深刻理解诚信的重要价值，为其未来的职业生涯奠定坚实可靠的道德基础。

2. 敬业精神

敬业精神作为一种熠熠生辉的职业品质，宛如照亮职业发展道路的璀璨明灯，对于任何行业领域的从业者都具有至关重要的意义。尤其在会计实务工作领域，敬业精神构成了会计人员的立身之本，是其有效履行职责、积极服务社会的基石。从内涵本质上讲，敬业精神是指个体对自身工作岗位秉持高度的热情与专注度，以认真负责的态度全身心投入工作，全力以赴追求卓越工作绩效的精神风貌与价值取向。这种精神不仅仅体现为对工作任务的尊重与重视，更体现为对职业的敬重与热爱之情。会计人员作为企业经济活动的关键记录者与社会经济秩序的重要维护者，必须时刻以敬业精神为指引，才能确保财务信息的准确性与真实性，切实维护企业的合法利益，有效与企业内外部各方之间建立稳固的信任关系。

敬业作为会计职业道德的灵魂所在，要求会计人员深度热爱自己所从事的职业，对日常工作充满热忱，始终坚定不移地坚守职业道德规范与职业行为准则。在执业过程中，会计人员必须严格秉持客观公正的职业态度，坚决不受任何利益因素干扰，坚定维护公平正义原则。具备这类品质的会计人员不仅能够精准记录财务信息，还能有效保护公司的核心利益，成功与公司管理层、审计师、投资者以及其他利益相关方建立信任关系。

鉴于会计行业的复杂性与动态变化性特征显著，会计人员必须时刻保持对行业最新发展动态的敏锐关注，及时掌握最新的法规政策要求，持续不断地学习和提升自身的专业知识储备与技能水平。这种持续学习的精神追求，正是敬业精神在会计工作实践中的具体体现形式。只有持续不断地提升自身专业素养，会计人员才能有效应对日益复杂的财务工作情境，确保会计工作的开展顺利有序。敬业精神在会计工作中的另一重要体现为工匠精神，即会计人员对财务数据处理展现出细致入微的严谨态度与耐心执着的专注精神，确保数据的高度准确性；在面对各类复杂财务问题时，能够沉稳耐心地进行处理，保障会计工作流程的顺畅。这种对工作的高度专注与全身心投入，正是敬业精神在会计工作实践中的生动诠释。

敬业精神还进一步要求会计人员积极融入团队协作环境，与团队成员之间保持密切的合作关系，相互支持与协作配合。在团队协作过程中，每个成员均需充分发挥自身专业特长，共同致力于完成团队任务目标。会计人员需要与同事之间建立良好的沟通机制与协作模式，确保会计工作在团队协作框架下顺利推进。这种合作精神不仅能够显著提高工作效率，还能有效促进团队成员之间的友谊深化与信任增强。敬业精神还能够激发会计人员不断反思和优化工作方法与流程，使其深刻认识到唯有持续进步才能有效适应不断变化的行业环境。因此，会计人员应始终保持敏锐的洞察力，积极主动地寻求提升工作效率与质量的创新路径。这种自我提升的精神追求，不仅有助于个人职业发展，还能为团队和组织创造更大的价值。

综上所述，敬业精神是会计实务工作中不可或缺的关键品质。它能够有效助力会计人员应对各种工作挑战，保持高水平的专业素养，确保财务信息的准确性与可靠性；同时，还能积极推动个人和团队的成长与发展。在当今竞争激烈的社会环境中，具备敬业精神的个体无疑更具竞争优势。因此，会计人员应当高度重视敬业精神的培养与强化，将其贯穿于日常工作的全过程，以此提升工作绩效，实现个人的职业发展目标。

3. 创新能力

在当今时代，科技发展日新月异，社会变革风起云涌，创新能力已跃升为衡量一个国家综合实力、一个行业竞争力水平以及一个个体发展潜力的核心标准之一。对于会计专业教育领域而言，着力培养学生的创新精神与创业意识，不仅是对学生个人综合素质进行全方位提升的关键举措，更是对会计理论体系创新发展与实践应用创新变革的强大推动力量。

创新精神是指个体在认知形成、情感体验以及行为实践等多个维度上对新事物所表现出的积极接受的态度与创造性思维能力。在会计专业教育情境下，创新精神的培养目标在于引导学生塑造积极探索未知领域、勇于突破传统思维束缚、敢于承担创新风险的独特个性特质。这要求学生在面对复杂多变的会计问题时，能够独立自主地进行思考分析，灵活运用所学专业知识进行创新性解决方案的探索与实践。与此同时，创业意识的培养也是会计专业教育的重要任务模块之一。创业意识要求学生具备敏锐洞察商业机会的能力、勇于承担风险挑战的胆识，以及通过创办企业或组织来追求利润增长与价值创造的实践能力。这种能力的培养，不仅有助于学生在未来职业生涯中更加从容自信地应对各种复杂挑战，还能为社会经济的可持续发展注入源源不断的创新活力与增长动力。

为实现上述目标，会计专业课程体系的设计与教学实践活动的开展必须进行系统性创新变革。一方面，课程内容设置应当紧密贴合时代发展脉搏，与时俱进地引入会计学科领域的前沿理论成果与创新方法体系，确保学生能够及时掌握最新的知识技能动态。同时，高度注重理论教学与实践应用的深度融合，通过精心设计案例分析、模拟经营等多元化教学方法，引导学生在解决实际问题的过程中逐步学会创新思考与独立作业。另一方面，课程教学过程应当巧妙融入思政教育元素，增强学生的社会责任感与历史使命感。通过深入开展会计职业道德、社会责任等相关教学活动，引导学生深刻认识会计工作在经济社会发展进程中的重要作用与价值使命，从而有效激发学生的创新精神与创业意识。

高校作为人才培养的重要阵地，应当积极营造有利于学生创新创业的良好环境与浓厚氛围。高校应通过搭建创新创业教育平台，提供丰富多样的创新创业实践机会，举办各类创新创业竞赛活动，以及建立健全创新创业指导与服务体系，为学生进行创新创业探索提供坚实有力的支持和保障。这些举措的有效实施，不仅能够充分激发学生的创新潜能，还能切实培养学生的创业意识与实践能力。

综上所述，将思政元素深度融入会计专业课程体系，强化学生的创新精神和创业意识的培养，是适应新时代经济社会发展需求的必然选择。通过持续创新教育理念与教学方法，积极营造有利于学生创新创业的良好环境与浓厚氛围，能够培育出更多具备创新能力和创业精神的高素质会计人才。创新能力的培养不仅有助于学生在未来的职业生涯中更好地适应快速变化的市场环境，还能有效推动会计理论和实践的持续创新发展。

5.4　课程思政元素的挖掘

高等教育不仅是知识和技能的传授场所，更是价值观念和精神风貌的培养基地。会计专业作为高等教育的重要组成部分，承担着培养具有专业能力和高尚道德的复合型人才的双重使命。在新时代背景下，将社会主义核心价值观、家国情怀、文化自信和民族自豪感等思政元素融入会计专业课程，是教育工作者的重要职责。中国会计教育在长期发展过程中逐渐形成了鲜明的中国特色，这种特色不仅体现在对先进会计理论的深度融合与本土化创新上，还体现在实践教学模式的持续创新、优秀传统文化的传承弘扬以及对时代发展脉搏的准确把握上。其根本目标在于培养具备国际视野、卓越专业能力、较强创新思维能力和强烈社会责任感的高素质会计人才，以满足日益复杂多变的经济社会发展需求（刘永泽，2021）。为切实达成这一教育目标，有必要对会计专业的知识体系进行全面深入的挖掘与系统精准的提炼。这一过程不仅涉及对传统会计理论的精细剖析与传承发展，还涵盖对新兴会计领域的前沿探索与创新实践。同时，课程设计应从多维度入手，着力提升其知识性、人文性、引领性、时代性和开放性（董静，2023）。具体而言，可通过专业、行业、国家、国际、文化、历史等多元维度，为学生构建全面系统的会计行业发展认知框架，进而实现会计专业教育与社会主义核心价值观的深度融合。

其一，借助案例分析、专题讲座、模拟实践等多元化教学方法，引导学生深入理解和密切关注国家经济政策的动态变化，深刻体会在全球化背景下我国经济面临的发展机遇与严峻挑战。通过系统了解中国会计的演进历程，使学生充分认识到会计人员在国家经济建设进程中所扮演的关键角色，从而有效激发他们的家国情怀和强烈责任感。将中华优秀传统文化中的精髓与现代会计理念进行有机结合，通过深入对比中外会计准则的差异，引导学生理性认识中国会计准则的合理性、科学性和独特优势，进而增强其文化自信。

其二，深入研究中国传统文化中的经济思想，如"诚信为本""和为贵"

等经典理念，引导学生深刻领悟这些传统文化精髓在现代会计职业实践中的应用价值与指导意义。定期组织学生实地参观国家重大项目和大型企业，直观展示我国经济建设取得的辉煌成就，使学生能够亲身感受中国经济的强大活力与创新实力，从而有效培养他们的民族自豪感。

其三，构建丰富多样的财务舞弊、会计信息披露不实等案例库，深入分析会计工作中存在的各类诚信问题，全面讨论这些问题对企业可持续发展和社会经济秩序稳定造成的严重影响，引导学生坚守诚信原则，坚决维护会计职业的公信力。鼓励学生积极参与实习和志愿服务等实践活动，通过亲身体验实际工作环境，培养学生的职业责任感和敬业精神。同时，邀请业界资深专家走进课堂，分享他们的职业经历和对职业精神的深刻理解，使学生从中获得宝贵的启示。

综上所述，将社会主义核心价值观、家国情怀、文化自信和民族自豪感等思政元素深度融入会计专业课程体系，对于培养兼具高尚道德情操和专业能力的复合型会计人才具有深远意义。通过全面深入挖掘和系统精准提炼会计专业知识，有机结合多种教学方法和实践活动，能够有效实现会计专业教育与思政教育的高度有机融合，培育出既具备较高专业素养又拥有广阔视野和强烈社会责任感的优秀会计人才。

5.4.1 基础理论课程模块

会计学科具有深厚的理论根基和广泛的实践应用领域。基础理论课程着重强调财务信息的准确记录、精细分析和规范报告，旨在为企业管理者提供科学有效的决策支持。为更好地契合时代对会计人才的多元化需求，深入探究会计学科的育人目标，挖掘并提炼专业知识体系中的思想价值与精神内涵已成为当务之急。

首先，以社会主义核心价值观为导向，将其贯穿于"会计学原理""财务管理""审计学"等课程的教学全过程，并实现理论学习与实践活动的紧密衔接。鼓励学生将所学理论知识积极应用于实践场景，尤其是在处理会计、财务、审计等复杂领域的实际问题时，能够始终秉持正确的价值取向，切实体现社会主义核心价值观的实践要求。具体而言，应精心选取具有典型性和代表性的案例，特别是那些能够生动体现社会主义核心价值观，深刻反映会计职业道德和社会责任的案例，通过案例教学法，引导学生在案例分析、讨论和问题解决的过程中，深入理解和精准掌握社会主义核心价值观的丰富内涵和实践要求。

其次，借助"会计伦理"和"会计职业道德"课程教学，强化学生的职业道德意识和法律意识。例如，在讲授"会计学原理"课程时，结合会计造假、财务舞弊等现实案例，深入讨论这些不良行为对社会、企业和个人产生的深远影响，引导学生深刻反思并牢固树立正确的价值观。注重培养学生的爱岗敬业精神、诚信意识和奉公守法意识，使学生深刻认识到会计专业蕴含着丰富的商业智慧和严谨的伦理精神，会计信息质量直接关乎投资人利益和社会经济秩序的稳定。

最后，积极鼓励学生以问题意识为导向，深入分析会计领域的经典案例，有效提升学生的价值判断能力和思辨能力。引导学生在学习过程中持续进行自我反思，涵盖对所学知识的深度反思、对个人价值观的审慎反思以及对社会现象的理性反思等，以此不断深化和提升对社会主义核心价值观的理解和认同，最终实现思政教育的根本目标。

1. "基础会计"课程

在财务会计专业课程体系中，"基础会计"是一门基础理论课程，也是搭建学生会计知识体系的基石。该课程系统全面地阐述了会计的基本概念、核算原理和操作流程，为学生搭建起对会计学科作为一个信息系统的整体性认知框架。通过深入学习，学生不仅能够学会如何精确处理会计数字，还能在实操中培养耐心、细致和自律的品质。对细节的高标准要求，正是会计工作的核心所在。

在价值观培育层面，"基础会计"课程同样承载着重要的教育使命。该课程从理想信念、职业道德、创新创业、劳动品质、工匠精神等多维度出发，致力于培养学生的国家理想信念、文化自信以及社会责任感。通过巧妙融入社会主义核心价值观，如"敬业""法治""诚信"等核心要素，以及会计职业特有的严谨、细致、坚持准则，精益求精的职业素质，将"会计诚信"和"谨慎专业的职业判断"等终身职业理念深深植入学生的价值体系。这种对职业道德和职业操守的高度强调，不仅有助于学生在未来的职业生涯中树立良好的职业形象，更是推动会计行业健康、可持续发展的重要保障（朱小平，2019）。

同时，该课程通过系统讲述会计的历史演进和文化内涵，帮助学生深入理解会计职业的发展脉络，树立对国家文化的强烈自信。这种文化自信将转化为学生积极投身国家经济建设的内在动力源泉。学生通过学习，能够深刻认识到会计工作在国家经济建设中所发挥的重要作用和占据的关键地位，从而更加珍视和热爱自己所学的专业。此外，利用基础会计实验实训模块，将会计基本原则与实务操作紧密联系起来，引导学生正确处理和报告财务信息，确保信息的真实性和透明度。这种对信息质量的严格要求，既是对社会责任的切实履行，也是对企业和投资者利益的有力保障。

2."中级财务会计"课程

"中级财务会计"课程作为会计基础理论课程体系的延续和深化，旨在为学生提供更为专业和深入的会计学习体验，帮助学生巩固并拓展会计基础知识，使其能够应对更为复杂的财务环境和问题。"中级财务会计"课程是连接基础会计理论与实际应用的重要桥梁，对于学生在会计领域的深入学习和实践具有至关重要的意义。

在知识传授层面，该课程内容围绕会计信息质量、存货业务、金融资产、负债、公允价值模式、收入和费用等核心领域展开。这些内容设计旨在引导学生全方位、深层次洞悉会计原理与方法，并能够娴熟地将其应用于实际业务操作中。课程在聚焦会计核算技术的同时，更强调会计信息的真实性、可靠性与及时性特质，这可以助力学生树立正确的会计观念，使其严格遵守会计职业道德规范准则，全方位提升其在企业运营和管理方面的综合素质，为企业提供准确、可靠、高质量的会计信息服务。

在价值观培育层面，该课程借助对会计准则的研习，引导学生深入了解我国会计准则制定的原则，从而有效增强文化自信与国家认同感。例如，通过深入探究与细致比较国内外会计准则的异同之处，助力学生明晰我国会计准则的合理性、适应性与先进性优势；在会计信息质量相关内容的学习进程中，引导学生领会其对企业经营决策与公众利益的深远影响，进而促使其自觉遵循诚实守信原则，认识到会计专业人员所肩负的重要责任和使命。针对具体会计业务处理技巧，强化精益求精的工匠精神与对传统会计处理方法的创新意识培养。通过案例分析与实际操作训练相结合的方式，如在存货业务与金融资产的管理实践过程中，强化对工匠精神与细致入微的敬业态度的培养，引导学生在日常工作中矢志追求精准性与专业性境界，充分彰显对会计职业的热爱与尊重，进而培养学生的专业责任感与敬业精神。同时，通过对收入和费用的深入剖析，培养学生廉洁自律的品质，使其在未来的职业生涯中能够自觉恪守法律法规，始终保持良好职业操守，坚决抵制财务舞弊等不正当行为。

在整个"中级财务会计"课程教学过程中，通过具体财务报表分析与案例研究实践活动，持续强化爱岗敬业的职业精神培养，使学生在实际操作体验中深刻领悟并理解这一精神的重要性。通过课程设计，帮助学生树立正确的世界观、人生观与价值观，为培养具备国际视野与社会责任感的高级财务会计人才奠定坚实的基础。该课程强调会计信息不仅需精确无误地反映企业经济活动实质，更应密切关注其对企业决策制定、市场分析评估以及投资者判断决策的深远影响。

3."高级财务会计"课程

"高级财务会计"在"基础会计"和"中级财务会计"的基础上，进一步深化了学生对会计理论和实务运用的理解，涉及更复杂的会计处理方法和财务分析技术，致力于解决国际会计领域前沿性问题或国内上市公司面临的重大会计问题。其教学内容紧密贴合中国会计实践情境，是我国注册会计人员、高级财会人员必备的专业知识。作为财务会计体系中的高阶课程，该课程要求学生综合运用财务理论知识，对实务中的复杂特殊业务进行会计处理，是会计类本科专业课程中知识深度与能力要求最高的课程之一。

从知识传授层面看，该课程涵盖企业合并、债务重组、长期股权投资、金融工具、租赁、收入确认、所得税等特殊经济业务事项。这些内容均为企业财务核算体系中的重要内容，对会计人员专业能力与职业素养的塑造具有至关重要的作用。学生通过深入学习最新的会计准则与财务报告高级概念，如会计政策的选择与变更、会计估计、财务报告质量分析等内容，熟练掌握复杂经济业务的会计分析方法与处理逻辑架构，构建特殊业务会计处理的系统性分析框架（谢志华，2010）。教师可通过案例分析、模拟实训等教学手段，将理论知识有效融入实际业务场景，通过对复杂财务数据的深度分析与精准解释，培养学生从多维视角审慎辨析企业财务行为的思辨能力与应用实践能力，使学生在面对复杂多变的商业环境时，能够做出更为合理明智的判断决策。

在价值导向层面，"高级财务会计"课程致力于为企业、金融机构、会计师事务所等单位培养高级财务管理人员、审计师、财务顾问等高端会计人才。使其成为企业发展的核心力量与中坚支柱，需基于受托责任理论视角，秉持公众利益导向原则，牢记财会监督职责使命。职业伦理、责任担当、法律意识等思想品质要素在该课程中占据出尤为重要的地位。在探讨财务报告与会计政策相关议题时，课程频繁涉及如何维系独立性与客观性原则，以及如何恪守职业道德规范准则。在比较学习国际财务报告标准与美国通用会计准则过程中，有效拓宽学生的国际视野，提高其适应全球化发展需求的能力素养。同时，引导学生深刻领会党中央决策部署要义，积极响应国家发展需求，运用专业技能解决复杂经济交易与高级财务问题，加快高质量发展进程，践行经世济民使命担当。

4. "财务管理基础"课程

"财务管理基础"课程在会计理论与企业实际运营之间扮演着重要纽带角色。它不仅包含企业内部的财务运作，还广泛涵盖了资本投资、资金筹集以及财务风险管理等领域，旨在引导学生突破传统会计思维定式束缚，熟练运用专业工具与理论知识，紧密结合市场动态趋势与企业战略规划，开展财务预测分析、资源优化配置、收益风险平衡管控等活动，进而制定契合外部环境变化的高效财务策略。财务管理涉及企业战略规划、创新思维培养与风险管理实践等多个层面，对企业发展具有深远意义。财务管理课程的科学设置有助于学生构建综合管理视角，认识到财务管理在企业管理体系中的核心地位。通过学习如何在各类经济情境下做出恰当筹资、投资决策，学生能够更为全面深入地理解企业运营全貌，有效提升其作为未来财务经理或高级管理人员的职业竞争力。

从知识传授层面来看，"财务管理基础"课程为会计专业学生提供了一套系统的理论与实践工具，帮助学生在未来职业生涯中进行财务分析与科学决策制定。财务管理的核心内容涵盖资本成本计算、投资项目评估、资金筹集运用、现金流量管理以及风险管理等领域。这些内容不仅包含财务基础理论知识，还拓展至高级财务决策制定的实务操作层面。例如，借助财务比率分析、现金流量分析等工具，学生能够有效评估企业的财务状况，从而更为妥善地应对企业面临的财务风险挑战，为企业的长远发展提供坚实的决策支持。

从价值塑造层面分析，"财务管理基础"课程对于国家经济发展具有举足轻重的作用。它不仅是经济发展的助推器，也是国家稳定繁荣的基石。因此，应通过深化对财务管理内涵的理解，有效激发学生的爱国情怀，并强化敬业精神培养，进而培养学生对财务工作的责任心与使命感，将爱国与敬业确立为财务管理的核心精神导向。鼓励学生思考如何在追求经济效益的同时，兼顾社会效益，为可持续发展贡献力量。深刻理解财务信息披露透明度与诚信度是财务管理生命线的要义，要着重培养学生的诚信意识，确保信息的真实性与完整性。为培养学生独立思考能力与批判性思维素养，在财务分析过程中要注重问题识别引导，促使学生保持客观、公正、诚信的态度。这不仅要求会计专业人员具备精益求精的工作态度与敬业精神，更要求其具备良好的职业道德素养，坚守诚信、透明、责任原则，学会在复杂多变的商业环境中，依据伦理原则与社会责任，做出明智的财务决策，从而逐步构建契合现代会计职业要求的核心价值观体系。

5."审计学"课程

"审计学"课程通过理论教学和实践操作的有机结合，为学生提供了一个全面的审计知识体系和实际操作技能的学习平台，使学生深入理解审计在企业管理和监督中的重要性，从而提高对企业财务信息的审慎性和谨慎性。并通过审计素质的培养，如独立性、客观性、谨慎性、专业性等核心素质，使学生成为具备扎实专业知识和高度职业操守的审计人员。引导学生掌握审计程序的设计与执行、审计证据的获取与分析、审计报告的撰写等核心技能，强化学生理解和应用会计知识，对进行有效监督与评价起着至关重要的作用。"审计学"课程的学习将为学生未来从事审计工作或相关领域的职业发展奠定坚实的基础。

从知识传授层面来看，"审计学"课程主要围绕审计的基本理论、方法和实务进行教学，涵盖了从审计准则、审计程序到审计报告的编制等多方面内容。这些内容为学生提供了一套完整的、系统的审计知识架构，使学生能够在实际工作场景中准确运用这些理论和技术，进行财务报表的审查，评估企业的财务状况及其运营效果。教学可运用案例分析、模拟审计等方法，增强学生的实践能力和问题解决能力。在现代会计实践中，审计不仅仅是对历史数据的核对，更是对企业经营活动的全面评价，包括对企业内部控制系统的评估和风险管理。通过这些实践教学，学生能够更好地理解和掌握审计的实际操作，为将来的职业生涯打下坚实的基础。"审计学"课程注重培养学生如何运用专业判断，处理复杂和模糊会计信息的高阶能力。审计工作常常涉及对财务报告中的关键假设和估计的评估，这要求审计人员不仅要扎实地掌握会计和审计知识，还要具备良好的判断力和决策能力。通过"审计学"课程的学习，学生可以提高自身的专业判断力，更好地满足未来的职业角色需求。

从价值塑造层面来看，审计工作的核心内容是收集证据和评价证据。应以公平、正义为切入点，讲解审计在维护社会公平正义中的作用，需始终秉持职业谨慎的态度，依照国家法律和会计、审计准则，做到独立、客观、公正、诚实守信，运用先进的数据分析资源和方法，以获取充分、适当的审计证据，提出可信赖的审计意见。培养学生的公平意识和法治意识，强调审计的独立性与客观性，树立学生正确的职业价值观。在教授注册会计人员的职业责任、职业期望和财务报表审计等内容时，针对舞弊问题，可以启发学生深入思考注册会计师所肩负的社会责任。而应对财务报表中的重大错报事项，学生能具有独立思考和批判性分析能力，作出独立判断，有效抵御外界不当影响，提高工作的公正性和专业性。

6. "税法"课程

"税法"不仅是一门学术性强的学科，更是连接企业与政府、个人与社会的重要纽带。其核心教学目标在于引导学生了解我国现行税法体系的架构与内涵，把握税收征纳的基本程序与规范，系统地掌握各类税种的征税范围及计税方法的应用要点。在会计实务领域，税法知识是不可或缺的一部分，它搭建起了企业与政府之间的沟通桥梁，确保了税收政策的顺利实施。通过系统学习"税法"课程，学生能够逐步树立正确的税收观念与税务意识，深刻认识到税收在国家宏观经济运行与社会持续发展进程中所发挥的重要作用，切实达成"知税收—懂税制—遵税规"的学习目标。

从知识传授层面分析，"税法"课程为会计专业学生提供了必需的税收法律知识，涵盖了税种的分类、税率的确定、税收的征收管理以及税务筹划等多方面内容。这些基础知识构成了进行有效会计处理的基本前提，是确保会计工作完全符合法律规定的基础。在实际工作场景中，会计人员不仅需要处理复杂的财务数据，还需依据税法规定进行合理有效的税务筹划与税负优化操作，培养学生的纳税自觉性与合法避税意识（王曙光，2018）。"税法"课程中的案例分析、模拟实操等教学活动，能引导学生在遵守法律的前提下，利用税法规定进行税务筹划，从而提高企业的经济效益。

从交通出行、生活环境、科技创新等微观视角，以及国家治理和经济调控的宏观视角，通过对法理的分析、法条的讲解、案例的讨论，使学生自然而然地树立法治观点，强化法治思维和守法意识，理解税收对于国家经济可持续发展、国际贸易和国际交流的重要性，增强作为公民的社会责任感和法律意识。在进行会计核算和报表编制过程中，会计人员需要遵循税法规定，如税收政策、税率、税法规定的会计处理方法等，确保会计信息的合法性和准确性，会计专业人员必须诚实守信、公正合法地报税，处理好个人、企业与国家之间的关系，这不仅是遵守职业道德的表现，也是对社会负责的体现。

综上所述，"税法"课程在会计专业课程体系中的地位不可替代，不仅为学生提供了专业的税法知识，更在培养学生的职业道德，法律意识和社会责任感等方面发挥了重要作用。随着经济的全球化和市场的多元化，未来的会计人才更应具备扎实的税法知识和高尚的职业操守，以应对不断变化的财经环境和复杂的税收政策。

7. "商业伦理与会计职业道德"课程

在现代经济体系中，会计职业因在资金流动、财务透明度及企业决策中发挥核心作用而显得尤为重要。随着全球经济一体化和公司治理结构的不断演变，会计职业的道德标准和商业伦理问题日益受到关注。"商业伦理与会计职业道德"课程旨在帮助学生树立正确的职业道德观念，提高其对会计职业的责任感和使命感，增强其职业道德意识和法治观念。通过"商业伦理与会计职业道德"课程，学生可以了解会计职业的特点和要求，学习如何正确处理职业道德问题，培养自律、诚信、有责任感等良好的职业素养，提高综合素质。

从知识传授层面来看，"商业伦理与会计职业道德"课程为会计专业学生提供了一套理论框架，帮助他们理解和分析在会计实践中可能遇到的伦理困境。这包括了解会计职业的法律环境、职业标准以及与会计实务相关的伦理问题。课程中不仅讨论了如何识别和处理潜在的财务报告欺诈、利益冲突、审计独立性等问题，还涉及如何在面对职业压力时坚守伦理原则。该课程还强调了国际会计准则和本国会计准则之间的差异，以及这些差异对会计职业道德的影响。通过对比分析，学生能够更好地理解全球化背景下的会计伦理标准，为未来在国际舞台上的职业生涯做好准备。

"商业伦理与会计职业道德"课程的设计和教学模式以塑造学生的道德品质和职业精神为核心，旨在培养学生的认同感、家国情感、守法意识、诚信品质和向善导向。该课程不仅仅是传授理论知识，更重要的是通过案例分析、角色扮演和道德讨论等教学方法，让学生在实际情境中学会做出道德判断和伦理决策，从而培养他们的批判性思维能力和独立思考能力。

从价值塑造层面看，课程以"认同"为核心开展思想引领教育，旨在让学生认同并内化课程所传达的道德观念和职业精神。通过深入探讨商业伦理和会计职业道德的重要性，学生能够认识到自己在未来职业生涯中所面临的伦理挑战，从而建立起对道德准则的认同感和责任感。以"家国"为主题的情感培养教育，强调学生对家庭、社会和国家的责任感和情感连接。通过引导学生思考自己的家庭背景、社会责任和国家使命，激发学生对家国情感的认同和珍视，培养他们的社会责任感和使命感。以"守法"为基础的行为规范教育，强调学生在职业生涯中遵守法律法规和职业准则的重要性。通过案例分析和角色扮演等形式，学生能够深入了解违法违规的后果，并培养自己的守法意识和行为规范，确保在职业实践中不偏离道德底线。以"诚信"为根本的职业精神教育，注重培养学生的诚信品质和职业操守。通过讨论诚信的重要性，实践诚信的方式和后果，学生能够深刻理解诚信对于职业发展的重要性，建立起自己的诚信意识和行为准则。以"向善"为导向的公民人格教育，强调学生在职业生涯中要秉持善良、公正和正直的品质。通过道德讨论和案例分析，学生能够认识到向善的重要性，培养自己的善良品质和公民责任感，为未来的职业生涯奠定良好的道德基础。

总之，"商业伦理与会计职业道德"课程在会计专业课程体系中的地位非常关键。它不仅提供了必要的知识框架，帮助学生理解并应对会计职业中的伦理问题，更通过价值观的塑造，培养学生成为具有高度职业道德的会计专业人员。随着经济全球化和商业环境的不断变化，这一课程的重要性将越发突出，它是培养未来会计领导者不可或缺的一部分。在道德与利益冲突日益加剧的今天，拥有坚实的伦理基础和职业道德观念的会计专业人员，将在提升企业透明度和公正性方面发挥不可替代的作用。

8. "财务报表分析"课程

在现代企业管理中，财务报表分析是重要的决策支持工具。"财务报表分析"课程是连接理论与实践、培养专业实操能力的重要课程。会计专业的学生通过学习如何对财务报表进行深入分析，可以为企业的投资决策、风险管理、成本控制等提供量化的数据支持。这种能力的培养对于未来的会计人员或财务分析师在职业生涯中，尤其是在高级管理层做出战略决策，具有极其重要的作用。

从知识传授层面看，"财务报表分析"课程教授学生如何阅读和解析资产负债表、利润表、现金流量表等财务报表。该课程有助于学生了解企业的资产负债状况、盈利能力、现金流量等情况，发现企业存在的财务问题，并采取措施加以解决，避免企业陷入财务困境；了解企业的盈利能力、资产利用效率、偿债能力等情况，从而评估企业的经营绩效，为制定更加科学合理的经营战略、提高企业的竞争力和盈利能力奠定基础。"财务报表分析"课程不仅仅教授技能，更注重培养学生的批判性思维能力。在分析过程中，学生需要识别和评估会计政策的选择、潜在的会计估计和可能的财务操纵等问题。这种批判性的分析方法有助于学生在未来的工作中，独立并深入地理解复杂的财务报告，做出更为精准的判断；在案例分析、实际操作等过程中，帮助学生了解不同行业、不同市场的财务报告特点，从而拓宽知识面，增强在复杂环境下的应变能力和竞争力。

从价值塑造层面看，"财务报表分析"课程应以民主、法治为切入点，讲解财务报表对利益相关者的重要性，培养学生的民主意识，强调信息披露的法治要求，增强学生的规则意识。通过学习"财务报表分析"课程，学生将了解到会计信息的真实性、透明度对于企业利益相关者（包括投资者、债权人、员工及社会公众）的重要性。这种理解有助于未来的会计专业人员在工作中坚持诚信原则，维护会计职业的公信力。"财务报表分析"课程要求学生在分析财务报表时要保持客观、公正和严谨，注重职业操守和道德规范。通过学习该课程，学生能够培养自己的职业素养和道德意识，为将来从事会计和财务相关职业奠定良好的道德基础。该课程引导学生透过数字深入理解企业内部运营与外部表现之间的关系，关注并客观理解企业经营管理中的现实问题，塑造财会从业者的使命感和社会责任感，树立民族自信心和积极的社会主义核心价值观。

综上所述，"财务报表分析"课程在会计专业课程体系中是基础且核心的一环，从知识和技能的传授到价值观和职业素养的培养，为会计专业学生的全面发展奠定了坚实的基础。学习该课程不仅能够提高学生的专业能力，更能够在更广阔的层面上，为其未来的职业生涯和个人发展奠定坚实的基石。

9."成本会计"课程

"成本会计"课程详细阐述了一套成本核算与控制的理论和方法,是对企业生产活动中产生的成本信息进行全面的记录、深入的分析以及准确的报告。成本会计不仅是理解企业经济活动、把握其运行规律的基础,更是企业进行有效成本控制和财务决策的关键工具。通过成本会计核算,企业能够全面了解不同生产环节的成本构成,从而为实现降本增效、合理定价提供有力的战略决策依据。成本会计核算不仅有助于提升企业的经营效率,还能够显著增强企业的盈利能力。因此,在会计实务工作中,成本会计的运用成为不可或缺的环节。同时,它也在会计理论体系中占据重要地位,是构建完善的会计理论体系的重要组成部分。正是由于成本会计在企业管理和决策中发挥核心作用,成本控制成为现代企业管理中一个至关重要的环节。

在知识体系的构建上,"成本会计"课程实现了成本与会计两大领域的完美结合。课程涵盖了成本费用的归集与分配、成本核算的基本方法、产品成本的计算以及成本分析等内容。通过学习成本概念和核算方法,学生能够掌握专业技能和培养精确计算能力。通过案例分析和实际问题讨论,将理论知识与实际应用结合,学生能够深入理解成本信息在企业管理中的应用,以及如何利用这些信息进行有效的成本控制和决策分析。这将极大地提升学生的问题解决能力和决策能力,为他们未来的职业生涯奠定坚实的基础,使他们能够在企业内部管理和战略规划中发挥重要作用。

从价值塑造层面看,"成本会计"课程在培养会计专业学生的职业素养和伦理意识方面具有重要意义。从根本上说,成本会计的学习不仅是对数字的处理,更是对成本信息的诚信报告和负责任的管理。这一点在课程中通过深入讲解成本伦理、成本操守以及对成本操纵可能带来的恶劣后果得到了体现。学生在此过程中能够深刻理解并积极承担起作为一名会计专业人员的道德责任。针对成本控制在企业运营中的重要性,可通过成本控制的案例分析,引导学生体会节约资源、优化成本的社会价值。这不仅有助于他们在实际工作中推动企业的可持续发展,还能使他们更好地认识到成本会计在企业决策中的关键地位。成本会计工作必须在国家法律法规的框架内进行,以确保企业经营活动的合规性，而这有助于培养学生对法律法规的尊重和遵守。

总之，"成本会计"课程在价值塑造层面、伦理层面和法律层面全方位地培养了会计专业学生的职业素养。学生通过学习该课程，不仅掌握了专业的成本会计知识，而且培养了负责任的职业态度和良好的伦理道德。这为他们未来在职场中发挥专业优势、为企业创造价值奠定了坚实基础。

10. "管理会计"课程

管理会计作为现代企业管理的重要组成部分，通过提供有效的决策支持和绩效管理，为企业创造价值、提升竞争力提供了有力的保障。因此，掌握管理会计的知识和技能对于企业管理人员来说至关重要。"管理会计"是一门旨在培养学生掌握现代管理会计理论和实践技能的课程。通过学习"管理会计"课程，学生可以深入了解企业管理过程中成本和效益的关系。掌握各种管理决策中的会计技术和方法。有助于提高学生的管理思维和决策能力，使其在未来的职业生涯中能够更好地应对现实管理挑战。

从知识传授层面来看，"管理会计"课程的核心在于为企业的战略决策提供数据支持和分析。这包括成本控制、预算编制、经济效益分析等多个方面，通过对财务和非财务数据的综合运用，帮助管理层制定符合企业长远发展的策略。"管理会计"课程教授学生如何通过财务指标和非财务指标来评估企业的业务绩效。这种评估不仅帮助企业监控当前的运营状态，还能促进企业持续改进和优化管理过程。在不确定的市场环境中，管理会计提供了一种有效的风险评估和管理工具，通过对各种内外部因素的分析，帮助企业识别潜在风险点，并制定相应的对策。"管理会计"课程的知识体系不仅有利于提高学生的综合能力，更有助于增强学生在财务领域的竞争力。企业在进行经营决策时，需要依靠管理会计提供的信息和分析。因此，掌握管理会计的相关知识，对于学生来说是一种职业优势。

从价值塑造层面来看，"管理会计"课程不仅仅关注数字，更重视数字背后的业务逻辑和市场环境。该课程能够帮助学生建立宏观的商业视角，培养战略思维。这对于学生未来的职业发展至关重要。管理会计的实践涉及众多的利益相关者，包括投资者、员工、客户等。"管理会计"课程强调职业伦理的重要性，教育学生在进行决策时须考虑到各方的利益和社会责任。在教学过程中，学生将学习如何通过财务和非财务信息进行创新决策。这种训练有助于学生在未来的工作中，能够灵活应对变化，推动企业创新和发展。"管理会计"课程通过引入国际会计准则和全球案例，帮助学生拓宽国际视野，为学生在全球范围内的职业发展奠定基础。

总之，"管理会计"课程在数智化会计课程体系中占据举足轻重的地位。它不仅教授学生必要的知识和技能，更是在塑造未来会计专业人才的价值观和职业定位上发挥了至关重要的作用。随着企业环境的不断变化和技术的迅速发展，"管理会计"课程将成为是培养高素质、适应未来挑战的会计专业人才的关键课程。

5.4.2　数智技术课程模块

随着大数据、云计算、人工智能等数智技术的广泛应用，会计行业的业务模式和职业要求正在发生深刻变化。将数智技术课程纳入会计专业教育体系，已成为培养现代会计人才的必然趋势。智能会计作为传统会计的延伸，利用现代信息技术，特别是大数据技术，来提高会计职能的效率和效果。将思政元素融入数智技术课程的教学设计，不仅能够帮助会计专业的学生更好地掌握技术工具，更能引导他们深入思考技术发展对个人、企业乃至社会的深远影响，培养学生的道德情操和社会责任感。这种教育模式的创新，是高等教育适应时代发展、服务国家战略需求的重要体现。

首先，引导学生深入理解技术伦理的内涵。技术伦理关注的是技术发展对个人、社会乃至环境可能产生的伦理影响。在教学中使用大数据分析、人工智能进行财务分析时，教师要引导学生讨论这些技术的伦理问题，如数据隐私保护、算法公正性、确保信息安全、保护个人隐私、遵守法律法规等，培养学生的技术伦理观念。对于会计专业学生而言，理解和掌握技术伦理不仅有助于他们识别和解决工作中可能遇到的道德困境，而且是其成为负责任的会计专业人员的基础。例如，在教授区块链技术的应用时，教师可以引导学生探讨区块链技术在确保交易安全性和透明度方面的优势，同时也要讨论其可能引发的隐私问题和监管挑战。通过这种方式，学生不仅学习到了技术知识，还能培养批判性思维能力和伦理判断力。

其次，将工具理性与价值理性有机结合。工具理性关注的是技术的效率和功能，而价值理性则关注技术应用背后的价值取向和社会影响。学生应明确数智技术的应用界限和目标导向。会计专业教育，不仅要教会学生如何使用技术工具提高工作效率，更要引导他们思考技术应用对企业文化、职业道德乃至整个社会的长远影响。教师可以通过一些讨论课或研讨会，鼓励学生探讨在实际工作中如何平衡工具理性和价值理性，如何在追求技术创新和提升财务报告质量的同时，保持对社会价值和人文关怀的敏感性。

最后，数字化转型与社会发展的联系。数字化不仅仅是技术的应用，更是工作方式和思维模式的转变。会计专业的教育应当帮助学生理解数字化转型的深远意义，包括它对企业管理结构、职业角色、劳动力市场乃至全球经济格局的影响。通过课堂教学、实训项目等形式，教育学生如何在数字化环境下进行有效的数据分析、风险管理和决策制定，同时也要关注技术变革对社会公平、就业机会等方面的影响。思政教育在这一过程中扮演着重要角色，通过培养学生的历史责任感和未来使命感，使他们不仅是技术的使用者，更是未来社会的建设者和引领者。

1. "大数据财务分析"课程

"大数据财务分析"课程是一门融合大数据技术、计算机科学和财务管理学等知识的交叉学科课程，旨在培养学生利用大数据技术进行财务分析的能力，以适应现代企业财务管理的需求。通过该课程的学习，学生将能够突破传统会计的局限，掌握大数据分析的基本理论和技能，了解财务数据的获取、处理、分析和可视化等方面的知识，掌握利用这些数据进行财务预测和决策支持的方法，帮助企业解决复杂的业务和财务问题。这种创新型的财务分析方法不仅可以提高企业的运营效率和市场竞争力，助力企业实现可持续发展，还能为国家宏观决策提供有力的支持，促进经济社会的繁荣发展。

从知识传授层面来看，该课程涵盖了大数据技术基础、财务数据获取与处理、财务分析方法、财务预测与决策等方面的内容，实际应用与案例研究是财务大数据分析课程的关键特点之一。通过理论讲解、案例分析、实践操作等多种教学方式，引入真实的业务场景和财务案例，学习先进的数据分析工具和软件（如 Hadoop、SQL 和 Python 等），进行数据清洗、数据整合、数据分析及数据可视化操作，对财务数据进行有效处理和分析。掌握从海量数据中提取有价值的信息，并对数据的可靠性和相关性进行评估的方法和技术。利用分析结果对企业的财务状况做出更加科学和准确的评估，为企业的财务决策提供数据支持。通过实际案例的研究，学生将学会如何应对真实世界中的财务挑战，培养在财务大数据分析领域的实际操作技能。该课程不仅为学生提供了必要的技术知识，帮助他们跟上时代发展的步伐，还着重培养了学生的分析思维、数据解读和业务洞察能力，而这些技能都是现代会计专业人员必须具备的核心竞争力。

从价值塑造层面看，在利用大数据技术对企业或行业现状进行分析时，可延伸到大数据对企业战略决策、对国家经济政策、对经济社会环境可持续发展的影响等内容。学生可以更加深入地理解我国经济发展的现状与挑战，从而增强对国家政策的认同感和支持度。课程中的案例分析和数据解读，使学生能够从实际出发，理解政策背后的经济逻辑和社会意义，这对于培养学生的爱国情怀和社会责任感具有重要意义。"大数据财务分析"课程强调数据的真实性、准确性和客观性，这对于培养学生的诚信意识和职业道德至关重要。在学习过程中，学生需要不断对数据进行校验、分析和解释，以得出客观公正的结论。这种严谨的学术态度和方法论，有助于培养学生的专业素养和职业道德，为其未来的职业生涯奠定坚实的基础。此外，"大数据财务分析"课程还注重培养学生的批判性思维和创新精神。在面对复杂多变的经济现象时，学生需要运用所学的知识和技能进行分析和判断，提出独到的见解和解决方案。这种批判性思维和创新精神的培养，有助于学生在未来的工作中更好地应对挑战和解决问题。

2. "RPA 财务机器人应用与开发"课程

RPA 是用软件机器人实现业务处理的自动化，以"模拟人"的方式进行业务操作，集合多种技术，实现跨系统的无缝链接和集成，帮助企业处理很多重复的、规则固定的、烦琐的流程作业。"RPA 财务机器人应用与开发"课程是一门针对财务领域与人工智能技术的交叉学科课程，旨在培养学员掌握财务机器人的基本原理、开发流程和应用场景，使其能够利用财务机器人解决财务管理中的实际问题，提高财务管理效率和质量。RPA 机器人已成为智能会计实务领域中的重要组成部分，更是培养未来会计专业人才在智能化工作环境中所必需的技能和知识的重要平台。

从知识传授层面来看，"RPA 财务机器人应用与开发"课程的设置使学生了解 RPA 机器人在财务中应用的信息技术，从机器学习算法的基本原理到具体的应用场景分析，包括发票验证、应收与应付账款处理、报表编制、固定资产报告、月末报告、会计科目管理等方面的工作。通过进一步了解企业的财务业务体系，在识别传统企业财务流程中痛点的基础上，运用屏幕抓取、拖拽、工作流、流程控制等自动化技术进行机器人编程，实现业务与财务流程一体化、自动化、智能化以及复杂的财务系统集成。这门课程，可以培养学生发现问题、解决问题的能力，以及对信息技术在财务领域的相关应用的兴趣。

从价值塑造层面来看，"RPA 财务机器人应用与开发"课程对学生的职业生涯发展具有深远的影响。在面对复杂的财务问题时，运用机器人技术，可以设计出更加高效、精确的解决方案，不仅提高了财务工作的效率与准确性，也为企业的决策提供了更有力的数据支持。这种科技创新的力量，正是推动国家经济持续发展的关键因素之一。因此，通过学习这门课程，学生能够更加深刻地理解科技创新在国家发展中的重要性，从而增强自身的创新意识和全局观念。在未来的职业道路上，这种能力使会计专业人才能够更好地适应智能化、自动化的工作环境，提高自身的专业能力和竞争力。这门课程还能够培养学生的职业道德与社会责任感。在财务工作中，诚信、公正、保密等职业道德原则是至关重要的。通过学习这门课程，学生能够更加深入地理解这些职业道德原则的内涵与要求，从而在未来的工作中更好地践行这些原则。同时，财务机器人的应用与开发也涉及社会责任的问题。学生需要意识到自己在技术创新中所承担的社会责任，从而更加谨慎、负责地进行研发与应用。

3. "智能财务共享实训"课程

财务共享服务是企业价值链的延伸，通过资源的共享以及市场化的运作，使得价值链中的支持活动从单纯的成本中心变成利润中心。财务共享服务中心将企业各种财务流程集中在一个特定的空间和平台，包括应收、应付、总账、固定资产等核算业务处理，员工费用报销，资金结算处理等（张庆龙，2017）。基于会计的核心职能，财务共享服务承担着推动企业财务乃至整体业务转型的重要任务，助力企业建立战略性财务体系，从而最大限度地发挥其管理职能。从价值链的角度看，共享服务可以在释放会计核算资源的基础上，通过深入的业财融合，为业务部门提供优化资源配置和价值管理的信息服务，在服务与合作中实现价值链的延伸（赵杰，2023）。随着智能技术的不断进步，未来的财务工作将更加依赖于技术。通过该课程的学习，学生可以提前适应未来职场的需求，具备使用信息化和智能化工具进行财务管理的能力。掌握智能财务共享的相关技能，可以使学生在就业市场中更具竞争力。企业越来越倾向于招聘那些能够应用新技术、新模式的财务人才。

从知识传授层面看，"智能财务共享实训"课程能够帮助学生了解和掌握财务共享中心的运作模式和关键技术，如自动化工具、数据分析技术等。通过实际操作训练，学生可以学会使用现代信息技术来处理会计信息，提高工作效率。课程不仅提供理论知识的学习，更强调实际操作能力的培养。在真实的财务工作情境下，学生既能进一步熟悉财务工作流程，又能将理论知识与实务工作紧密结合，还能够培养职业责任感和团队协作能力。在智能财务共享实训中，学生需要面对各种复杂的财务问题和挑战，而这种环境促使学生必须思考如何利用新技术解决问题，从而培养其创新思维和解决问题的能力。

从价值塑造的角度来看，财务共享实验课程具有多重意义。它不仅仅能提升学生的专业技能，更能通过实践操作，使学生深刻领悟财务管理的社会责任与道德伦理内涵。财务共享实验课程为学生提供了一个身临其境的财务环境，使他们能够亲身体验财务管理的核心要素。在这一过程中，学生不仅能直观感受到财务管理在企业运营中的关键作用，如提升经营效率、降低成本、推动经济高质量发展等，更能在实践中形成对职业道德和社会责任的深刻认识。这种认识将深刻影响他们未来的职业选择和行为准则，促使他们更加注重企业的可持续发展和履行社会责任。

同时，财务共享实验课程注重自动化、智能化技术的应用，通过案例分析和问题解决环节，锻炼学生应对复杂财务问题的能力。学生在解决问题的过程中，需要跨部门、跨地区进行团队协作。在模拟的财务环境中，学生需要学会与他人密切合作，共同应对和解决各种问题。这种合作体验不仅能够锻炼学生的团队协作精神和沟通能力，还有助于提升他们的领导力和组织协调能力。这些能力在学生未来的职业生涯中将发挥重要作用，帮助他们更好地适应复杂多变的工作环境。财务共享实验课程还致力于引导学生深入理解财务共享服务在推动企业信息化建设以及适应数字经济发展中的重要作用。通过学习该课程，学生能够认识到数字技术在现代经济社会中的应用前景，激发他们投身数字经济发展的热情。同时，课程还注重培养学生的科技创新意识，鼓励他们不断探索和应用新技术，为未来的经济社会发展贡献力量。

4. "Power BI 数据可视化"课程

Power BI 是微软推出的一款强大的商业智能工具。通过该工具，用户可以轻松地从各种数据源获取数据，进行高效的数据分析，并创建动态的报告和令人印象深刻的可视化展示。该课程从讲授 Power BI 的基础知识和操作原理，逐步深入到数据导入、数据清洗、数据转换等数据处理过程，帮助学生建立完整的数据处理流程。通过学习数据可视化的方法和技巧，包括如何选择合适的图表类型、如何调整图表样式和布局、如何添加交互功能等，学生能够轻松地将数据转化为直观、易懂的图形。教师将数据分析和数据可视化的实际应用场景结合，通过案例分析和实践操作，可让学生更好地理解数据可视化的应用和价值。

从知识传授层面看，"Power BI 数据可视化"课程旨在全面提升学生的数据分析和可视化能力。通过课程的学习，学生不仅能够掌握从数据获取到清洗、转换、分析和可视化的完整流程，还能够深入理解数据可视化的原理和方法，掌握各种可视化工具的使用技巧。此外，课程还着重于培养学生的数据处理能力，使他们能够高效、准确地处理和分析大量财务数据。在学习过程中，学生将学习利用 Power BI 进行深入的数据分析、包括趋势分析，预测分析等多种高级分析技能，从而做出更加精准的判断和决策。同时，学生还将掌握数据可视化的技巧，学习如何有效地使用视觉元素展示数据，使报告更加直观、更易于理解。总之，通过这门课程的学习，学生不仅能够应用 Power BI 这一强大的数据可视化工具，还能够培养自己的数据分析能力和创新思维，为未来的职业发展奠定坚实的基础，并拓展更广阔的职业发展空间。

从价值塑造层面看，"Power BI 数据可视化"课程在传授技术技能的同时，也蕴含了丰富的思政价值。通过这门课程的学习，学生不仅能够掌握数据可视化的技术和方法，更能够树立正确的数据观念，提升批判性思维能力，增强社会责任感。该课程强调数据的真实性、准确性和客观性，该课程的教学是培养学生正确数据观念的重要一环。在数据可视化的过程中，学生需要学会如何筛选、处理和分析数据，以确保数据的真实性和准确性。这一过程不仅要求学生具备扎实的技术技能，更要求他们具备严谨的科学态度和高度的社会责任感。通过这样的学习，学生可以深刻理解数据的重要性以及数据在社会发展中的关键作用。

在实验过程中，课程注重培养学生的批判性思维能力。在数据可视化的过程中，学生需要学会解读和分析数据，以及根据数据做出合理的判断和决策。这需要学生具备批判性思维能力，能够独立思考、分析问题，并做出明智的决策。通过这样的学习，学生可以提升自己的思辨能力，更好地应对复杂多变的社会环境。强调科学决策的重要性，并激发其国家意识和社会责任感。也能突出课程强调数据可视化在社会发展中的重要作用。数据可视化不仅可以帮助人们更好地理解和分析数据，可以促进信息的传播和交流，推动社会的发展和进步。通过学习这门课程，分析其对社会发展的积极影响，学生会思考如何为社会服务。学生会深刻认识到自己作为数据可视化从业者的社会责任和使命，积极投身到社会实践中去，为社会的发展贡献自己的力量。

5.4.3 实践实训课程模块

实践实训课程模块主要指通过模拟真实会计工作环境，让学生在接近实际的操作过程中学习和掌握智能会计的知识和技能。这类课程通常包括但不限于会计软件的操作、财务数据的分析处理、税务申报实训、审计模拟等。通过这些实训，学生可以在实际操作中发现问题并解决问题，从而深化对智能会计系统的理解，提高解决实际工作中会计问题的能力。

实践实训课程模块设置了最基本的会计信息系统分析与应用训练。学生将学习如何使用现代化的会计软件，完成财务管理、成本核算、报表编制等工作。通过实际操作，学生将深入理解会计信息的处理流程，掌握数据处理和分析的技能，为日后的工作打下坚实的基础。财务管理与分析实训是实践实训课程模块的重要组成部分。在这一部分，学生将学习如何运用财务分析工具和方法，对企业的财务状况进行全面、深入的分析。通过实训，学生能够识别财务风险，提出改进措施，为企业的决策提供有力的支持。

实践实训课程提供了一个将理论知识应用于实践的平台，使学生能够在实际操作中理解和掌握专业知识，更容易渗透社会主义核心价值观、职业道德标准等思政元素。例如，在进行财务报表分析的实训时，教师可以引导学生讨论在数据处理和财务报告中如何体现真实性、公正性等职业道德，进而让学生在专业学习中体会和践行这些道德规范。在智能会计的实训过程中，创设一些涉及职业道德决策的情境，例如如何处理会计信息的隐私保护、如何公正地处理公司内部的财务纠纷等。通过这些情境，学生不仅能在面对真实工作时做出符合职业道德的选择，也能在过程中强化对社会责任的认知。教师可以定期组织以"诚信为本，法治为用"等为主题的教育活动，将这些活动与实训课程结合起来。例如，在税务申报的实训课程中，教师可以邀请行业内的专家来讲解税法及其背后的社会责任和法治意识，通过专家的讲解和实际操作的结合，加深学生对于职业道德和法治精神的理解和认识，提高他们在实际工作中的应对能力。

1. "会计信息系统"课程

"会计信息系统"课程是一门结合会计学和信息技术的交叉学科,旨在帮助学生深入了解现代会计信息系统的基本原理、结构与应用。通过该课程的学习,学生将掌握会计信息系统在企业运营中的重要性和作用,了解会计信息系统的基本构成和运作机制,掌握会计信息系统在数据处理、信息生成和决策支持等方面的应用技巧。

从知识传授层面看,"会计信息系统"课程涵盖会计信息系统的基本概念、发展历程和趋势,以及会计信息系统与企业其他信息系统的关系。同时,该课程还重点介绍了会计信息系统的功能模块,包括账务处理、成本管理、固定资产管理、财务分析等,帮助学生了解各个模块的功能和作用,并以系统思维来理解和分析会计信息流程。学生不仅需要掌握传统的会计知识,如财务会计、管理会计等,还需了解如何通过信息技术来处理会计信息,包括会计软件的使用、数据库管理、系统分析与设计等。通过系统化的学习,学生可以全面理解这些流程如何通过信息系统进行整合和优化,从而提高企业的运营效率和决策质量。这种知识的双重结构使会计专业学生能够更好地适应数字化时代的需求,提高在职场上的竞争力。

从价值塑造层面看,"会计信息系统"课程不仅仅是技能的传授,更是一种思维方式和职业素养的培养。这门课程强调的是信息的精确性和及时性,即通过对信息系统的深入了解和应用,会计人员能够更准确、更快速地处理和报告财务信息,提高工作效率,降低错误和舞弊的可能性。通过模拟真实业务情景,"会计信息系统"课程有助于培养学生的法治意识和诚信精神。会计作为一门严谨的科学,其信息处理必须遵循相关法律法规和会计准则。通过学习这门课程,学生能够深刻理解法治在会计工作中的重要性,自觉遵守法律法规,维护会计信息的真实性和公正性。同时,诚信作为会计工作的基石,也是课程思政价值的重要体现。通过课程学习,学生能够树立诚信意识,坚守职业道德,为企业的健康发展贡献自己的力量。

通过小组讨论和互助,"会计信息系统"课程能够提升学生的团队协作能力和创新意识。在会计工作中,信息的处理和传递往往需要多个部门的合作。

通过学习这门课程，学生能够掌握有效的沟通技巧和协作方法，提高团队协作能力，共同推动会计工作的顺利开展。此外，随着信息技术的不断发展，会计信息系统不断创新和完善。课程鼓励学生积极参与创新实践，提出改进意见，培养学生的创新意识和实践能力。

"会计信息系统"课程还有助于培养学生的社会责任感和国际视野。会计信息不仅是企业内部管理的重要依据，也是外部利益相关者了解企业状况的重要途径。通过学习这门课程，学生能够认识到会计工作对社会经济发展的重要性，增强社会责任感，积极参与社会公益事业。同时，随着全球化的深入发展，会计信息系统也面临着越来越多的国际化挑战。课程注重培养学生的国际视野和跨文化交流能力，使其能够适应国际会计工作的需要。

2. "ERP原理与实践"课程

随着信息技术的快速发展和全球化的推进，ERP系统已成为企业实现资源优化配置、提升管理效率、增强市场竞争力的重要工具。"ERP原理与实践"课程具有很强的实践性和应用性，是连接会计理论与信息技术实践的桥梁，帮助学生深入理解ERP系统在现代企业中的应用及其对会计职能的影响。通过学习"ERP原理与实践"课程，学生可以全面了解ERP的基本概念、发展历程和功能模块，掌握ERP系统的基本原理和实施方法。对于会计专业的学生而言，这门课程不仅有助于提升他们的专业素养，还能够为他们未来的职业生涯奠定坚实的基础。

从知识传授层面看，"ERP原理与实践"课程能够帮助学生了解ERP系统的核心原理，理解企业会计和财务管理的核心流程。ERP系统集成了企业的各个功能模块，包括财务、采购、销售、库存等，使得企业内部信息流通更加顺畅。通过学习ERP原理，会计专业的学生可以更加清晰地了解企业内部的财务运作流程，掌握会计核算的基本方法以及ERP系统的基本操作和管理技能，熟悉会计软件的使用和数据处理方法，对财务数据进行实时分析和提供决策支持，提升自己的信息化素养、实际操作能力和职业竞争力，从而更好地服务于企业的财务管理和决策制定。

它不仅提供了必要的知识和技能，以支持学生在现代信息技术环境下进行有效的会计和财务管理,而且通过培养学生的综合能力和创新思维,为学生将来在职业生涯中取得成功奠定了坚实的基础。随着企业对 ERP 系统需求的不断增长,掌握这门课程的内容将为会计专业学生带来更多的职业机会和广阔的发展前景。因此,加强和优化"ERP 原理与实践"课程的教学,对于培养符合未来市场需求的高素质会计专业人才具有重要的战略意义。

从价值塑造层面看,ERP 系统作为企业资源计划的核心工具,涉及企业的各个层面和环节,体现了企业的整体运营和管理。在课程中,学生将学习到如何运用 ERP 系统来优化企业流程、提高管理效率、降低成本、增强市场竞争力。这些知识和技能的学习,不仅使学生掌握了现代企业的管理工具和方法,更重要的是培养了他们的创新精神和实践能力,为将来的职业发展奠定了坚实的基础。在课程中,学生将了解到 ERP 系统在企业发展中的作用和意义,认识到信息技术对于推动企业转型升级、实现可持续发展的重要性。这有助于引导学生树立正确的科技观和创新意识,激发他们为国家发展和社会进步贡献力量的责任感和使命感,使学生了解到 ERP 系统在企业管理中的伦理道德和社会责任。在学习如何运用 ERP 系统优化企业流程、提高管理效率的同时,学生也需要关注到企业运营过程中可能出现的伦理道德问题和社会责任挑战。这有助于培养学生的道德意识和社会责任感,引导他们在未来的职业生涯中始终坚守诚信底线,积极履行社会责任。

3."会计综合实验"课程

"会计综合实验"课程以会计实践为核心,旨在通过实践操作,帮助学生将所学的会计理论知识与实际操作结合,提高学生的会计实践能力和综合素质。在该课程中,学生将通过模拟企业会计实务操作,了解企业会计的基本流程和方法,掌握会计核算的基本技能,熟悉企业会计制度和政策法规,再现理论体系中的断点和难点,加深对理论知识的理解和系统性认知,培养解决实际问题的能力。

从知识传授层面看,"会计综合实验"课程以会计基础理论为基石,涵盖了会计的基本概念、原则和方法。该课程注重会计循环的完整流程,包括原始凭证收集、记账凭证编制、账簿登记与结账以及财务报表编制与分析,使学生深入了解会计工作的每个环节。学生应有针对性地练习特殊业务的会计处理和高级财务管理技能，例如，企业合并、对外投资、债务重组等复杂经济业务的会计处理方法，以及税务筹划、成本控制等，以应对实际工作中的复杂情况。这些内容的学习，能够让学生更好地适应实际工作中可能遇到的各种复杂情况。随着会计信息化的发展，课程还强调会计软件、电子表格等工具的应用，提高工作效率和准确性。课程的知识结构既全面又深入，既有理论知识的巩固，又有实践技能的培养。通过学习这门课程，学生不仅能够更好地理解和掌握会计工作的核心技能，还能够为未来的职业发展奠定坚实的基础。

从价值塑造层面看，"会计综合实验"课程中，学生将通过模拟真实的会计工作环境，亲手操作会计业务流程，深入了解会计工作的实际运作，从而具有扎实的会计实践能力和严谨的职业操守。这有助于学生深刻体会到诚信在会计工作中的重要性，明白任何一点小小的失误或欺诈行为都可能给企业带来严重的后果。这样的体验将使学生更加珍视诚信，自觉遵守职业道德规范，也有助于培养学生的责任意识和团队精神。在实验中，学生需要扮演不同的会计角色，与其他学生共同完成复杂的会计任务。这就要求他们不仅要对自己的工作负责，还要与团队成员密切协作，共同应对各种挑战。通过这样的实践，学生将逐渐培养强烈的责任感和团队精神，为将来步入社会做好准备。在实验中，学生将接触到各种经济活动和业务往来，从中感受到经济发展的动力和社会进步的步伐。这有助于他们深刻理解会计工作的社会意义和价值所在，从而树立起服务社会、奉献社会的正确价值观。

4."财务管理综合实验"课程

财务管理综合实验，即 ERP 沙盘实验，是一种模拟真实企业运营环境，利用沙盘模型、计算机软件等工具，将企业的各个职能部门和业务流程进行高度还原。在 ERP 沙盘实验中，学生将扮演企业中的不同角色，如总经理、财务经理、销售经理等，通过模拟企业日常运营活动，进行财务管理决策的实践操作。

在 ERP 沙盘实验中，学生需要面对各种复杂的财务问题，如资金筹措、成本控制、预算管理等。他们需要运用所学的财务管理理论和方法，结合企业的实际情况，进行决策分析和制定解决方案。通过不断模拟操作和反思总结，学生可以加深对财务管理理论和实践的理解，提高解决实际问题的能力。ERP 沙盘实验不仅注重学生对理论知识的掌握，更强调实践操作能力的培养。它让学生在实际操作中感受财务管理的复杂性和挑战性，对于培养具有实践经验和创新思维的高素质财务管理人才具有重要意义。

从知识传授层面看，ERP 沙盘实验作为一种模拟企业运营的教学工具，为学生提供了一个真实且富有挑战性的学习环境。在这个实验中，学生将运用所学知识，模拟企业的财务管理活动，以提升其实践能力和创新思维。ERP 沙盘实验涵盖了财务管理、市场营销、生产管理等多个领域的知识，旨在培养学生综合运用这些知识解决实际问题的能力。其中，财务管理作为实验的核心内容，涉及财务预算、成本控制、资金管理等多个方面。

在实验过程中，学生将分组扮演不同角色，如总经理、财务经理、营销经理等，需要在给定的市场环境下，通过团队协作，制定并实施企业的财务战略。实验通常分为多个阶段，每个阶段都有不同的任务和目标，如初创期的资金筹集、成长期的扩张策略、成熟期的盈利优化等。通过 ERP 沙盘实验，学生能够深入了解企业财务管理的实际操作，掌握财务决策的关键因素。同时，实验还注重培养学生的团队协作能力和创新思维，使他们在实践中不断成长和进步。

从价值塑造层面来看，ERP 沙盘实验通常以团队的形式进行，学生们需要在模拟的企业环境中共同协作，完成各项任务。这种团队协作的过程不仅锻炼了学生的沟通协作能力，更培养了他们的团队协作精神。通过 ERP 沙盘实验，学生能够更好地理解团队协作的重要性，提升自己在未来职场中的竞争力。

在 ERP 沙盘实验中，学生需要应对各种突发情况和挑战，如市场波动、资金短缺等。这些挑战要求学生在决策过程中充分考虑风险因素，制定合理的风险应对策略。通过 ERP 沙盘实验，学生能够更直观地感受到风险的存在和影响，从而强化他们的风险意识。风险意识的培养对于学生未来的职业生涯具有重要意义，能够帮助他们更好地应对各种复杂多变的市场环境。而且，学生也需要根据模拟的市场环境和企业经营状况，制定出一系列经营决策。这些决策涉及企业的各个方面，如生产、销售、财务等。通过不断地模拟实践，学生能够逐渐掌握决策的方法和技巧，提升决策能力。这种决策能力的提升对于学生未来的职业发展至关重要，能够帮助他们更好地应对各种复杂的商业问题。

ERP 沙盘实验为学生提供了一个开放式的商业环境，鼓励他们在模拟经营过程中发挥创新思维，探索新的商业模式和策略。这种实验方式不仅能够激发学生的创造力，还能够培养他们的创新思维。学生需要模拟企业的社会责任行为，如环保、公益等，更加深入地体会企业的社会责任，培养社会责任感；更好地理解创新的重要性，提升自己在未来职场中的创新能力；认识到自己在未来职场中需要承担的社会责任，为社会的可持续发展作出贡献。

"财务管理综合实验"课程对学生的职业素养和伦理观念的培养具有不可替代的作用。在实验过程中，学生不仅需要遵守科学的实验原则，还要严格遵守职业道德和法律法规。这有助于培养学生的职业责任感和诚信意识。例如，财务报告的编制实验强调数据的真实性和透明度，可以让学生理解遵循财务报告标准的重要性，明确知晓违反这些标准的行为可能对企业和社会造成的影响。

第6章　数智时代会计专业课程评价体系

在数字化和智能化的时代背景下，教学评价体系不仅是提升教学质量管理的关键，也是提高人才培养质量的重要动力。该体系旨在全面、多角度、精准地分析教学水平，利用数据挖掘和智能分析技术，为教学实践的深入改进和持续创新提供科学支撑。通过精确地设定与数字化逻辑相匹配的评价标准和指标体系，系统地收集和深入分析数字化教学过程中产生的大量数据，例如学习行为数据和智能模拟操作数据，实现对学生学习成果的全面和高精度评估。利用人工智能算法精确识别学生知识掌握的薄弱点和能力提升的潜在路径，有效促进教师教学技能的提升和卓越发展，培养既掌握专业知识又能运用数字化工具的复合型会计专业人才，以满足数字化时代对会计人才的新要求。不断深化和优化教学评价体系，对于培养德才兼备、知行合一、能适应数字化环境的优质会计专业人才，推动会计行业在数字化转型中的稳定、高效和可持续发展，具有重大而深远的影响。

在经济管理领域，会计教育扮演着核心角色，而在数字化和智能化时代，其作用和责任范围进一步扩大。会计教育不仅要利用智能技术拓宽知识领域和提高专业技能，还要加强道德修养和数字伦理教育，培养具有社会责任感的会计人才。随着课程思政理论体系的完善、教学方法的创新和实践的深入，构建一个融合思政元素、以学生为中心、产出导向的评价体系显得尤为重要。这一体系应利用智能教学平台实时反馈学生的学习体验和思政素养，精准满足学生的学习需求，为提高人才培养质量打下坚实的基础。教学评价体系作为教学活动的规范和价值导向，在数字化时代整合了智能监督、动态评估和精准预测等功能，帮助教师洞察教学实践中的不足，并根据智能决策建议进行优化调整，推动教学实践的创新发展。在课程思政建设中，教学评价体系对于提升教师的教学水平和促进良性循环发展具有不可替代的作用，通过虚拟教学场景加深学生对职业道德和家国情怀的理解。

对于会计专业而言，构建一个与数字化时代相适应的教学评价体系是实现教育现代化和全球会计教育接轨的关键途径，也是应对数字化挑战和培养新时代会计人才的重要战略。会计专业教学评价体系作为保障人才培养质量的关键环节，应紧密结合课程思政改革和数字化转型，全面整合智能技术，提升教育质量，为会计教育注入新动力和活力，重塑会计教育的新生态。

6.1　构建原则

6.1.1　系统性原则

系统性原则在构建会计专业课程评价体系中占据核心地位。它强调评价体系的整体性和有机性，促进各评价要素的紧密结合和协同互促，形成一个完整、统一且协调有序的评价体系架构。评价体系不是简单要素的堆砌，而是相互关联、彼此支持的有机整体，要素间的相互作用和协同效应是提升整体效能的关键。

第一，强调整体关联分析。系统性原则要求将多元评价指标置于宏观整体架构中衡量，聚焦要素间交互作用衍生的系统效应。在会计专业课程评价体系中，理论知识的传授、实践技能的培养以及思政素养的提升等多元要素相互融合、相互影响，共同构建学生综合能力发展的动态路径。

第二，关注系统效应识别。这可以更好地把握评价对象的复杂性和多样性，以及内在结构和动态变化规律，从而为后续的改进和优化奠定基础。这种改进和建议是基于对整体评价体系的理解和把握，具有靶向精准、切实可行的特点，能够有的放矢地解决评价体系中的卡点问题。

第三，秉持可持续发展理念。这意味着在评价过程中，不仅要关注当前面临的问题，还要立足于整体，寻求长期、稳定、可持续的解决方案。持续为评价体系提供发展动力，使其能够随着时代的发展不断进化和升级，保持其活力和适应性。

6.1.2　发展性原则

发展性原则强调评价体系应具有前瞻性和适应性，旨在引领评价对象持续优化自身能力，实现自我提升。这一原则要求在评价过程中，不仅要聚焦评价对象当前的表现，更要关注未来发展的可能性和潜力。在评价过程中，应注重收集和分析被评价者的成长数据，了解其优势与不足，为其制订个性化的成长计划。

第一，强调体系的动态性和灵活性。评价体系需要不断适应评价对象和目标的变化，适时调整评价标准和方法，以确保其始终能够准确反映被评价者的真实水平和成长轨迹。从教育教学规律来看，教育工作是一个教师与学生之间不断影响、塑造和成就的过程。发展性评价原则的运用，促使教师与学生共同成长，提升教育教学质量。

第二，注重评价的反思与反馈。激励评价对象从评价结果中吸取经验教训，认识到自身的优势和不足，找寻改进的途径和方法。这样，评价对象在不断学习和成长的过程中，能够提升自身的能力和水平，实现自我价值。

第三，关注评价的公平性和公正性。公平性体现在评价标准的普遍适用上，即无论个体背景、能力水平如何，都应遵守相同的评价准则。这意味着评价不应受到主观偏见的影响，而应基于客观事实和数据分析。同时，公平性还要求评价过程公开透明，确保每个个体都能明确了解评价的标准、方法和流程，从而提高评价的信任度和认可度。

评价体系中的发展性原则是一个综合性、动态性的原则。它要求在评价过程中，既要关注被评价者的当前表现，又要关注其未来发展的潜力和可能性；既要保持评价体系的稳定性和连续性，又要根据时代和社会的变化不断调整和完善；既要确保评价的公平性和公正性，又要注重激发被评价者的积极性和创造力。

6.1.3 可操作性原则

可操作性原则是设计目标和标准的核心要素，强调的是目标和标准的明确性、易懂性和实用性。在评价过程中，遵循这一原则能够确保评价程序和评价工具的简化、规范化和高效化，从而降低冗余和复杂程度，使评价过程更加简洁明了。

第一，强调评价目标和标准的明确性。这意味着在设计和制定评价方案时，需要确保目标和标准清晰易懂，以便参与者能够迅速理解并按照这些目标和标准进行操作。明确的目标和标准有助于提高评价过程的效率，可以引导参与者准确地完成任务，减少因误解或不确定导致的额外环节。

第二，关注评价程序的简便规范化。这意味着需要优化评价的各个环节，使之更加简洁、高效。通过简化评价程序，可以降低评价过程的复杂性，提高参与者的工作效率。同时，规范化评价工具有助于确保评价过程的公平、公正，从而提高评价结果的准确性。

第三，强调评价结果的可行性和有效性。在确保评价高质量的同时，兼顾其实施的可行性。通过合理设计评价方案，可以确保评价在实际操作中能够顺利进行，从而提高评价结果的可靠性，并将这些结果转化为有益的反馈和建议，为后续的工作和决策提供有力的支持，促进组织和个人的不断成长与发展。

6.1.4 导向性原则

教学评价体系中的导向性原则的核心在于以教学目标为导向，通过科学、合理的评价手段，引导师生关注教学质量和学习效果，促进教学工作的不断优化和发展。

第一，强调评价紧扣教学目标。评价的目的不仅在于检验学生的学习成果，更在于通过评价活动引导教师和学生明确教学目标，使教学活动始终沿着正确的方向前进。通过评价，教师可以了解学生对知识的掌握情况，及时调整教学策略，确保教学目标的实现；学生则可以通过评价了解自己的学习进度和不足之处，进而调整学习方法，提高学习效率。

第二，注重评价的激励作用。评价过程中，应关注学生的个性差异和学习特点，采用多元化、个性化的评价方法，充分发掘学生的潜能和优势。通过积极、正面的评价，激发学生的学习兴趣和动力，帮助他们树立自信心和自尊心，促进其全面发展。

第三，强调评价的反馈和改进功能。评价不仅是对学生学习成果的简单判断，更是一种反馈机制，帮助教师和学生发现教学过程中的问题和不足，从而提出有针对性的改进建议。通过评价反馈，教师可以及时调整教学策略和方法，优化教学内容和形式；学生可以明确自己的学习目标和方向，改进学习方法，提高学习效果。

6.2　评价指标

当前会计专业课程教学评价体系偏重知识技能的考核，而对于学生价值取向和情感态度等非认知因素的评价有所欠缺。尽管部分会计专业教学评价指标包含了职业道德素养和社会责任感等，但仍难以全面反映学生的综合素质。并且，评价体系未能紧跟会计行业快速发展的步伐及时更新，难以精准度量学生在适应行业变革及创新能力方面的水平。

为完善会计专业教学评价体系，本章借鉴了国内外先进的评价理念和方法，包括多元智能理论和发展性评价理论等前沿思想，为评价体系构建理论基础。这些理论强调评价的多维度、多元化和个性化，有助于更全面地评价学生的综合素质和思政素养。本章参考了美国注册会计师协会（AICPA）能力框架的评价体系，并结合我国会计行业的实际情况，构建了符合我国国情的会计专业教学评价体系，并强化对学生价值取向等非认知因素的评价。

建立一个能够体现综合能力的会计专业课程教学评价指标体系，对于培养会计专业人才至关重要。一个科学且合理的评价指标体系，不仅能够全方位提升学生的专业素质和实践技能，也有助于引导学生树立正确的人生观和价值观。这不仅符合会计教育改革的内在需求，也是新时代赋予会计教育工作者的责任与使命。因此，评价指标体系不仅要涵盖学生对会计专业知识和技能的掌握程度，还要反映其在实践中的应用能力。即指标体系应包括知识掌握、技能应用和实践操作等方面的具体指标。评价指标体系中还应加入对学生伦理道德、社会责任、诚信意识等方面的考核。通过关注这些软性素质，确保学生不仅能够胜任专业工作，还能在职业生涯中践行正直与诚信的价值观。

6.2.1 知识技能维度的评价指标

以知识传授为核心的专业教学评价，作为培育高素质会计人才的关键环节，是衡量教学质量的关键指标，也是驱动教学改革、提升学生综合素质的重要路径（崔允漷，2014）。知识传授作为教育根基与核心使命，是学生学习成长的基石，能够帮助学生构建系统的专业知识体系，为其长远发展奠定基础。因此，以知识传授为核心的专业教学评价，能更准确地反映教师的教学水准与学生的学习成效。

开展以知识传授为核心的专业教学评价时，需要关注两个关键方面。一是教学内容的质量和深度。教师应该根据学科特点和学生的实际需求，精心选择和组织教学内容，确保学生能够在自身能力范围内系统地掌握知识和技能。二是教学方法的灵活性和创新性。教师应善于运用多种教学方法和手段，激发学生的学习兴趣和积极性，提高教学效果。

1. 学科知识点掌握程度

对学科知识点掌握程度的评价，从学生对学科基础知识的记忆和理解、解决实际问题的能力两个方面开展。通过日常测验、作业分析和课堂观察，可以量化评价学生对基础知识的掌握程度。

会计专业系列课程可以包含不同难度层次的测试题，通过学生的答题情况来评价其对基础知识的掌握程度。同时，结合学生在解决实际问题时的表现，可以进一步分析其知识迁移和应用能力；也可以引入数据分析工具，对学生的答题数据进行深入挖掘，发现其在学习过程中的薄弱环节，为后续的个性化教学提供有针对性的指导。

在评价过程中，还应注重学生的个体差异。每个学生对基础知识的掌握情况都是不同的，可以考虑根据每个学生的实际情况制定个性化的评价标准。例如，对于基础薄弱的学生，我们可以适当降低评价标准，鼓励其在现有基础上不断进步；而对于基础扎实的学生，则可以设置更高的评价标准，激发其进一步探索和挑战自我的动力。通过对学生基础知识掌握情况的评估，可以更全面地了解学生的学习状况和发展需求，为后续的个性化教学提供有力的支持。同时，这一维度的评价也有助于引导学生树立正确的学习观念，注重基础知识的积累和应用能力的提升，为其未来的学习和发展奠定坚实的基础。

2. 学科领域知识掌握程度

对学科领域知识掌握程度指标的评价，从学生对基础知识的掌握情况、其在特定学科领域的探究深度来展开。在会计专业课程中，知识深度的考查可以通过设置不同层次的会计问题来实现，从基础原理到复杂的应用题，再到涉及高级财务会计业务的探究题，逐步提升学生的会计专业素养。而对知识广度的考查则可以通过引入跨学科的知识融合点，如会计与金融，管理等学科的交叉应用，来拓宽学生的知识视野。

在实际操作中，借鉴布鲁姆的教育目标分类理论，将对学科领域知识深度与广度的考查细化为不同的认知层次。例如，在记忆层次，要求学生能够准确记忆学科的基本概念、公式和定理；在理解层次，要求学生能够深入理解学科知识的内在联系和逻辑关系；在应用层次，则要求学生能够运用所学知识解决实际问题。通过这样的层次划分，可以更加精准地评价学生在学科领域的知识深度和广度。

同时，结合具体案例来分析学生在学科领域知识深度与广度方面的表现。例如，选取一些具有代表性的学生作品或项目，通过对其内容、结构和创新点的分析，来评估学生在特定学科领域的知识掌握情况和综合运用能力。并借助数据分析工具，对学生的学科成绩、作业完成情况、课堂表现等数据进行深入挖掘和分析，从而更加全面地了解学生在学科领域的知识深度和广度。

3. 技能应用操作熟练度

对技能应用操作熟练度的评价，从学生在会计学科或领域所掌握的技能、他们在解决实际问题时的应用能力两个方面展开。通过设定明确的技能操作标准，能够对学生的技能熟练度进行量化评价。技能操作标准应涵盖会计软件操作、财务机器人开发、数据可视化等多个方面。

以会计综合实验为例，可以设定不同级别的操作要求，从基础操作到复杂实验设计，逐步提升学生的实验技能。同时，结合实际应用场景，设计具有挑战性的实验任务，让学生在实践中锻炼技能应用能力。通过对比学生在实验过程中的操作表现、实验结果分析以及实验报告撰写等方面的数据，可以客观地评价学生的技能操作熟练度及应用能力。同时，还可以借鉴布鲁姆的教育目标分类理论，将技能操作熟练度及应用能力划分为不同的认知层次，如识记、理解、应用、分析、评价和创造等。通过设定不同层次的评价指标，可以更全面地了解学生在技能学习过程中的发展水平，并为他们提供个性化的学习支持和指导。

在实际应用中，可以结合会计学科特点和教学要求，设计具有针对性的技能操作熟练度及应用能力评价方案。例如，在会计信息系统课程中，可以通过凭证修改、生成报表、分析报表等方式来评价学生的技能应用水平；在"Power BI 数据可视化"课程中，则可以通过数据处理、结果分析等方式来评价学生的实验技能。

4. 知识技能迁移能力

知识技能迁移能力对于衡量学生的综合素质和未来发展潜力具有重要意义。研究发现，知识技能迁移能力强的学生往往能够更好地适应新环境，解决新问题，展现出较高的创新能力和适应能力。为了有效评价学生的知识技能迁移能力，可以采用多种方法和手段。首先，通过设计具有实际背景的综合性问题，考查学生是否能够将所学知识运用到实际问题解决中。其次，通过案例分析、项目实践等方式，让学生在实践中体验知识技能迁移的过程，通过学生的行为和表达判断其迁移能力。最后，可以借助现代技术手段，如大数据分析、人工智能等，对学生的知识技能迁移能力进行量化评价，为个性化学习提供更加精准的指导。

在评价过程中,还需要注意避免一些误区。例如,不能简单地将知识技能迁移能力等同于学生的创新能力或问题解决能力,而应该从多个维度进行综合评估。同时,还需要关注不同学科之间的知识迁移特点,以便更加精准地评估学生的迁移能力。还应该注重培养学生的跨学科思维,鼓励他们在不同领域之间进行知识迁移和创新实践。

5. 创新思维与解决问题能力

这一指标旨在评价学生能否运用创新思维和批判性思维,有效解决遇到的复杂问题。创新思维的评价指标包括新颖性、灵活性、流畅性、关联性和批判性等。这些指标反映了学生在面对问题时能否够提出独特且多样化的解决方案,以及他们能否深入挖掘想法并进行批判性分析。此外,创新思维还涉及学生面对变化时的适应性,即他们能否快速调整策略和想法以应对新的挑战。解决问题能力的评价指标则侧重于学生在理解、分析和解决实际问题时的表现。这包括理解问题的能力、分析问题的能力、形成解决方案的能力、评估方案的能力、实施计划的能力、反思和调整的能力、沟通能力、团队合作能力等。这些指标不仅考查学生解决问题时的逻辑性和条理性,还考查他们实际应用解决方案的能力,以及在团队环境中与他人合作解决问题的能力。这些指标不仅涵盖了学生解决问题时的思维过程,还包括学生在面对挑战时的坚持和努力,以及在解决问题的过程中学习和成长的能力。通过这些评价指标,教师可以更全面地了解学生的创新思维和问题解决能力,并为学生提供个性化的指导和支持。这不仅有助于学生的个人发展,也有助于培养未来的创新者和问题解决者。教师可以根据具体的教学目标和学生的特点,选择和调整这些指标,以确保评价的准确性和有效性。

在会计专业课程的教学实践中,教师采用案例研究方法可以有效地洞察学生处理真实会计问题时的思维模式和决策策略,并评估学生对会计理论与实践的综合应用能力,以及他们在复杂情境下的问题识别、分析和解决能力。通过设计和实施创新项目,可以进一步考查学生在团队环境中的协作能力、创新思维的展现以及问题解决策略的运用。这些项目通常要求学生运用会计知识解决实际问题，同时鼓励他们提出创新的解决方案。评价指标的设计应确保能够从多个角度全面反映学生的创新思维和问题解决能力。这些指标主要包括问题识别与分析能力、创新解决方案的提出、团队合作与沟通能力、批判性思维、适应性和灵活性。通过这些综合评价指标，教师可以更准确地评价学生在会计专业领域内的创新思维和解决问题能力，从而为学生提供针对性的指导和支持。

6.2.2　情感态度维度的评价指标

1. 学习兴趣与学习动力

罗伯特·斯莱文（美国，2016）在《教育心理学》中提出，学习兴趣是学生实现有效学习的关键因素之一。当学生对学习内容感兴趣时，他们更有可能积极参与学习过程，从而提高学习效率和成果质量。在会计专业中，兴趣可以激发学生探索财务数字背后的逻辑、掌握会计法规的复杂性以及理解会计决策对企业运营的影响。兴趣还能帮助学生在面对会计学科的挑战时保持持久的动力。学习动力强的学生更倾向于投入更多的时间和精力去锻炼和提升会计技能，如财务分析、审计程序和税务规划等。这种持续的努力不仅能提高他们的专业能力，还能增强其对会计职业的认同感和归属感。在教学评价体系中，评价学习兴趣和学习动力不仅有助于了解学生的学习状态，还能为教学方法和课程内容的改进提供指导。通过定期评价学生的学习兴趣和动力，教师可以及时调整教学策略，创造更具吸引力和挑战性的学习环境，从而促进学生的专业成长和个人发展。

在会计专业课程的教学实践中，教师可以通过细致观察学生在课堂上的活跃程度来评价其学习状态。具体来说，这包括观察学生是否积极举手发言、主动参与课堂讨论，以及他们对课堂内容的反应。同时，还需要关注学生能否持续关注教师的讲解和课堂活动，以及他们在课堂上的专注时间。此外，通过观察学生是否对课堂内容进行深入思考，以及他们与教师和其他同学之间的互动质量，包括合作解决问题和分享观点的能力，可以进一步了解学生的参与度和注意力集中度。为了更全面地评估学生的学习效果，还需要对学生的作业完成情况进行细致分析。这包括作业的准确性、创造性和深度，从而确认学生对学习内容的兴趣和投入程度。同时，作业提交的及时性也是衡量学生学习动力和责任感的重要指标。在观察学生的学习行为时，还应关注他们对教师反馈的响应情况。通过观察学生是否积极改进并重新投入学习，可以了解他们的学习态度和学习动力。在小组互动活动中，需要观察学生参与活动的情况，包括是否主动承担责任、协助他人和共享资源，以评价学生在小组讨论中的沟通技巧，包括倾听、表达和协商的能力。

通过分析学生的学习兴趣和动力状态，教师可以识别当前所使用教学方法的有效性和局限性。根据评价结果显示的学生兴趣差异，教师可以制订个性化的教学计划，满足不同学生的学习需求。例如，对于对会计法规感兴趣的学生，可以提供更多的案例分析和法规讨论。教师可以通过增加课堂互动环节，如小组讨论、角色扮演等，来提高学生的参与感和兴趣。教师应根据反馈更新课程内容，引入当前行业趋势和实际案例，以提高课程的吸引力和实用性。教师可以融合在线教学工具和数字资源，如模拟会计软件和财务分析平台，提高学习的互动性和实践性。

2. 团队协作与沟通能力评价

在当今这个高度信息化的时代，团队协作与沟通能力已经成为衡量一个人综合素质的重要标准之一。这一维度的评价指标旨在全面评价学生在团队项目中的协作表现以及沟通能力的实际运用情况。为了更好地提升个人的团队协作与沟通能力，需要明确评价指标和评价方法，从而有针对性地进行提升。

团队协作能力的评价指标主要包括团队角色适应能力、团队目标认同感、团队协同工作能力。教师可根据不同的任务需求和团队文化，观察学生在团队任务中的行为表现，以及团队成员对其角色适应性的反馈，判断学生的团队角色适应能力，考查学生对团队目标的理解，对团队工作的投入程度，以及对团队成功的承诺，考量学生对团队目标的认同感。观察学生在团队讨论中的参与度、资源和信息的共享情况，以及他们在解决团队冲突中的表现，来评价学生的团队协同工作能力。沟通能力的评价指标主要包括表达能力、倾听能力、冲突处理能力。教师可以通过观察学生在词语选择、语速控制、语调变化等方面的表现，评价其信息传递的清晰度和有效性；通过观察学生在倾听时是否发出积极的非语言信号（如眼神交流、身体姿态），以及他们在沟通中能否及时、准确地反馈对信息的理解，评价学生对他人信息的接收、理解和反馈能力；通过观察学生在处理冲突时采取的态度、方法和策略以及最终解决冲突的效果，评价学生的冲突处理能力。

对于团队协作与沟通能力的评价方法，可采用自我评价与反思、教师评价与反馈、定量评价与数据分析相结合的方式。教师应鼓励学生设计自我评价表，引导学生评估自己在团队中的角色、贡献以及与其他成员的互动情况；鼓励学生进行定期的个人反思，记录自己在团队活动中的感受、学习到的经验以及需要改进的地方；鼓励学生根据特定的评价标准设计互相评价表，如任务完成度、团队贡献、沟通能力，引导学生进行客观评价，更直观地了解各自在团队中的表现和沟通效果。教师作为第三方观察者，可以提供更为客观的评价，包括学生在团队中的参与度、领导力和问题解决能力。教师可以提供定期的反馈，帮助学生认识到自己的优势和需要改进的地方。

3. 自我调控与情绪管理能力

自我调控与情绪管理能力是个体在面对各种情绪挑战时，能够主动识别、理解、调节和表达情绪的能力。这种能力对个人的心理健康、人际关系和工作学习效率都有着重要影响。情绪管理研究表明，具备良好自我调控能力的学生在学习成绩、职业发展等方面均表现出更大的优势（朱莉·卡塔拉诺，2020）。

自我调控能力是指个体对自己的行为、思维和情绪进行主动控制和管理的能力。这包括自我觉察，即认识到自己的情绪状态，理解情绪的起因和影响。目标设定，即明确自己的目标，并能够根据目标调整行为和情绪反应。行为控制，即在面对诱惑或挑战时，能够控制冲动行为，采取更合理的行动。自我激励，即在面对困难或挫折时，能够调动内在动力，保持积极态度。情绪管理能力是指个体在认识和理解情绪的基础上，能够有效地调节和表达情绪的能力。它包括情绪识别，即能够准确地识别自己和他人的情绪状态。情绪表达，能够以适当的方式表达情绪，既不压抑也不过度释放。情绪调节，即在情绪波动时，能够采取策略来平复情绪，恢复平静。同理心，即理解他人的情绪，能够从他人的角度出发，给予适当的支持和帮助。

在会计工作中，面对复杂的财务数据和烦琐的工作流程，学生需要保持冷静，理智地应对各种挑战。为了培养学生的自我调控与情绪管理能力，会计专业教学可以借鉴心理学领域的情绪调节策略。例如，教师可以通过案例分析、角色扮演等方式，观察学生的状态并引导学生学习如何识别并应对负面情绪，提高情绪管理能力。同时，教师还可以结合课程思政元素，强调职业道德、诚信守法等价值观在情绪管理中的重要性，帮助学生树立正确的价值观，提升自我调控能力。因此，会计专业教学应注重评价和帮助学生提升自我调控能力，促进学生建立积极的心态和情绪管理机制，以更好地应对生活和工作中的压力和挑战。

6.2.3　价值取向维度的评价

立德树人作为教育的根本任务，旨在培养具有高尚品德、扎实学识和创新能力的人才。在会计专业教学中，这一目标要求教师在传授专业知识的同时，注重培养学生的道德品质、人文素养和社会责任感。因此，完善会计专业教学评价指标，对于实现立德树人的教育目标具有积极意义。首先，要加强对会计专业学生思想品德的考核。从学生在课前、课中、课后的各种表现，考查学生对社会主义核心价值观的认知和认同程度，识别学生的世界观、人生观和价值观的发展变化。其次，要注重对学生人文素养的评价。通过文学、历史、哲学等内容的引用，考查学生的知识水平，以及学科融合能力。

1. 职业道德素养

职业道德是会计人员立身之本，是其履行会计职责、维护会计职业声誉的重要保障。职业道德素养评价指标应涵盖诚信正直、专业胜任和责任意识三个维度。诚信正直的评价旨在考查从业者是否坚守职业操守、恪守诚实守信的原则、保持正直廉洁的品行，不受利益诱惑、不损害国家和社会的利益。该评价可通过考试诚信度、学术诚信度以及团队合作中的诚信表现等具体活动来进行。专业胜任能力的评价旨在判断学生是否拥有精益求精的专业精神、能否持续学习并提升专业技能、能否以精湛的专业能力为社会创造价值。这可通过学生对专业知识的掌握程度、专业技能应用能力、解决实际问题的效率等方面进行判断。责任意识的评价旨在判断学生是否具有强烈的责任感、敢于承担相应的责任、勇于面对并克服困难、积极为社会作出贡献。这可以从完成工作任务的态度、参与公益活动的积极性、承担社会责任的意识等方面进行观察。

针对会计专业的学生，通过案例分析、项目实践、伦理道德讨论、职业道德测评等多种形式，可以有效地评价他们对会计职业道德的认知和实践水平，进而帮助他们形成正确的职业观念，提升职业道德素养。在会计学科中，有许多真实的案例涉及职业道德问题，如财务造假、违规操作等。通过分析案例，学生可以深入了解职业道德在实际工作中的应用，并学会如何识别和应对职业道德风险。通过案例讨论教学，教师能判断学生的批判性思维、独立思考和分析问题的能力，从而评价学生对职业道德的理解和实践水平。同时，在组织学生进行小组讨论或辩论过程中，教师听取他们就某个具体的职业道德问题发表观点，可以深入了解他们的道德观念和价值取向。这种讨论形式有助于激发学生的参与热情，提高他们的道德意识，并促进他们在交流中学习、在碰撞中成长。

职业道德素养测评也是一种有效的评价手段。这种测评通常包括问卷调查、面试等形式，旨在全面了解学生对职业道德的掌握程度和态度。通过测评，教师可以及时发现学生在职业道德方面存在的问题和不足，有针对性地进行指导和帮助。在评价学生的职业道德素养时，教师应注重定量与定性相结合的方法。定量评价可以通过统计数据和得分来反映学生的整体表现，而定性评价则能更深入地揭示学生的道德观念和价值取向。因此，在评估过程中，应根据实际情况灵活运用这两种方法，以更全面地评价学生的职业道德素养。

2. 法治意识水平

法治意识是会计人员履行会计职责，维护经济秩序，促进社会和谐的重要保障。融合课程思政的法治意识水平评价指标应包括法律法规意识、风险防控意识和依法办事意识。法律法规意识评价学生是否了解相关法律法规、理解法律法规的意义，能否将其运用到实际工作中。教师可从法律法规知识掌握程度、法律法规意识的应用能力、对法律法规的理解程度等方面来评价学生的法律法规意识。风险防控意识评价学生是否具备风险意识、能够识别和防范会计工作中的各种风险。教师可从学生展示出的识别风险的能力、控制风险的能力、化解风险的能力等方面评价学生的风险防控意识。依法办事意识评价学生是否能够依法办事、遵守职业道德规范、维护会计职业信誉。教师可从学生遵守职业道德规范的情况、遵守法律法规的情况、维护会计职业信誉的意识等方面来评价学生的依法办事意识。

法律法规知识测试是评价法治意识水平的基础手段。通过设计涵盖宪法、民法、刑法、行政法等多个法律领域的测试题，可以考查个体对法律基本概念、法律原则、法律制度的了解程度。这种测试可以采用选择题、判断题、简答题等多种形式，以确保评价的全面性和准确性。实际案例分析是评价法治意识水平的重要手段。通过选取具有代表性、真实性的法律案例，让学生进行分析、讨论，考查其运用法律知识解决实际问题的能力。这不仅可以检验个体对法律条文的理解程度，还可以观察其法律思维的逻辑性和合理性。法律合规操作训练也是评价法治意识水平的重要环节。通过模拟实际工作环境中的法律合规场景，让学生进行角色扮演、实际操作，考查其在实际工作中遵守法律法规、防范法律风险的能力。这种训练有助于提升学生的法律素养和实践能力，使其更好地适应法治社会的要求。

除上述几种形式外，还可以通过问卷调查、访谈、情景模拟等方式，收集学生对法律法规的认知、态度、行为等方面的信息，进一步丰富评价的内容。同时，利用大数据、人工智能等现代技术手段，对评价数据进行深入挖掘和分析，以揭示法治意识水平的分布特点、影响因素等。因此，评价法治意识水平需要综合运用多种指标和方法，从多个角度、多个层面进行考查。通过科学、有效的评价，可以更好地了解学生的法治意识水平，为提升全社会的法治水平提供有力的支持。

3. 社会责任感评价

社会责任感作为现代社会对个体行为的重要要求，不仅体现在成年人的职业生活中，更在年青一代的成长过程中发挥着举足轻重的作用。社会责任感是会计人员服务社会、回馈社会的重要体现。社会责任感评价指标应包括社会责任意识、社会责任行动、可持续发展意识。社会责任意识评价学生是否具有社会责任感，能否认识到会计工作对社会发展的影响。可通过学生对社会责任的认识程度、对自身社会责任的理解程度、对社会问题的关注度等方面进行判断。社会责任行动评价学生是否积极参与社会实践，为社会公益事业贡献力量。可通过学生参与社会实践的次数、参与公益活动的次数、对解决社会问题的贡献等方面进行考量。可持续发展意识评价学生能否将可持续发展理念融入会计工作中。可通过学生对可持续发展理念的认识程度、将可持续发展理念融入会计工作的意识、对可持续发展目标的了解程度等方面来进行观察。

观察学生在社会实践过程中的各种表现，是评估学生社会责任感的重要途径之一。主要包括：一是参与社会实践的积极性和持续性，这反映了学生对社会责任的认同和投入程度；二是社会实践活动的创新性和实效性，这体现了学生运用所学知识和技能解决实际问题的能力；三是社会实践过程中的团队协作和沟通能力，这体现了学生的团队合作精神和人际交往能力。对学生志愿服务评价是评估学生社会责任感的重要补充。

志愿服务是指学生自愿参与社会公益活动，为社会提供无偿服务的行为。在志愿服务活动中，学生可以亲身体验到帮助他人的快乐和成就感，从而增强他们的社会责任感和奉献精神。在评价学生的志愿服务表现时，可以关注以下几个方面：一是志愿服务的时长和频率，这反映了学生对社会公益事业的投入程度；二是志愿服务的质量和效果，这体现了学生的专业素养和实际操作能力；三是志愿服务过程中的创新性和主动性，这体现了学生对社会问题的敏感度和解决能力。

公益活动也是评价学生社会责任感的重要方面。公益活动是指由高校或社会组织发起的，旨在促进社会进步和发展公益事业的各类活动。通过参与公益活动，学生可以更加深入地了解社会问题和需求，从而培养社会责任感和家国情怀。评价学生在公益活动中的表现时，可以关注以下几个方面：一是学生对公益活动的认知和理解程度，这反映了他们对社会问题的关注度和思考深度；二是学生在公益活动中的具体表现和贡献，这体现了他们的实际行动力和奉献精神；三是学生在公益活动后的反思和总结，这体现了他们的自我提升和成长意识。

综上所述，通过社会实践、志愿服务、公益活动等多种形式，可以全面评估学生的社会责任感和家国情怀。在评价过程中，需要关注学生在各个方面的具体表现和贡献，同时结合他们的认知、情感和行为等多个维度进行综合评价。这样才能更加准确地了解学生的社会责任感水平，并为他们的成长和发展提供有针对性的指导和帮助。

6.3　评价方法

6.3.1　量化评价与质性评价相结合

1. 量化评价

（1）评价的内容

一是考试结果。单元测试的实施有助于教师及时了解学生对特定知识模块的学习情况，从而调整教学进度和方法。定期举行的全面覆盖课程关键知识点的期中和期末考试，能够全面考查学生对理论知识的掌握和应用能力。而且，基于数字化平台进行的在线测试不仅模拟真实考试环境，增强考试的多样性和公平性，还能通过快速自动评分为学生提供即时反馈，帮助他们及时发现并弥补知识漏洞。

二是平时作业。学生书面作业的展示有助于教师深入了解学生是否理解概念和原则的内在联系，能否将不同课程或模块中的知识整合起来，能否批判性地分析问题、识别假设，并提出合理的观点或解决方案。案例分析、论文和报告等形式的作业不仅能加深学生对会计理论的理解，而且能提高解题、分析、研究、写作、实践和沟通等多种能力。

三是平时表现。通过设定明确的考勤制度，将课堂出勤纳入量化评价体系，可以鼓励学生按时参加课堂教学。同时，通过记录学生在课堂上的提问、回答问题以及在小组讨论中的表现，将课堂参与度纳入量化评价体系，能反映学生的学习积极性和对课程内容的理解程度。这种量化评价不仅关注学生的学术表现，还重视他们的课堂参与和团队合作能力，为课程评价提供了一个全面的视角。

（2）评价的意义

一是分析与反馈。通过对考试成绩的分布分析，教师能够洞察学生整体的学习状况和对课程内容的掌握程度。这种分析有助于教师评价教学方法和试题难度设置的合理性，尤其是当成绩分布出现异常集中或分散现象时。此外，对每个学生的量化评价数据进行个体分析，可以揭示学生各自的优势和不足，使教师能够提供针对性的学习建议和指导。及时将这些量化评价结果反馈给学生，不仅让学生明白自己在课程中的表现，还附带具体的评价意见和改进建议，为学生指明改进的方向。

二是教学改进依据。教师可以根据这些结果发现教学中的问题，例如学生在某些知识点上的普遍薄弱或教学方法的不足，从而有针对性地调整教学内容和方法，以提升教学质量。此外，通过分析学生在不同教学环节和任务中的表现，教师可以对课程设计进行优化，比如增加实践教学环节的比重、调整作业难度和类型等，以更好地满足学生的学习需求和实现培养目标。这种基于数据的教学改进，有助于提升课程的有效性和学生的学习成效。

2. 质性评价

（1）评价的内容

一是课堂表现积极性。教师通过观察学生在课堂上的主动参与程度，对学生的发言质量进行评价。此外，学习态度的观察也包括学生是否认真听讲、做笔记、按时完成课堂任务，以及他们在面对困难和挑战时是积极努力克服还是消极逃避。这可以通过教师的日常观察、与学生的互动以及学生在课堂上的表现来综合判断。

二是小组讨论贡献度。教师可以通过观察学生在小组讨论中的合作表现，如能否倾听他人意见、尊重不同观点、积极提出自己的想法、协调小组内部矛盾等，评价学生在小组讨论中的贡献程度；还可以通过小组内部成员的互评以及教师对小组整体表现的评价来综合考量。同时，沟通能力的评价关注学生在小组讨论中的表达是否清晰、准确、有条理，以及能否有效地与他人交流和分享观点。教师可以在小组讨论过程中观察学生的沟通表现，并结合小组最终的讨论成果来评价学生的沟通能力。

三是项目报告创新性。项目报告评估则侧重于内容深度与创新性评价和结构与逻辑性评价。内容深度与创新性评价主要考查学生是否运用了相关的理论知识和方法，对问题进行深入分析和研究，是否进一步提出了新的观点、方法或解决方案。结构与逻辑性评价则关注项目报告的结构是否合理、清晰，是否有明确的引言、正文和结论部分，报告的逻辑性，内容之间是否连贯、过渡自然。

（2）评价的意义

一是深入揭示评价对象的本质特征和内在规律。质性评价不仅关注学生的学习状况，还重视培养学生的非认知能力，如创造力、团队合作能力和批判性思维等。这些能力对于学生未来的职业发展和社会适应至关重要。通过质性评价，教师可以识别和培养学生在这些领域的潜力，帮助他们成为适应未来社会需求的全面发展的个体。质性评价的应用，不仅丰富了教育评价的维度，也为学生的全面发展提供了支持，使教育更加人性化和个性化。

二是为评价结果的解释和应用提供更丰富的依据。质性评价能够了解学生的思想动态、情感变化和价值观的变化情况。质性评价数据为教师提供了丰富的反馈信息，有助于其及时调整教学策略，更好地引导学生健康成长。质性评价关注学生的个体差异，能够为学生提供具体、个性化的反馈，帮助他们更好地认识自己的优势和不足，明确努力方向。质性评价的反馈更具针对性和指导性，可以帮助教师理解量化评价结果的原因和意义。

但是，由于质性评价依赖于评价者的主观判断，可能存在一定的主观性和不一致性。不同的教师对同一学生的表现可能有不同的评价，这就需要建立明确的评价标准和规范的评价流程来尽量减弱主观性。质性评价需要教师投入大量时间和精力进行观察、记录、分析和反馈。对于大规模的教学班级，实施质性评价可能面临较大的挑战。确定统一的质性评价标准比较困难，因为不同的评价内容和情境可能需要不同的标准。这就需要教师在实践中不断探索和完善评价标准，以确保评价的公平性和有效性。

6.3.2　自我评价与他人评价相结合

1. 自我的评价

（1）评价内容

一是学习目标的达成度。即学生评估自己是否通过努力，实现了课程的预定目标。例如，是否掌握了课程的核心知识和概念，能否运用所学知识解决实际问题；是否提升了相关的技能水平，如分析问题、解决问题、沟通表达、团队协作等能力；是否保持积极的学习态度，是否具备自主学习的能力和意愿，保证学习的质量和效率。目标的达成可以增强学生的自信心和成就感，激发学生的学习兴趣和动力，促进学生的全面发展。

二是学习方法的有效性。即学生在学习过程中，采用的学习方法是否能够有效地帮助他们实现学习目标。例如，是否选择了适合自己的学习方法，能否在学习过程中不断调整和优化学习方法并提高学习效率；所使用的方法能否提高学习效率，能否在较短的时间内掌握更多的知识和技能；学习方法是否能够适应不同的学习任务和学习环境，是否能够灵活地调整学习方法和策略。

三是自我认知的提升度。这是一个持续的过程，需要不断反思和探索。例如，是否了解自己的行为模式和思维方式，在遇到困难和挑战时能否有效应对，能否有效地调整学习策略和心态；考查学生在课程的社会互动环节，是否能够更自信地表达观点和意见；反思自己在课程学习过程中对职业兴趣的认识，是否有了更明确的职业方向。

（2）评价的意义

通过自我评价，学生能够全面审视自己的学习过程、行为表现和能力发展。这种内省使学生能够识别出自己的优势，例如擅长的学科、良好的学习习惯和沟通能力，同时发现自己的不足，如知识的薄弱点、时间管理不当和缺乏团队合作精神。这种自我认知有助于学生有针对性地制订学习计划和发展目标，实现自我提升。此外，自我评价增强了学生的自我意识和责任感，促使他们更加主动地参与学习，改进自己的表现，并在学习和生活中展现出更多的自律和自觉。

自我评价要求学生对自己的学习过程进行反思，分析成功和遇到困难的原因。这种分析和总结帮助学生更好地理解学习的本质和规律，掌握有效的学习方法和技巧。同时，反思也能让学生从失败中吸取教训，避免在未来的学习中犯同样的错误。自我评价过程中的问题发现和解决思考，需要学生运用自己的知识和经验，提出切实可行的解决方案。例如，学生在解决阅读理解中的问题的过程中，通过多种方法提高自己的能力。这种问题解决的过程能够培养学生的创新思维和实践能力，提升他们的综合素质。

2. 他人评价

（1）评价的内容

一是参与度和积极性。评价学生在课堂讨论和提问环节中的表现，是否积极参与，能否提出有价值的问题和观点。观察学生与其他学生的互动频率，是否经常与同学交流和讨论课程内容。

二是合作和团队精神。评价同学在团队项目或小组任务中的贡献度，以及是否积极参与，能否有效地分工和协作。考查同学在团队合作中的沟通能力，能否清晰地表达自己的观点，能否倾听和理解他人的意见。

三是态度和职业道德。评估同学对待学习的认真程度，是否按时完成作业和任务，是否认真准备课堂讨论。观察同学在学习过程中的积极性，是否主动寻求帮助和资源，是否积极参与课外学习活动。

（2）评价的意义

在小组合作学习的背景下，同伴评价发挥着重要作用。小组互评允许小组成员相互评价学习表现、合作能力和贡献程度。这种评价形式不仅促进了学生间的交流与合作，还能弥补学生自我认知的不足。学生在自我评价时可能受到主观因素的干扰，导致对自己的认识出现偏差。他人评价能够从不同视角提供客观反馈，帮助学生更全面、准确地认识自己。他人评价还能激发学生的自我反思意识，促使他们思考自己的行为和表现是否符合他人的期望，并探索改进的方法。

积极的他人评价能够增强学生的自信心和成就感，让他们感受到自己的努力得到了认可。同时，适当的他人评价还能激发学生的竞争意识，激发他们的学习动力。看到同伴在某些方面表现出色并得到赞扬时，学生会产生竞争意识，努力提升自己以追赶或超越他人，从而提高学习效果。

6.3.3　结果评价与过程评价相结合

1. 结果评价

（1）评价的内容

一是知识掌握程度。通过终结性成果（如考试试卷、课程论文等）来重点考查学生对理论知识的掌握程度、理解深度、知识体系的构建能力以及跨学科知识融合的能力。这有助于判断学生能否将所学知识综合运用，形成一个完整的知识体系，从而展现其对知识的全面掌握和整合运用的能力。

二是思维能力发展。通过对学生终结性成果的深入分析，评价学生的逻辑思维、创新思维和批判性思维能力。这有助于评价学生逻辑推理的严密性和条理性、创新思维的新颖性和独特性，以及批判性思维中对传统观点的质疑能力，能否通过合理的分析和充分的证据来支持自己的新观点。

三是情感态度与价值观体现。通过分析课程论文或报告中的论据和观点，判断学生是否关注社会公平、可持续发展等重要的社会价值观，并在研究和建议中有所体现。

（2）评价的意义

结果评价是衡量学生课程学习成效的关键工具，不仅能让教师和学生了解学生对课程知识的掌握程度和是否实现了既定学习目标，而且能深入评价学生获得的技能是否符合预期，并检验其应用所学知识解决实际问题的能力。对教师而言，通过分析考试成绩、项目成果、论文等终结性成果，可以获取调整教学策略的重要参考，从而根据学生的学习成效评估教学方法的有效性，并及时调整教学内容、进度和方法，以更好地适应学生的学习需求。同时，结果评价也能促进学生的自我认知，帮助他们识别自身优势与不足，激发其自我反思和自我提升的动力。通过这一评价，学生能够反思自己的学习策略，判断其有效性，并做出必要的调整和优化。此外，有效的结果评价为学生提供了积极的反馈，增强了他们的学习自信和成就感，进而激励他们持续学习，追求更高的学术成就。

2. 过程评价

（1）评价的内容

一是学习态度。学习态度涉及课堂的专注度和参与度，以及作业完成情况。通过观察学生的眼神、表情、肢体语言等，可判断学生听讲的专注度。课堂参与度则体现在学生是否积极回答问题、参与讨论和主动提问上，而这些都是对知识渴望和探索精神的展现。作业完成情况包括作业完成率和完成质量，是学生学习态度是否端正的重要标志。这些方面共同构成了对学生学习态度的整体评价，是衡量其学习投入和学术诚信的重要指标。

二是学习能力发展情况。通过关注学生在课堂讲解时的反应，以及后续的作业和阶段性测试，了解学生对新知识的理解和掌握程度。评估学生在解决问题过程中的思维能力和创新能力，以及能否运用所学知识和方法，尝试不同的解决途径，提出新的观点和想法。观察学生在学习过程中的思维方式，如是否从单一思维向多元思维发展，是否从感性思维向理性思维转变。

三是学习过程中的互动。在学生与教师的沟通方面，关注学生是否主动与教师交流学习中的疑惑和反馈学习进展。同时，也关注学生在小组学习和项目合作等团队活动中的协作表现，包括他们是否能够倾听他人意见，积极参与讨论，进行合理分工和有效沟通，观察学生面对学习中的问题的态度，是否能够主动思考，积极探索解决方案。评估学生在学习过程中的价值观和人生观的发展，如是否形成了正确的学习观、合作观、竞争观等。

（2）评价的意义

一是有利于及时反馈与调整学习行为。通过及时向学生提供学习情况和成绩的反馈，提升教学透明度和公正性，使学生能够清晰地了解自己的学习进度和成长情况。过程评价还促进了教师与学生之间的沟通，使教师能够更深入地理解学生的需求和兴趣，从而建立更紧密的师生关系。这种积极的互动不仅提升了学生的学习动力和参与度，还有助于学生的全面成长和发展。

二是有利于教学改革。过程评价使教师能够及时识别教学中的问题，包括教学内容的难易程度、教学方法的有效性以及教学进度的合理性。通过分析这些问题，教师能深入了解学生的学习状况和需求，从而更精准地调整教学策略和内容，确保教学活动更贴近学生的学习需求和认知发展规律，提高教学的针对性和效果。

参考文献

[1] 王秉. 何为数智：数智概念的多重含义研究 [J]. 情报杂志，2023（7）.

[2] 王秉，史志勇，王渊洁. 何为数智赋能：概念溯源与解构 [J]. 情报资料工作，2024（4）.

[3] 何苗. 数智时代应用型本科院校会计专业实践教学改革探析 [J]. 中国农业会计，2024（7）.

[4] 王竹立，吴彦茹，王云. 数智时代的育人理念与人才培养模式 [J]. 电化教育研究，2024（2）.

[5] 杨波，葛荣雨，王艳芳. 数智技术赋能课程改革的价值意蕴、基本取向与实施路径 [J]. 中国大学教学，2024（6）.

[6] 祝智庭，赵晓伟，沈书生. 融创教育：数智技术赋能新质人才培养的实践路径 [J]. 中国远程教育，2024（5）.

[7] 刘子怡，董必荣，王蓉. 课程思政建设效果评价研究——以南京审计大学"会计学"课程为例 [J]. 财会通讯，2022（22）.

[8] 王菲. 上好"大思政课"构建实践育人新模式 [N]. 新华日报，2023-09-08.

[9] 温素彬，董必荣，张兴亮. "思政引领+科技赋能"的会计学专业智能化升级——以南京审计大学为例 [J]. 财会通讯，2022（20）.

[10] 林亚图. 本科高校数智化会计人才培养模式研究 [J]. 商业会计，2021（24）.

[11] 王爱国, 牛艳芳. 智能会计人才培养课程体系建设与探索 [J]. 中国大学教学, 2021 (6).

[12] 唐大鹏, 王伯伦, 刘翌晨. "数智" 时代会计教育重构: 供需矛盾与要素创新 [J]. 会计研究, 2020 (12).

[13] 何瑛, 宋康宁, 张宇扬. 数字经济时代会计专业人才能力框架与培养路径 [J]. 北京邮电大学学报 (社会科学版), 2019 (3).

[14] 刘俊勇, 赵雪媛, 朱继光, 等. 关于会计专业开展课程思政工作的实践与思考 [J]. 财务与会计, 2022 (12).

[15] 刘京希, 邓曦泽, 曾军. 数智时代的人文危机与 "新人文" 建设 [J]. 河北大学学报 (哲学社会科学版), 2024 (1).

[16] 董南雁, 张俊瑞, 郭慧婷. 面向数智时代的会计范式探索与高端人才培养 [J]. 会计研究, 2023 (1).

[17] 孟宪平, 李琳. 社会主义核心价值观 "三个融入" 的理论依据与实践路径 [J]. 思想理论教育导刊, 2023 (7).

[18] 耿刘利, 王琦, 陈若旸. 高校财务管理专业课程思政教学改革的思考 [J]. 西南石油大学学报 (社会科学版), 2019 (2).

[19] 周晓慧. "课程思政" 视域下高校会计教育的育人内涵及实施路径 [J]. 商业经济, 2020 (3).

[20] 邱爽, 潘伟. 基于 SECI 模型的新时代高素质会计人才培养路径研究 [J]. 河北工程大学学报 (社会科学版), 2022 (2).

[21] 王昕. 应用型本科会计人才培养模式转型研究 [D]. 上海: 华东师范大学, 2022.

[22] 何传添, 刘中华, 常亮. 高素质国际化会计专业人才培养体系的构建: 理念与实践——中国会计学会会计教育专业委员会 2013 年年会暨第六届会计学院院长论坛综述 [J]. 会计研究, 2014 (1).

[23] 王娇. 高校 "思政课程" 与 "课程思政" 融合发展的理论框架、核心要素及实践路径 [J]. 西南科技大学学报 (哲学社会科学版), 2024 (2).

[24] 舒伟, 曹健, 王华, 等. 我国会计本科人才培养的现状、挑战及对策 [J]. 会计研究, 2021 (8).

[25] 姚翠红, 刘淑花, 黄秀丽, 等. "大智移云"时代下会计人才教育教学 改革探索——基于目标问题导向式教学实践 [J]. 大学教育, 2024 (7).

[26] 靳庆鲁, 朱凯, 曾庆生. 数智时代财会人才培养的"上财模式"探索与 实践 [J]. 中国大学教学, 2021 (11).

[27] 陈俊, 董望. 智能财务人才培养与浙江大学的探索 [J]. 财会月刊, 2021 (14).

[28] 张俊民, 高厚山. 高层次会计人才能力框架与知识体系建设研究 [J]. 商业会计, 2016 (10).

[29] 宁宇新, 沈彬. 基于 STEM 的智能财务专业人才能力框架及实现路径 [J]. 合作经济与科技, 2022 (12).

[30] 胡姣, 彭红超, 祝智庭. 教育数字化转型的现实困境与突破路径 [J]. 现代远程教育研究, 2022 (5).

[31] 段金锁. 会计职业道德融入高校思政课程与课程思政的路径 [J]. 财务 与会计, 2023 (9).

[32] 何玉海. 关于"课程思政"的本质内涵与实现路径的探索 [J]. 思想理 论教育导刊, 2019 (10).

[33] 宫长瑞. 数智技术赋能理想信念教育常态化探赜 [J]. 兰州大学学报 (社会科学版), 2024 (2).

[34] 石坚, 王欣. 立德树人　润物细无声：课程思政的内涵建设 [J]. 外语 电化教学, 2020 (6).

[35] 张世贵, 张云胜. 道德冲突视野中的思想政治教育转型 [J]. 思想政治 教育研究, 2022 (3).

[36] 钟姗汝, 许樱可, 田祥斌. 中澳大学本科会计专业人才培养方案异同探 索 [J]. 教育现代化, 2018 (39).

[37] 董静. "四位一体"视角下课程思政的实施路径探索——以中国对外贸

易课程为例［J］. 成都师范学院学报, 2023（2）.

［38］ 刘国峰, 罗海静. 将会计职业道德建设融入会计课程思政的实践逻辑
［J］. 财务与会计, 2023（22）.

［39］ 冯丽艳, 段姝, 王世文. 融入思政元素的"财务报表分析"课程教学内
容体系［J］. 中国管理信息化, 2021（23）.

［40］ 高德毅, 宗爱东. 课程思政: 有效发挥课堂育人主渠道作用的必然选择
［J］. 思想理论教育导刊, 2017（1）.

［41］ 祝继高, 曲馨怡, 韩慧博, 等. 数字化转型与财务管控创新研究——基
于国家电网的探索性案例分析［J］. 管理世界, 2024（2）.

［42］ 汤谷良, 夏怡斐. 企业"业财融合"的理论框架与实操要领［J］. 财务
研究 2018（2）.

［43］ 盖地. 财务会计［M］. 北京: 经济科学出版社, 2024.

［44］ 刘永祥, 王志亮, 赵贺春. 新商科下会计学一流专业教育教学改革研究
与实践［M］. 北京: 经济管理出版社, 2021.

［45］ 王化成. 财务管理学［M］. 北京: 中国人民大学出版社, 2021.

［46］ 阿玛尔·毕海德. 新企业的起源与演进［M］. 北京: 中国人民大学出版
社, 2018.

［47］ 戴德明, 林钢, 赵西卜. 财务会计学［M］. 北京: 中国人民大学出版
社, 2020

［48］ 葛家澍. 财务会计理论研究［M］. 厦门: 厦门大学出版社, 2006.

［49］ 陈虎, 孙彦丛. 财务共享服务［M］. 北京: 中国财政经济出版社,
2018.

［50］ 黄世忠. 财务报表分析: 理论·框架·方法与案例［M］. 北京: 中国财
政经济出版社, 2007.

［51］ 刘勤, 吴忠生, 等. 智能财务研究蓝皮书［M］. 上海: 立信会计出版
社, 2020.

［52］ 张新民, 钱爱民. 财务报表分析［M］. 北京: 中国人民大学出版社,
2023.

［53］陈春花. 管理的常识［M］. 北京：机械工业出版社，2024.

［54］普华永道. 区块链技术在会计行业的应用前景［R］. 普华永道咨询报告，2018.

［55］阿里研究院. 云计算与会计行业变革［R］. 阿里研究院报告，2016.

［56］安永. 审计技术创新趋势［R］. 安永咨询报告，2017.